职业教育智慧康养相关专业系列教材

老年服务礼仪与沟通

主编　陈晓庆　解　红　李凤霞

山东科学技术出版社
·济南·

图书在版编目（CIP）数据
老年服务礼仪与沟通 / 陈晓庆，解红，李凤霞主编.
济南 ：山东科学技术出版社，2025. 7. --（职业教育智慧康养相关专业系列教材）. -- ISBN 978-7-5723-2820-6
Ⅰ. D669.6；C912.11
中国国家版本馆 CIP 数据核字第 20253KB993 号

老年服务礼仪与沟通

LAONIAN FUWU LIYI YU GOUTONG

责任编辑：张嘉怡
装帧设计：孙小杰

主管单位：山东出版传媒股份有限公司
出 版 者：山东科学技术出版社
地址：济南市市中区舜耕路 517 号
邮编：250003 电话：（0531）82098088
网址：www.lkj.com.cn
电子邮件：sdkj@sdcbcm.com
发 行 者：山东科学技术出版社
地址：济南市市中区舜耕路 517 号
邮编：250003 电话：（0531）82098067
印 刷 者：山东华立印务有限公司
地址：济南市莱芜高新区钱塘江街 019 号
邮编：271100 电话：（0531）76216033

规格：16 开（210 mm × 285 mm）
印张：17.75 字数：425 千
版次：2025 年 7 月第 1 版 印次：2025 年 7 月第 1 次印刷
定价：69.80 元

编 委 会

主 编

陈晓庆　莱芜职业技术学院
解　红　聊城职业技术学院
李凤霞　滨州职业学院

副主编

赵庆庆　泰山护理职业学院
孟凌春　莱芜职业技术学院
朱丽媛　聊城职业技术学院
崔海娜　滨州职业学院

编 委（以姓氏笔画为序）

于纹纹　聊城职业技术学院
王　婷　泰安市中医医院
王晓燕　山东海事职业学院
方瑞娜　烟台文化旅游职业学院
朱　峰　重庆中医药学院
刘杨梅　山东海事职业学院
李彦臻　烟台卫生健康职业学院
吴乢蕾　泰山护理职业学院
张凯文　山东海事职业学院
陈韶婷　山东青年政治学院
孟浩然　济南护理职业学院
郇晓宇　济南护理职业学院
高天姿　山东海事职业学院
郭惠丽　滨州职业学院
董　静　滨州职业学院

序 言

人口老龄化的浪潮正以前所未有的速度重塑中国的产业结构、职业谱系与教育生态。面对“银发浪潮”，我们比以往任何时候都更需要一支既懂老年人身心特点，又精熟现代照护技术，并能在真实场景中迅速做出科学决策的高素质技术技能人才队伍。山东科学技术出版社策划出版的“职业教育智慧康养相关专业系列教材”恰逢其时，它以国家职业教育改革“岗课赛证”综合育人理念为纲，以行业真实岗位标准为目，以学习者认知规律为径，构建了一套兼具前瞻性、系统性、实用性的教学解决方案。作为长期深耕老年医学与康复护理领域的科研与教育工作者，我欣然受邀为这套教材作序，并向广大职业院校师生、康养机构从业者郑重推荐。

一、岗位导向：从“知识本位”到“能力本位”的范式跃迁

传统康养类教材往往侧重理论铺陈，而本系列教材在顶层设计之初，便由院校骨干教师与医养一线专家共同拆解“老年照护师”“健康照护师”“老年人能力评估师”等新职业的岗位任务，提炼出八大典型工作领域、百余项核心能力指标，并将其转化为可测可评的学习成果。例如，《老年人生活与基础照护实务》以“进食照护”为项目主线，嵌入口腔评估、吞咽障碍识别、辅助餐具选择、误吸应急处置四个递进式任务；《老年人常见急症照护与急救》则将心肺复苏、气道梗阻解除等急救流程拆解为“情境—判断—处置—记录”四步闭环。学生在完成项目的同时，同步达成岗位能力要求与证书考核要点，实现“所学即所用、所练即所考”。

二、课程重构：用“思维导图+微课+操作视频”打通隐性知识

老年人照护工作大量依赖程序性知识与情境判断，这些内容难以通过传统文本完整呈现。本系列教材创新性地引入全彩印刷与富媒体资源：

· 每章以思维导图勾勒知识框架，帮助学生快速建立“老年人生理—心理—社会”的整体观；

· 关键技能点配套 3 ～ 8 分钟微课，由专家、全国技术能手亲自示范，镜头聚焦手部细节与面部表情，方便学生反复观摩、模仿、纠错；

· 复杂操作流程（如轮椅—床转移、胰岛素笔注射、认知功能训练游戏）则采用“一镜到底”4K 操作视频的形式呈现，嵌入二维码，实现“书—屏”无缝切换。

这种设计不仅符合 Z 世代学习者“视觉优先、碎片化、即时反馈”的认知习惯，更有效地解决了“课堂学得到、岗位用不出”的脱节难题。

三、赛证融通：把竞赛标准转化为教学情境

教材同步对接全国职业院校技能大赛健康与社会照护赛项、养老服务技能赛项的评分细则，将“以赛促学、以赛促教”落到实处。例如，《老年人活动策划与设计》在“认知症老人小组活动”项目中，引入国赛“蒙台梭利疗法”任务单，要求学生从需求评估、方案设计、风险预案到现场实施全流程演练；教师则可直接使用教材配套的评分表进行课堂即时评价，实现课堂与赛场的“同标同质”。

四、心理—社会视角：让“照护”回归“人”的本质

值得称道的是，本系列教材并未止步于技术层面，而是将老年心理护理、人际沟通礼仪、社会参与活动设计等内容独立成册，强调“身心社灵”全人照护理念。《老年心理护理实务》以真实案例为引，系统梳理了抑郁、谵妄、孤独、丧亲哀伤等常见心理问题的识别—评估—干预—转介路径；《老年服务礼仪与沟通》则通过情景剧式脚本，示范如何与认知障碍老人进行“尊重式沟通”、如何与家属开展“坏消息告知”谈话。这些设计有助于学生在技术之外，培养“同理心、职业尊严、伦理敏感性”等核心素养。

五、持续更新：数字教材与产业技术同步迭代

教材中的视频、课件、案例将随行业标准、技术指南的更新而动态优化；同时开放教师社群，鼓励一线教师分享校本化改造资源，形成“出版—教学—产业”的良性反馈闭环。这种“活页式、工作手册式、融媒体化”的教材形态，正是职业教育“三教改革”的生动范例。

“莫道桑榆晚，为霞尚满天。”让每一位老年人都能享有质量与尊严兼具的晚年生活，既是时代命题，也是教育使命。山东科学技术出版社出版的这套“职业教育智慧康养相关专业系列教材”，以系统化的内容、立体化的资源、人性化的表达，为培养“有温度、有技术、有创新”的新时代康养人才提供了坚实支撑。我相信，它的出版将有力推动中国智慧健康养老专业的内涵式发展，并在全球积极应对人口老龄化的中国方案中留下浓墨重彩的一笔。

谨此为序。

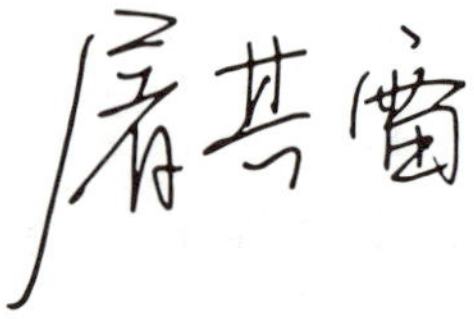

2025 年 5 月

前言

在“积极应对人口老龄化”国家战略背景下，养老服务行业正面临着前所未有的机遇与挑战。养老服务不仅需要专业的照护技能，更要求从业人员具备高度的服务意识、得体的礼仪规范和有效的沟通技巧。这些素养直接关系到老年人的生活质量与心理福祉，也是衡量养老服务质量的重要标准。

本教材以“尊老敬老、以人为本”为核心理念，将“尊老、敬老、爱老”的中华传统美德贯穿始终，将思政元素有机融入课程，立足养老服务实际需求，以职业能力培养为核心，系统构建了符合学生认知规律的学习体系。本教材围绕“礼仪规范”与“沟通技巧”两大核心，设计了6个循序渐进的学习项目：从基础认知到个人形象塑造，从人际交往礼仪到照护服务规范，从沟通礼仪到有效沟通技巧，形成由浅入深、由单一到综合的能力培养路径。

以23个典型学习任务为载体，采用“典型工作案例导入—知识要点支撑—实践任务实施—多维任务评价”的工作过程系统化设计，通过“做中学、学中做”的方式，将任务驱动模式贯穿始终。引导学生在层层递进的实践环节中扎实掌握专业知识，在真实场景中锤炼实际操作能力，系统培养学生与老年人及家属的有效沟通能力、健康教育能力，帮助其树立养老服务规范意识和弘扬优秀传统文化的意识，最终实现专业技能与职业素养的同步提升。

本教材逻辑结构严谨，内容紧密贴合养老服务岗位需求，兼具实用性、适用性和趣味性特点，既可作为各类院校养老相关专业的核心教材，也可为相关领域从业人员提供专业指导，对培养兼具专业技能与职业操守的养老服务人才具有重要价值。

编者

2025年5月

目　录

项目一
老年服务礼仪与沟通认知

扫码获取
数字资源

学习目标

素质目标

1. 具有尊老、爱老、护老、助老的意识。
2. 在服务老年人时有规范职业形象的意识。

知识目标

1. 了解老年服务礼仪与沟通的基本概念。
2. 理解老年服务礼仪的特点、沟通的作用和意义、老年服务沟通障碍的影响因素。
3. 掌握老年服务礼仪的原则、沟通的类型和区别、老年服务沟通障碍的对策。

能力目标

1. 能够熟练运用老年服务礼仪规范，为老年人提供高质量的服务。
2. 能够运用人际沟通理论培养良好的人际交往能力，并将其应用于老年服务工作。
3. 能够运用老年服务沟通理念，在老年服务工作中与老年人建立和谐的人际关系。

知识导图（图1-1）

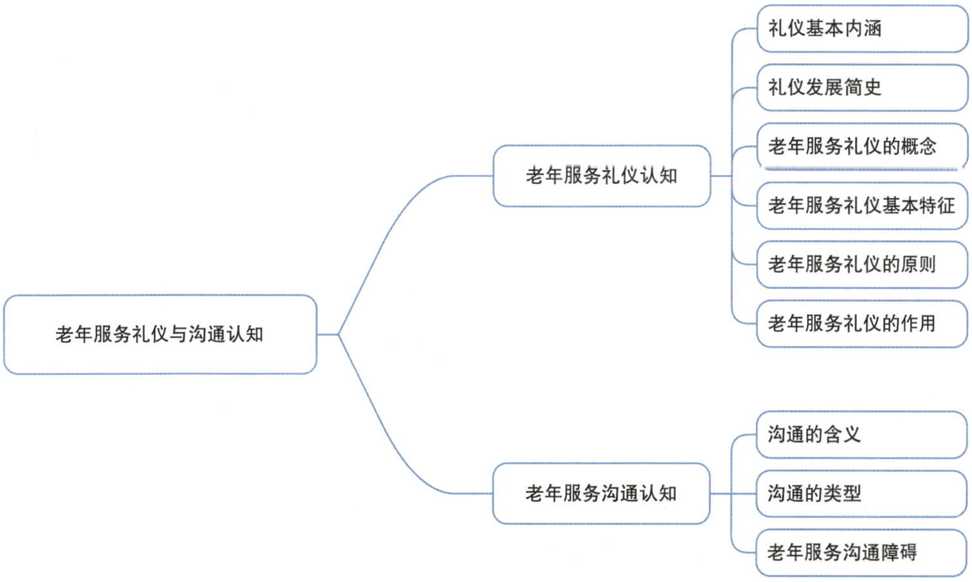

图 1-1　知识导图

课赛证对接

本项目重点考察照护员对老年服务礼仪规范的掌握程度，包括仪容仪表、举止行为、礼貌用语等方面的表现及与老年人的沟通技巧。通过模拟真实养老照护场景，观察照护员在与老年人互动过程中的服务礼仪和沟通表现，评估其在处理与老年人沟通难题时的应对策略和实际效果。

任务一　老年服务礼仪认知

扫码获取数字资源

案例导入

小李刚刚加入社区服务中心，负责为老年人提供日常照料和活动安排。她充满干劲，希望能为老年人们创造一个温馨、活跃的社区环境。一天，她接待了一位新来的张爷爷。张爷爷虽然年事已高，但精神矍铄，喜欢安静地读书和写书法。为了帮助张爷爷尽快融入社区，小李精心安排了一系列活动：早上带他参加晨练，中午组织集体午餐，下午则是棋牌活动和手工课。

然而，几天后，张爷爷委婉地向小李表达了自己的想法。他感谢小李的关心和安排，但也提到自己更喜欢独处，享受安静的时刻，尤其是下午的时间，他更愿意用来读书或写书法，而不是参加集体活动。小李听后，意识到自己在热情服务的同时，忽略了老年人的个人需求和喜好。她立即调整了安排，尊重张爷爷的选择，并为他提供了一个安静的书房，让他可以自由支配时间。

任务描述

1. 思考小李在照护张爷爷时出现了什么问题？
2. 照护员应如何避免类似问题出现？

知识殿堂

扫码查看课件。

人类的发展史是一部由蒙昧走向文明的进步史，礼仪就是人类文明的标志之一。作为社会经济、文化发展到一定阶段的产物，礼仪自产生以来就不断随着社会生产力的发展、人际交往范围的扩大、人类思维能力的提高和审美观念的变化而发展变化着。我国是世界文明的发源地之一，曾创造出光辉灿烂的古代文明，尤其对道德修养提出过很高的要求，也因此形成了完善的礼仪制度。我国自古就是一个讲究礼仪的国度，礼仪在我国社会政治文化生活中占有很重要的位置。

一、礼仪基本内涵

礼仪，《辞源》中解释："礼仪，行礼之仪式。"历史学家范文澜在《群经概论》一书中注解道："礼仪合言，皆名为礼，分言之则礼为体，仪为履。体者立国经常之大法，所谓守其国、行其政令、无失其民者是也。履者，各官司治事之细目，揖让周旋之节文，凡史官所守之史法，司马所守之司马法，大卜所掌三易之法，与夫妻礼十七篇，皆所谓履。"可见，我国古代社会礼仪的含义是十分广泛的，它是治国、育人、维系社会之根本。

礼仪是一系列行为准则和规范的总和，在人们的社会交往中逐渐形成，以建立和谐关系为目的，体现个人的文明素养和品行修养。礼仪是人类文明的结晶，是现代文明的重要组成部分，它体现的宗旨是尊重，既是对人也是对己的尊重。

二、礼仪发展简史

礼仪的发展经历了从萌芽到现代的几个重要阶段。原始社会时期，礼仪雏形初步形成，主要体现在对神灵的敬畏和祭祀活动中。夏、商、西周时期，礼仪逐渐制度化，成为国家治理的核心，周公制礼和“三礼”（《周礼》《仪礼》《礼记》）奠定了传统礼仪的基础。春秋战国时期，孔子、孟子、荀子等思想家革新了礼仪理论，强调礼的道德功能和社会作用。秦至清朝，封建礼仪形成并强化，以等级制度为核心，分为国家政治礼制和家庭伦理礼制，但随着清末封建社会的瓦解，封建礼仪逐渐衰落。辛亥革命后，现代礼仪开始发展，五四运动进一步推动了礼仪的革新，摒弃了封建糟粕，吸收了国际礼仪形式。中华人民共和国成立后，传统礼仪中的精华得以继承和发扬，改革开放以来，中西礼仪融合，现代礼仪进入全新发展阶段，礼仪教育和社会文明建设蓬勃发展。

三、老年服务礼仪的概念

（一）服务礼仪的含义

服务礼仪，是指服务人员在服务过程中，为了表示对服务对象的尊重和友好，在仪容、仪表、仪态、语言、行为等方面所遵循的行为规范和准则；是各服务行业人员必备的素质和基本条件；是职业礼仪的一种，是在各种服务工作中形成的，并得到共同认可的礼节和仪式。

（二）老年服务礼仪的含义

老年服务礼仪是指照护员在为老年人提供服务的过程中，所形成并遵循的一系列行为规范、准则、礼节和仪式，旨在表达尊敬、关心，并建立和谐的关系。它是老年服务行业约定俗成的行为准则和道德规范，涵盖了仪容、仪表、仪态、举止等外在形象，以及学识、情操、待人接物等内在修养。老年服务礼仪是在长期实践中总结和提炼出来的，对提高从业人员的职业素养和满足老年人的身心需求具有重要意义。

老年服务礼仪作为职业礼仪的一种，顺应了现代老年服务产业的发展需求，它不仅要求从业人员遵循通用礼仪的普遍规律，还要求其遵从老年服务行业特有的行为原则和规范。

老年服务礼仪包括个体服务礼仪和群体服务礼仪。个体服务礼仪主要侧重于从业人员的个人表现，包括外在形象和内在修养两个方面。外在形象主要体现在个人的仪表、仪态、举止、谈吐、着装等方面，而内在修养则体现在职业道德、学识水平、人文素养等方面。作为照护员，个人礼仪的重点应放在职业道德、工作态度、礼貌修养、心理素质等方面，将人文关怀贯穿于整个老年服务工作过程中。群体服务礼仪则是指照护员自觉遵守群体礼仪中的行为规范和准则，即尊重老年人，尽量让其在被服务的过程中感受到宽松、和谐的氛围，这种氛围的营造有助于提升老年人的生活质量，增强他们的幸福感和满足感。

拓展阅读

张良因礼得兵书

依据《史记·留侯世家》的记载，秦朝末年，张良行刺秦始皇未遂，遂逃遁至下邳隐匿。一日，他漫步至桥上，偶遇一位白发如霜、长须飘飘、手持拐杖、身着褐袍的老者。老者不慎将鞋遗落桥下，遂唤张良代为拾取。张良初感愕然，暗忖："何能令我为老者拾鞋？"转念一想，老者年迈力衰，自己正值壮年，遂下桥取鞋而归。不料老者非但未表谢意，反趾高气扬地要求张良为其穿鞋。张良心中虽有不悦："此老翁，我已好心拾鞋，竟还要求穿鞋，实属无理！"但念及尊老之道，且鞋已拾起，遂耐着性子为老者穿妥。

张良的谦逊与恭敬，深得老者"孺子可教"的赞誉。经过一系列考验后，老者深感其品性可塑，遂将自己倾注心血、精心注释的《太公兵法》相赠。张良获此奇书，日夜研习，终成大器，智计百出，成为辅佐刘邦建立汉朝的功勋重臣，名垂青史。

四、老年服务礼仪基本特征

（一）文明性

老年服务礼仪的文明性体现在强调以礼貌、尊重和关怀为基础的服务态度和行为。照护员在与老年人交往时，需保持文明的语言、得体的举止和亲切的微笑，展现出高度的职业素养和人文关怀。这种文明性的体现不仅是对老年人的尊重，也是社会文明进步的体现，有助于营造和谐、友善的服务氛围。

（二）规范性

规范性是老年服务礼仪的显著特征，它要求服务过程遵循统一的标准和流程，旨在确保服务的专业性和一致性，为老年人提供统一、高质量的服务体验。规范性还体现在照护员的着装、仪态、语言和行为等方面，确保服务的专业性和正式性，增强老年人的信任感和满意度；同时，规范性是老年服务行业必须采用的一种"通用语言"，是衡量他人、判断自己是否达到自律标准的一种尺度。

（三）实践性

老年服务礼仪来自老年服务从业实践，又直接为工作实践服务。规则简明、实用可行、易学易会、便于操作、切实有效是老年服务礼仪的特点。照护员需要将所学的礼仪知识转化为实际行动，在工作中始终展示自己的职业素养、专业精神，通过具体的服务行为来体现对老年人的尊重和关怀。老年服务礼仪既有总体的礼仪原则、礼仪规范，又在具体细节上有一系列的方式、方法和技巧。每次与服务对象的沟通和交流都是对礼仪原则、礼仪规范的贯彻和落实。实践性要求从业人员在实际操作中不断总结经验，灵活应对各种情况，以满足老年人的多样化需求，不断提升服务质量。

（四）灵活性

老年服务礼仪展现出一定的灵活性，老年人由于年龄、身体状况、兴趣爱好等方面存在差异，导致服务需求各不相同。因此，照护员须具备高度的应变能力，能够根据不同老年人的需求灵活调整服务方式和策略，提供个性化的服务，以确保服务的针对性和有效性。同时，面对不同年龄、地区及风俗习惯的老年人，从业人员应尊重他们的习惯与禁忌。这种灵活性不仅彰显了对老年人的尊重与关怀，也是提升服务质量的关键要素之一。

五、老年服务礼仪的原则

（一）尊重原则

尊重原则是老年服务礼仪的核心与重点，它强调在老年服务过程中，对老年人的高度重视、恭敬态度和友好相处应始终处于首要位置。孔子所言“礼者，敬人也”，高度概括了礼仪的核心思想，也深刻揭示了老年服务礼仪的内在准则。老年人作为社会的宝贵财富，其晚年生活应得到尊重和周全保障。尊重老年人，既是对他们过去贡献的认可，更是对人生历程和社会发展规律的敬畏。

在老年服务工作中，尊重原则贯穿于每一个细微环节。在日常实践中，照护员需秉持诚挚、严谨的职业态度，将尊重融入每一次交流与服务之中。在服务过程中，应将尊重老年人作为首要原则，悉心关怀、密切关注并深切爱护他们，尊重他们的人格尊严、个人喜好、性格特质、风俗习惯以及人身自由等各项权利，避免将自己的意愿强加于他们。同时，无论老年人的身份地位、经济状况如何，都应平等对待，给予他们应有的尊重与关怀，确保每位老年人都能在服务过程中感受到尊严与价值。

此外，照护员应以平等、尊重的态度对待工作，在为老年人提供优质的服务的同时做到自尊自爱。这种自尊既体现在言谈举止、待人接物中，也源于对自身价值的认同。照护员应当以专业的态度与形象，展现对老年服务行业的热爱与尊重，并自觉维护所在单位的尊严与形象，既不因职业身份而自卑，也不容许他人轻视或侮辱。

（二）真诚原则

在老年服务工作中，除了对老年人表示尊重外，还必须体现真诚。真诚被视为立身之本、为人之道，是老年服务工作的核心原则。照护员在与老年人交往时，应待人真诚、言行一致、表里如一，只有如此，才能更好地被老年人理解和接受。必须将“真心尊重老年人，真诚服务老年人”作为老年服务的出发点和落脚点，这种真诚不仅体现在言语上，更体现在行动中。在遇到老年人面临痛苦和烦恼时，不仅要表示同情，更要真诚地伸出援手，帮助他们解决问题。

（三）宽容原则

宽容原则在老年服务礼仪中扮演着至关重要的角色。随着年龄的增长，老年人的身体机能逐渐衰退，感官敏锐度降低，行动迟缓，慢性疾病增多，这些生理变化往往伴随着心理上的波动，负性情绪增多。因此，照护员在工作过程中既要严于律己，保持专业、耐心和细致的服务态度，又要以宽广的胸怀和包容的心态对待老年人，理解他们的生理和心理变化，尊重他们的选择和差异，为他们创造一个温馨、舒适的服务环境。

（四）自律原则

我们在期望他人遵循某种行为准则之前，自己应先做到。对于照护员而言，“自律”是其服务礼仪的核心原则之一，它要求从业人员以宽厚的态度对待他人，同时以严格的标准要求自己。

将学习和运用礼仪视为自觉行动，不仅要在心中树立起礼仪的信念，更要以此为指导，严格约束自己在老年服务过程中的一言一行，并做到“吾日三省吾身”，时常以老年服务礼仪规范为镜，不断审视和反思自己的行为，从而逐渐养成良好的礼仪习惯。

（五）从俗原则

在为老年人提供服务时，必须深刻认识到“十里不同风，百里不同俗”的客观现实。由于我国幅员辽阔，地域、民族、文化背景的差异导致社交礼仪和风俗习惯千差万别。随着老年人年龄的增长，他们对家乡的情感愈发浓厚，家乡的风俗习惯、礼仪文化等在其心中占有重要地位。对这些风俗习惯的尊重与否直接关系到老年人的幸福感。因此，照护员在为老年人提供服务时，必须遵循从俗原则，全面了解并尊重老年人的文化背景和风俗习惯。

（六）适度原则

老年服务礼仪还要坚持适度原则。古人云：“君子之交淡如水，小人之交甘若醴。”在老年服务工作过程中，待人接物时，表达自律和敬人之意应得体到位，掌握好分寸，做到热情适度、谈吐适度、举止适度。过分热情可能会让老年人感到不适，而适度得体的行为则能真正赢得老年人的认可，达到有效沟通的目的。因此，照护员应深刻理解和践行适度原则，以提供更为贴心、专业的服务。

课堂讨论

在老年服务中，如何通过言谈举止体现对老年人的尊重和关怀？

六、老年服务礼仪的作用

（一）塑造良好的职业形象

在老年服务行业中，良好的职业礼仪有助于塑造照护员良好的职业形象，提高照护员的人格魅力，为老年人营造一个温馨的养老环境。通过遵循老年服务礼仪，从业人员能够展现出端庄得体的仪态、亲切温馨的语言、细致入微的服务，从而在老年人及其家属心中树立起专业、可靠、贴心的职业形象。这样的形象不仅能够增强老年人对服务的信任感和满意度，还能提升整个服务行业的声誉和竞争力。对于养老机构而言，拥有具备良好礼仪素养的照护员，可以塑造整个机构的良好形象。

（二）促进沟通交流

老年服务礼仪有助于促进照护员与老年人之间的相互沟通。在工作中以礼相待，在向对方表示尊重、敬意的过程中，获得对方的理解和尊重，恰当的礼仪表现，如热情的问候、友善的目光、亲切的微笑、文雅的谈吐以及得体的举止，不仅能够迅速赢得老年人的好感与信任，还能有效促进双方的沟通交流，增进双方的感情，建立起稳固和谐的关系，有效减少不必要的矛盾和冲突，为工作的顺利开展铺平道路。

（三）协调人际关系

老年服务礼仪在协调人际关系中发挥着至关重要的作用。因照护员与老年人在年龄、阅历、背景等方面存在差异，可能会产生冲突，老年服务礼仪所表现的尊重、道德、平等、守信的精神和周全的礼仪形式，有助于赢得对方的好感和信任，使对方心理需求得到满足，从而缓解矛盾，沟通感情，建立尊重、信任、友好合作的关系，进而有利于工作的开展。

（四）规范行为

孔子曰："非礼勿视，非礼勿听，非礼勿言，非礼勿动"，强调礼仪对行为的约束性。老年服务礼仪作为一种明确的行为规范，约束着照护员的态度和动机，规范着他们的行为，维护着正常的工作秩序。在老年服务工作中，高素质的照护员能够自觉自愿地用它来规范、约束自己的言行，从而赢得服务对象的好感和尊重。

拓展阅读

杨建媛——大山里的留守老年人守护者

在云南省保山市施甸县的大山深处，杨建媛，一个曾经的家庭主妇，8 年来和她的团队累计为当地 2 000 余户（5 000 余名）老年人提供了超过 40 万人次的居家养老服务。

2017 年，杨建媛偶然接触到助老公益服务，抱着试试看的心态参加了上岗培训，并加入了助老员的队伍。她每天为老年人提供洗头、剪指甲、做饭等日常照料，与老年人们建立了深厚的感情。看到老年人们因她的陪伴而露出笑容，她坚定了继续下去的决心。

2018 年，杨建媛联合志愿者发起助老公益志愿活动培训，吸引了数十名志愿者加入。为了解决资质和资金问题，她申请创办了施甸县益苗社会公益事业服务中心，并设立了多个"关怀乡村留守老年人"项目点。目前，该中心已培育乡村助老员 34 名，志愿者服务团队 36 个，累计服务老年人超过 40 万人次。

杨建媛和团队的努力得到了社会各界的认可。她荣获了阿里公益天天正能量颁发的"天天正能量特别奖"，并获得 1 万元奖金。同时，施甸县民政局等部门也给予了政策扶持和人才培养的支持。

尽管面临资金和服务质量提升的困难，但杨建媛表示将继续前行，为更多的留守老年人带去温暖和关怀。她的团队用实际行动诠释了"老有所养、老有所乐"的真谛，传递了社会正能量。

任务实施

1. 情境设定

假设你是社区服务中心的照护员小李，负责照顾新入住的张爷爷，为其提供日常照料和活动安排。你希望通过热情的服务帮助他融入社区，但几天后，张爷爷委婉表示更喜欢独处，尤其是下午的时间更愿意用来读书或写书法。

2. 问题引入

分组讨论：小李在照顾张爷爷时出现了什么问题？如何避免类似问题？

小李虽然热情周到，但是没有主动询问张爷爷的意愿，按照自己的设想安排了一系列集体活动，忽略了老年人的个性化需求，默认他应该参与所有活动，在一定程度上过度干预了张爷爷的生活，导致他感到不适，尤其是下午的独处时间被集体活动占据。

照护员在提供服务前，应主动与老年人沟通，了解他们的喜好、习惯和需求。在安排活动时，给予老年人充分的选择权。要理解老年人可能需要独处的时间和空间，不要过度干预他们的生活，通过倾听、沟通和提供选择权，真正做到“以人为本”的照护。

3. 老年服务礼仪技巧示范与讲解

（1）尊重原则：小李应首先尊重张爷爷的个人喜好和需求，而不是强行安排集体活动。小李可以主动询问：“张爷爷，您平时喜欢做什么？我们可以根据您的兴趣安排活动。”小李可以列出活动清单，让张爷爷自己决定是否参加，或者提供灵活的时间安排。

（2）真诚原则：小李应以真诚的态度对待张爷爷，避免过度热情让他感到不适。小李可以说：“张爷爷，我理解您喜欢安静，如果您需要独处的时间，请随时告诉我。”

（3）宽容原则：小李应理解张爷爷的性格特点，包容他的选择。当张爷爷表示不想参加集体活动时，小李可以回应：“没关系，您可以按照自己的节奏来，我们随时欢迎您参与。”

（4）从俗原则：小李应了解张爷爷的文化背景和习惯，尊重他的生活方式。例如，如果张爷爷有特定的阅读或书法习惯，小李可以提供安静的环境支持他。

（5）适度原则：小李应掌握服务的分寸，既不过度热情，也不冷漠疏远。例如，小李可以在上午安排适度的活动，下午则留给张爷爷自由支配的时间。

（6）灵活调整服务方式：根据张爷爷的反馈，小李应及时调整服务安排。例如，为张爷爷提供安静的书房，并减少下午的集体活动安排。

4. 总结与反思

回顾整个学习过程，总结老年服务礼仪的核心原则和应用要点。分享在模拟场景中的收获和遇到的问题，共同思考解决方案。

任务评价

从学习过程中的表现、技能掌握情况、问题解决能力等维度进行评价，重点突出对老年服务礼仪原则运用的考核（表 1–1）。

表 1–1　任务评分标准（满分 100 分）

评分项目	评分标准
参与度（20 分）	16 ~ 20 分：积极参与小组讨论，主动发表观点，提出有价值的想法。 10 ~ 15 分：参与讨论，但发言较少，能跟上讨论节奏。 0 ~ 9 分：基本不参与讨论，需要他人多次督促。
礼仪原则掌握（40 分）	32 ~ 40 分：能准确理解并运用尊重、真诚、宽容、从俗、适度等原则，服务方式灵活且人性化。 20 ~ 31 分：基本掌握礼仪原则，但在实际运用中存在小瑕疵，如偶尔忽略老年人的个性化需求。 0 ~ 19 分：对礼仪原则理解不足，服务方式机械化，未能体现对老年人的尊重和关怀。

续表

评分项目	评分标准
模拟场景表现（30 分）	24 ~ 30 分：在模拟场景中，能灵活运用礼仪原则，有效理解并回应老年人的需求，服务方式得体且专业。 15 ~ 23 分：在模拟场景中，能完成基本的服务，但礼仪原则运用不够流畅，需要一定时间理解老年人需求。 0 ~ 14 分：在模拟场景中，服务方式生硬，未能有效理解并回应老年人的需求。
总结反思能力（10 分）	8 ~ 10 分：能全面、深入地总结老年服务礼仪的运用情况，分享成功与失败经验，并提出改进建议。 5 ~ 7 分：能总结主要内容，但对礼仪原则的运用情况分析不够深入，缺乏具体的改进措施。 0 ~ 4 分：总结内容空洞，未针对老年服务礼仪进行有效反思。

【练习题】

扫码查看参考答案。

A1 型题

1. 礼仪是人际交往中得到共同认可的（ ）。

A. 思想

B. 语言

C. 爱好

D. 行为规范和准则

E. 仪式

2. 礼仪的发展简史中，哪个时期标志着礼仪的形成？（ ）

A. 原始社会时期

B. 夏、商、西周三代

C. 春秋战国时期

D. 秦王朝建立到清朝末期

E. 辛亥革命后

3. 老年服务礼仪的基本特征包括以下哪些？（ ）

A. 文明性

B. 规范性

C. 实践性

D. 灵活性

E. 以上都是

4. 老年服务礼仪的原则中，哪个原则强调对老年人的高度重视和恭敬态度？（　　）

A. 尊重原则

B. 真诚原则

C. 宽容原则

D. 自律原则

E. 从俗原则

5. 凡事过犹不及，因此在社交场合运用礼仪时应该遵守礼仪的（　　）。

A. 适度原则

B. 真诚原则

C. 宽容原则

D. 自律原则

E. 从俗原则

A2 型题

1. 某市召开养老服务研讨会，组织者在与会人员离场后发现桌面、地面、椅子上散落了很多空着的矿泉水瓶、果皮、用过的纸巾等，这些与会人员违反了（　　）。

A. 适度原则

B. 真诚原则

C. 宽容原则

D. 自律原则

E. 从俗原则

2. 王爷爷，68 岁，因行动不便需要轮椅出行。在某次外出时，陪同人员小张未征求王爷爷的意见就直接将他从轮椅上抱起上车，导致王爷爷感到不适和尴尬。在协助老年人出行时，以下哪项行为最为恰当？（　　）

A. 快速将老年人从轮椅上抱起上车

B. 征求老年人的意见并得到同意后再进行协助

C. 询问老年人的婚姻状况

D. 强调出行的安全性和必要性

E. 只允许老年人自己决定是否使用轮椅

3. 刘奶奶，76 岁，喜欢与邻居聊天。在某次聊天中，邻居小张因为赶时间而匆匆打断刘奶奶的话，导致刘奶奶感到不悦。在与老年人交流时，以下哪项行为最能体现耐心和尊重？（　　）

A. 尽快结束对话以节省时间

B. 认真倾听并适时回应老年人的话语

C. 询问老年人的健康状况以转移话题

D. 强调自己的忙碌和重要性

E. 只谈论老年人感兴趣的话题

4. 张爷爷，80 岁，独居，社区定期安排志愿者为他提供家务帮助。志愿者小王在打扫房间时，未经张爷爷同意就擅自移动了他的私人物品，导致张爷爷找不到自己常用的物品，感到不满。照护员在提供老年人家务帮助时，以下哪项原则最为重要？（　　）

A. 高效完成家务任务

B. 尊重老年人的生活习惯和隐私

C. 关注老年人的家庭琐事

D. 强调志愿服务的无私性

E. 只做老年人明确请求的事情

5. 陈奶奶，83 岁，有早晚向家族祖先神位上香祭拜的习俗。然而，她入住的养老机构出于消防安全考虑，不允许在房间内点香烧纸，这让陈奶奶感到非常沮丧。在养老机构有消防规定限制的情况下，照护员小李应该如何做？（　　）

A. 忽视习俗，认为是迷信且违反规定

B. 尊重理解习俗，寻找符合规定的替代方案来支持

C. 试图改变习俗，以完全符合现代价值观和机构规定

D. 强调机构规定，要求陈奶奶完全放弃其习俗

E. 对老年人的习俗进行嘲笑或贬低

任务二　老年服务沟通认知

扫码获取
数字资源

案例导入

李奶奶，70 岁，现由爱心居家社区中心实施居家照护，有 32 年吸烟史，9 年前因肺部感染、进行性呼吸困难，前往医院就诊，并诊断为“慢性支气管炎，慢性阻塞性肺病”，进行治疗后病情稳定但容易复发感染，症状呈逐渐加重趋势。老伴去世后，她跟儿子一起生活。最近，李奶奶又出现了咳嗽、痰液增加、轻微憋喘等症状，医嘱雾化治疗和呼吸训练。李奶奶儿子每日将她送到社区的日间照护中心进行治疗和康复。李奶奶不喜欢到日间照护中心，因为不能随意吸烟，加上身体咳嗽不适，情绪很烦躁。

（本案例改编自全国职业院校技能大赛“健康养老照护”赛项赛题）

任务描述

请与李奶奶进行沟通，缓解她烦躁的情绪。

知识殿堂

扫码查看课件。

沟通作为人类在社会交往中不可或缺的基本技能，也是适应环境、融入社会的关键手段。老

年人随着社会角色的转换及生理功能的退化，在生理和心理方面均存在着特殊需求。在与老年人沟通时要充分考虑老年人的生理、心理特点，以真诚、耐心、细心和爱心为基础，通过恰当的语言和表达方式传递信息、交流思想感情。

一、沟通的含义

（一）沟通的定义

沟通是指个体或群体之间通过语言、文字、符号、行为等方式传递信息、思想、情感和意图的过程。其目的是实现信息的共享、理解与反馈，促进双方或多方的互动与合作。

知识延伸

沟通一词，“沟”为渠，“通”为连，沟通本身的含义就是借助某种渠道使双方能够通连。

（二）沟通的要素

沟通是一种动态的、多维的复杂过程，主要由沟通背景、信息发送者、信息接收者、信息、反馈、信道六个要素组成。

1. 沟通背景

是指互动发生的环境或情境，它不仅包括物理的场所，也包括每个互动参与者的个人特征，例如情绪、情感、经历、文化背景等，背景环境会影响沟通的方式和效果。当照护员在老年人身边谈话时，音量应该尽量让老年人听到，不要在老年人身边窃窃私语。当老年人听不清谈话内容时，会怀疑照护员在议论自己，故意放低音量。

2. 信息发送者

是指信息发出的人，也称为信息来源。信息发送者自己想要表达的信息（思想、情感、观念等）必须通过一定的形式才能进行传递，这种形式就是对信息进行编码。编码即将信息符号化，将其转换成语言、文字、符号、表情或动作。信息发出者的文化素质、沟通技巧、人格特质、权威性等都会影响沟通的过程。

3. 信息接收者

指接收到信息的人。信息接收过程包括接收、解码和理解 3 个步骤，将接收到的信息转换、恢复，用自己的思维方式去理解。信息接收者能否有效接收信息受多种因素的影响，例如接收者的生理因素（视觉、听觉等）、文化程度、情感、态度、价值观等。只有当信息接收者对信息的理解与信息发出者传递出的信息含义相同或相似时，才能形成有效的沟通。

4. 信息

是指信息发出者希望传达的思想、感情、意见和观点等具体内容，可能会带有背景因素的色彩及信息发出者的风格。信息包括语言和非语言的行为，以及这些行为所传递的所有影响。语言的使用、音调及身体语言，例如面部表情、姿势、手势、抚摸、眼神等，都是信息的组成部分。信息必须被转化为各种可以被他人察觉的符号，而且沟通的双方必须理解共同的符号认知规则，具有相近的符号解读能力。

5. 反馈

即信息接收者接收到信息以后对信息发出者作出的反应。信息接收者接收到信息后会引起各种变化（反应），包括生理的、心理的、思想的或行为的改变等。反馈有利于了解信息是否准确地传递给了信息接收者，以及信息的意义是否被正确理解。及时反馈可以保证沟通的有效性和连续性。

6. 信道

是信息传递的手段或媒介，在人际沟通过程中，五官感觉均可作为信道发挥媒介作用。例如，面部表情是通过视觉途径传递的，语言是通过听觉途径传递的。一般来说，在人际沟通中，信息发出者在传递信息时使用的途径越多，对方越能更多、更快、更好地理解信息内容。

知识延伸

不同的接收方式对信息的记忆效果有着显著差异。研究表明，一个人对听过的内容能记住5%，对见到的内容能记住30%，对讨论过的内容能记住50%，对亲自做过的事情能记住75%，对教给别人做的事情能记住90%。

（三）沟通的功能

1. 生理功能

沟通是人类的基本需求之一，就像吃饭、睡觉一样自然。人体具有信息加工和能量转化的功能，能够接受外界的各种刺激并做出反应，沟通就是这些刺激中的一种。它帮助人们保持相互联系，从而维持正常的社会活动。在老年照护工作中，由于老年人面临身体机能的下降和社交活动的减少，他们的沟通需求往往更为迫切。因此，照护员应该积极与老年人进行沟通，以满足他们的基本需求。

2. 心理功能

通过沟通，人们可以交流信息、获得感情和思想上的满足。沟通能满足个体与他人之间互动的需求，还能够探索自我以及肯定自我，找到被尊重、被重视的证据。在与老年人沟通时，照护员应该关注他们的自尊和被尊重的心理需求，给予他们足够的关注和尊重。

3. 社会功能

沟通将个体连接成社会群体，形成不同的社会关系。在工作、娱乐、活动等过程中，人们希望与一些人建立稳定和持久的关系，而沟通正是实现这一目标的关键。对于老年人来说，由于身体条件的限制和社交圈子的缩小，他们可能更加渴望通过沟通来建立和维护社会关系。因此，照护员应该积极为老年人提供沟通的机会和平台，帮助他们保持与社会的联系。

4. 决策功能

正确和适时的信息是有效决策的前提，而沟通正是交换这些信息的重要途径。在老年照护工作中，照护员需要与老年人及其家属进行沟通，以了解他们的需求和期望，从而做出更加符合实际情况的决策。同时，老年人也需要通过沟通来了解自己的健康状况、治疗方案等信息，以便做出更加明智的选择。

二、沟通的类型

沟通类型的划分标准有很多种，分类方法不同，沟通类型也不同。

（一）按信息载体分类

1. 语言沟通

是以语言文字为媒介实现的沟通，是人类特有的一种非常有效的沟通方式。根据语言的表达形式，语言沟通又分为口头语言沟通和书面语言沟通两种形式。

2. 非语言沟通

是除语言以外的，包括表情、眼神、姿势、音调、动作等多种沟通和信息表达方式。在老年服务沟通中，非语言沟通与语言沟通是相互补充的，能强化语言沟通的效果。

（二）按沟通渠道分类

1. 正式沟通

是指按照组织机构规定的渠道进行信息的传递和交流，一般在正式场合使用。例如各种正式文件的传达、组织的决策、要点和事实的表达、机构与机构之间的信息传递等。其优点是沟通渠道稳定，信息传递准确，形式严肃规范。不足之处在于沟通形式机械刻板、速度相对较慢。

2. 非正式沟通

是指在正式沟通渠道以外进行的信息传递和交流。人们的思想、态度、情绪、动机、需要和目的往往通过非正式沟通，例如朋友聚会、私下交换意见等。其优点是沟通形式灵活、信息传递速度快，缺点是传递的信息不确切，容易失真、曲解、混淆视听。

（三）按沟通方向分类

1. 上行沟通

是指下级向上级汇报工作、提出建议、陈述意见或提出问题，也包括抱怨或者表达有关意见，即自下而上的信息传递，如照护员向楼层长汇报工作情况等。这种沟通方式有利于管理者了解组织内部的运行情况，作出正确决策。

2. 下行沟通

是上级向下级传达计划、目标、规定、制度等，即自上而下的信息传递，如楼层长根据照护员工作考核结果提出改进意见等。下行沟通可以使下级及时了解上级的目标和意图，增强组织的凝聚力。

3. 平行沟通

又称横向沟通，即各平行组织之间的信息传递，是同阶层成员之间或平行组织之间的横向联系，如照护员之间的沟通等。平行沟通可以增进平行组织间的合作和友谊，减少摩擦和冲突。

（四）按沟通是否存在反馈分类

1. 单向沟通

是指发送者和接收者两者之间的地位不变，信息发出者只发送信息，信息接收者只接收信息的沟通过程。接收者接收到信号后没有给予任何形式的反馈，信息呈单向流动。听广播、看电视、下命令、未设互动的报告和演讲等均为单向沟通，其特点是没有干扰，没有传播衰减，传达信息迅速，接受面广。但因信息传播后无反馈环节，无逆向沟通，产生疑问或发生问题不能及时反馈，效果和准确性相对较差。

2. 双向沟通

指信息发出者将信息发出后能够得到接收者明确的反馈，即两者的角色不断变化、相互反馈，如讨论、交谈、协商、会谈等。其特点在于沟通双方的信息可及时得到反馈，从而校正信息传递的准确性和可靠性，有助于建立双方良性互动，减少沟通障碍，及时化解矛盾，增进沟通效果，但信息传递速度相对较慢。

（五）按沟通效果分类

1. 沟而不通

双方进行了沟通，但由于各种原因（信息误解、语言障碍、情感抵触等），沟通并未达到预期的效果，信息没有被正确接收或理解。

2. 沟而能通

双方能够顺利传递和接收信息，理解对方的意图和需求，从而达成共识。

3. 不沟而通

双方虽然没有进行直接的沟通，但由于某种默契、共同的目标或价值观，仍然能够理解对方的意图和需求。“心有灵犀一点通”即属于不沟而通。

拓展阅读

晏子使楚

晏子至楚，楚王欲辱之，设小门请入。晏子曰：“使狗国者，从狗门入；今臣使楚，不当从此门入。”楚人闻之，更道从大门请。晏子见楚王，王曰：“齐无人耶，使子为使？”晏子对曰：“齐之临淄三百闾，张袂成阴，挥汗成雨，比肩继踵而在，何为无人？”王曰：“然则何为使子？”晏子对曰：“齐命使，各有所主；其贤者使使贤主，不肖者使使不肖主。婴最不肖，故宜使楚矣。”晏子以智慧与口才，巧妙应对楚王的挑衅，不仅维护了个人尊严，也展现了高超的沟通技巧，使对方无从反驳。

三、老年服务沟通障碍

与老年人沟通的有效性会受到老年人自身因素、环境因素、语言因素与非语言因素等多方面情况的影响。无论是家庭养老还是机构养老，老年人与照护员之间的沟通或多或少存在一些障碍。

（一）老年服务沟通障碍基本概念

1. 沟通障碍

沟通障碍是指在信息传递和接收过程中，因各种干扰因素导致信息失真或误解的现象。在人际交流中，由于环境、心理或生理等因素的影响，常会出现信息传递受阻的情况。

2. 老年人的沟通障碍

老年人的沟通障碍是指随着年龄增长，其生理功能自然衰退，同时面临社会角色转变、健康问题、丧偶等生活事件，加之社会快速发展带来的生活方式变化，使其在沟通方式和效果上与年轻群体存在显著差异，从而产生特定的交流困难。

（二）老年服务沟通障碍的影响因素

精准识别老年服务中的沟通障碍因素，有助于优化服务策略，促进照护服务标准化，为构建老年友好型社会奠定基础。

1. 个人因素

（1）生理因素：老年人普遍存在感官退化（听力、视力下降）、认知能力减退（记忆力、逻辑能力弱化）及运动功能受限，照护员若未能掌握目前老年人的认知能力会直接影响双方的信息接收与表达。

（2）心理因素：中国老年人群体存在明显的抑郁倾向，其中空巢老人因孤独易出现社交回避行为，部分老年人倾向于通过抱怨或沉默来表达内心不安。有的老年人过分保护自我，对照护员缺乏信心或抱有敌意；还有的老年人因病耻感隐瞒症状（如尿失禁），导致照护信息滞后。

（3）性格因素：老年人性格特征差异巨大，大多数的老年人性格温和，易于交往，但有些老年人因性格原因难以与之进行沟通。因此了解老年人的性格特征，采取有效的沟通技巧，可增进交流双方的理解，取得更好的沟通效果。

（4）文化因素：沟通中文化因素的影响涉及价值观、习俗、教育背景及语言习惯等多维度差异，每一位老年人都有其独特的文化背景，语言习惯、传统风俗等都是影响与老年人有效沟通交流的因素。因此提前了解老年人的禁忌、习惯和教育背景，用他们熟悉的语言解释专业内容，必要时请懂方言的人帮忙沟通，才能实现服务供给与老年群体文化特质的精准契合。

（5）离退休综合征：是指个体在离开工作岗位后，因社会角色和生活方式的突然转变而出现的适应障碍，主要表现为心理上的失落感、自我价值降低，生理上的睡眠和食欲紊乱，以及行为上的社交退缩和生活规律失调。常见于曾高度投入工作、社会支持不足的人群，通常在退休后半年至两年内逐渐缓解，但若持续存在则需专业心理干预。

拓展阅读

浙江台州玉环当地方言就有五六种，照护员来自五湖四海，和老年人交流成为一大难题。为解决这一现状，某养老院举行了“方言班”培训，通过 3 名方言导师两个多月对 100 个常用养老服务场景对话培训，首届培训班有 13 名养老护理员和 7 名认知障碍照护专员通过方言考试并顺利结业。此项培训提高了与老年人的沟通效果，提升了照护质量。

2. 环境因素

（1）空间因素：沟通场所的大小、光线、温度、湿度、气味以及环境布置的色彩等物理因素常常会影响沟通者的情绪和沟通效果。沟通场所过大，给人一种缺少安全感和亲切感的印象，拉大了彼此间的心理距离；场所过小，给人压力感和不适感。在公共场所有同事、朋友、亲戚、陌生人等人员在场时，若沟通内容涉及隐私或敏感话题，会影响沟通的深度和效果。噪声环境下（如电视声 $>$ 60 分贝），老年听力障碍者语言识别率下降 40%，高频背景音（如空调嗡鸣）可加剧听觉疲劳，导致关键信息漏听。也有研究表明，环境的颜色会对沟通双方的心理和感情造成一定的影响，例如红色、橙色、黄色容易使人激动和兴奋。如果地板、墙壁、天花板和家具的色彩鲜艳，会使人血压增高，心脏跳动加快，大脑活性增强；而在清新的颜色环境中，人的生理机能趋于正常稳定。例如，蓝色是冷色，具有镇静的效果；而绿色则使人安详、平和。因此，沟通者在进行沟通前应选择大小合适、无人打扰的场所，营造安全、舒适、和谐的沟通氛围，有助于实现沟通目标。

（2）时间因素：在老年服务中，沟通时间的选择可以反映出沟通主体对沟通事项及对象的态度，会直接影响服务的质量和沟通的成败。老年人昼夜节律改变，上午 9 ~ 11 点、下午 3 ~ 5 点为认知功能最佳时段，若选择在午休时、服药后头晕期沟通易引发抵触情绪或错误决策。

（3）距离因素：沟通双方的距离不仅会影响沟通过程中的气氛，还会影响沟通者的参与程度。沟通双方距离较近，容易形成融洽合作的气氛，双方参与程度高，但要注意距离的合理性，超近距离（<0.5 米）会引发防御反应，1.2 米以上距离则需提高音量，易被误认为“呵斥”，合适的沟通距离应不断地根据老年人的反馈进行调整。

3. 媒介因素

媒介影响因素是指在与老年人沟通中，因语言表达方式、态度及非语言技巧使用不当而引发的信息传递障碍。老年人感官与认知衰退使其对复杂语言、模糊指令解析困难，照护员如果语速过快或语调生硬，易导致老年人误解甚至抵触。例如，催促服药时仅说“快吃”，缺乏手势引导与微笑，可能引发老年人误吞或拒服。负面非语言反馈（如皱眉、叹气）亦会传递压力，迫使老年人隐藏需求。通过优化语言媒介与非语言配合，可有效提升沟通质量与服务信任度。

（三）老年服务沟通障碍的对策

1. 语言沟通

（1）差异化表达：针对不同教育背景的老年人应采取差异化的沟通策略。对于接受过高等教育的老年人，可以深入探讨社会热点话题、科学技术发展或文学艺术等专业领域内容，这类话题往往能引发他们的思考和共鸣。而对于教育程度有限的老年人，则需要采用更加生活化的语言，使用简单明了的短句，每次只传达一个核心信息，避免使用复杂句式或专业术语。同时要注意观察老年人的反应，通过点头、复述等方式确认其理解程度。

（2）尊重性表达：与老年人交流时要特别注意语言礼仪。恰当的称谓如“王老师”“李阿姨”等能立即拉近心理距离。建议多使用“请您”“可以吗”等商量式语气，避免直接命令。对于老年人表现出的传统观念或权威意识，要保持理解和包容的态度，可以通过“您说得很有道理”等肯定性语言来维护其自尊，切忌使用不耐烦的语气或打断老年人的话语。

（3）情感性表达：温暖体贴的语言对老年人心理健康至关重要。可以多使用“天气转凉了，您要多加件衣服”等关怀性语句。当老年人谈及病痛时，要用“一定很不舒服吧”等共情性语言回应。特别注意避免使用“你都这么大年纪了”等可能伤害自尊的表述。节假日时的问候、对往事的温馨回忆都是很好的情感交流话题。

（4）解释性表达：由于认知功能的变化，老年人可能需要更多时间理解信息。建议采用“三步法”：先用简单词汇说明要点，再举例解释，最后请老年人复述确认。关键信息可以用不同方式重复 2 ~ 3 次。对于医疗等专业内容，要转化为生活化的比喻，如把服药比作“每天三顿饭”一样规律。

（5）激励性表达：对康复期或长期卧床的老年人，鼓励要具体而有针对性。可以说“您今天比昨天多走了两步，进步很大”。将大目标分解为小目标，用“我们慢慢来，先试着坐起来”等渐进式语言。可以展示进步图表，用可视化方式增强信心。避免空洞的“你要加油”等泛泛之谈。

2. 非语言沟通

（1）适度触摸：恰当的肢体接触能有效传递关怀。握手时要温暖有力，传递支持感；轻拍上臂表示鼓励；整理衣领等动作体现细心。要注意观察老年人反应，调整接触程度，触摸老年人的头部应慎重，尊重个人空间界限。

（2）肢体语言：每当言语无法清楚表达时，肢体语言都能适时有效地辅助表达。对听力障碍者要放慢语速、放大口型；对表达困难者可提供图片卡等辅助工具。建议采用“我说一遍，您跟着做一遍”的互动方式。当老年人用肢体语言表达时，要及时反馈确认：“您是想喝水对吗？”注意保持肢体动作舒缓柔和，避免急促夸张。

（3）倾听：倾听是利用对所传达信息的注意力和开放情绪去感受对方所要传达的感觉，它不仅是听觉传递，更是心理活动的参考。倾听时保持适当身体前倾，适时点头回应，避免频繁看表等不耐烦表现，用“嗯”“然后呢”等简短回应鼓励继续表达，对重复性话语保持同样专注度。重要内容可以用“您刚才说……我理解得对吗？”等方式确认。

（4）目光接触：这是肢体语言中最重要的一种，适当使用眼神，可稳定老年人的情绪，增加其安全感。目光要柔和专注，避免紧盯或游移，可以配合轻微点头和微笑，当老年人情绪激动时，稳定温和的目光能起到安抚作用。注意文化差异，有些老年人可能不习惯直接对视。

（5）空间管理：与老年人沟通时，距离要适中，不要让老年人产生身体领域被侵犯的不适感。与轮椅使用者交流时，最好取坐姿保持视线平齐，避免居高临下的姿态，可以调整座椅位置，确保老年人不必费力转头。多人交流时要特别注意将听障老年人安排在利于接收信息的位置。

（6）环境营造：理想的沟通环境应该光线充足但避免直射强光，背景噪音低于40分贝，温度适宜，座椅舒适，必要时准备放大镜、助听器等辅助工具。可以布置老年人熟悉的物品创造亲切感，如摆放家庭照片、喜欢的花卉等。

课堂练一练

与听力障碍老年人沟通

分组：每3人一组（老年人A、照护员B、观察员C）。

场景设置：老年人A模拟听力下降（戴降噪耳塞或耳机），照护员B需告知其“下午3点测血糖”。

任务：B尝试用不同方式沟通（语言、手势、道具），A反馈感受，C记录障碍点（如语言误解、情绪抵触）。

讨论问题：

1. 哪些沟通方式最有效？哪些加剧了障碍？

2. 如何调整语言和非语言策略以适应感官差异？

任务实施

1. 沟通准备

（1）了解背景：事先从老年人的照护记录和儿子那里了解老年人的病史、生活习惯、性格特点以及最近的情绪波动原因。

（2）设定目标：明确沟通的目的是缓解老年人的烦躁情绪，增强其对治疗的配合度，同时探讨吸烟习惯对健康的影响及可能的替代方案。

（3）准备资料：携带一些关于慢性阻塞性肺病管理、戒烟益处的小册子或图片，以便直观展示给老年人看。

（4）环境布置：选择一个安静、舒适的房间进行谈话，确保环境无刺激源，有助于老年人放松心情。

2. 沟通过程

（1）建立信任：①以温和的语气和微笑迎接老年人，称呼时使用亲切的名字，如“李奶奶”。②表达对老年人不适的理解：“李奶奶，我知道您最近咳嗽得厉害，肯定很不舒服，我们先坐下来休息一下。”

（2）倾听与同理：①耐心倾听老年人讲述自己的不适和不满，不打断。②表达同理心：“我能理解您不喜欢日间照护中心，毕竟那里的规矩多，您不习惯。但那里的治疗确实对您现在的状况有帮助，我们一起想想办法好不好？”

（3）教育引导：①适时介绍慢性阻塞性肺病的相关知识，强调吸烟的危害：“李奶奶，您知道慢性阻塞性肺病最怕的就是吸烟，它会加重您的咳嗽和憋喘。您看，这些图片上的患者，戒烟后生活质量有了很大改善。”②提供替代方案：“如果您想抽烟时，可以试试嚼口香糖，或者深呼吸放松一下，这些都是很好的替代方法。”

（4）协商解决方案：①讨论如何在保证治疗的同时，尽可能满足她的需求：“我们可以和日间照护中心商量，看看能否在休息时间安排一个吸烟区，但尽量减少次数，毕竟健康最重要。”②鼓励家人支持：“李奶奶，您儿子也很关心您，我们可以一起制订一个计划，让他也参与进来，比如每天治疗后接您回家，让您感到更温馨。”

（5）总结与鼓励：①总结谈话要点，确认老年人的理解和接受程度。②给予正面鼓励：“李奶奶，您一直很坚强，我相信这次也能克服困难，让我们一起努力，加油。”

任务评价

从模拟过程中的参与度、沟通技巧的掌握、模拟场景实操应对，以及总结反思深度等维度进行评价，重点考核沟通技巧的实际运用（表 1–2）。

表 1-2　任务评分标准（满分 100 分）

评分项目	评分标准
参与度（20 分）	做好沟通前各项准备，完整实施整个沟通环节，能够积极参与沟通，主动询问老年人需求，提出建设性意见，展现出高度的热情和投入。 16 ～ 20 分：全程主动实施所有沟通环节，包括充分准备资料、环境布置及完整执行沟通过程，全程积极参与，主动引导话题，有效促进沟通。 10 ～ 15 分：能完成主要沟通步骤，但准备或实施环节有 1 ～ 2 项缺失，主动性稍弱，需引导才能深入话题。 0 ～ 9 分：多个关键环节未执行，参与度低，需多次提醒才能参与，或基本不参与。
沟通技巧掌握（40 分）	准确理解并灵活运用尊重、耐心、同理心、清晰表达等沟通技巧，展现出专业的沟通能力。 32 ～ 40 分：沟通技巧运用自如，如准确使用亲切称谓，全程保持耐心倾听不随意打断，适时运用共情语句，健康教育表达清晰等，老年人感受良好。 20 ～ 31 分：基本掌握沟通技巧，但在实际应用中偶有疏忽，如倾听不够专注、同理心表达不足或信息传递不够清晰。 0 ～ 19 分：对沟通技巧理解不足，沟通缺乏耐心与共情，表达生硬，未能体现对老年人的尊重和有效信息传递。
模拟场景表现（30 分）	在模拟沟通场景中，能准确理解老年人需求，运用合适的沟通技巧，有效缓解老年人情绪，提供专业建议，达成沟通目标。 24 ～ 30 分：表现优秀，沟通技巧运用得当，成功与老年人建立信任关系，有效开展戒烟话题讨论并达成共识，同时显著缓解其不良情绪。 15 ～ 23 分：能基本完成沟通任务，但技巧运用不够流畅，结合资料和环境辅助沟通的意识不足，部分目标未能达成。 0 ～ 14 分：沟通方式生硬，未能达成既定目标，或导致老年人情绪恶化。
总结反思能力（10 分）	能全面、深入地总结沟通经验，分析成功与失败的原因，提出具体的改进措施，并展现出持续改进的意愿。 8 ～ 10 分：总结深入，能结合沟通准备与过程分析得失，改进措施具体可行，展现出强烈的改进意愿。 5 ～ 7 分：能总结主要内容，但对沟通各环节原因分析不够深入，改进措施较为笼统。 0 ～ 4 分：总结内容空洞，缺乏具体分析，未提出有效的改进措施。

【练习题】

扫码查看参考答案。

A1 型题

1. 以下哪一项是沟而不通的例子？（　　）

A. 双方达成共识

B. 信息被正确接收

C. 信息被误解

D. 信息传递迅速

E. 信息接收者给予反馈

2. 下列哪项属于老年人沟通障碍中的生理因素？（　　）

A. 方言差异

B. 听力下降

C. 抑郁症检出率高

D. 文化忌讳

E. 性格固执

3. 以下哪种行为属于“非语言沟通”的适老化策略？（　　）

A. 使用专业术语解释病情

B. 配合手势指向药盒

C. 快速连续提问

D. 直接纠正记忆错误

E. 忽略老年人面部表情

4. 在与老年人沟通时，以下哪项做法是不恰当的？（　　）

A. 耐心倾听老年人诉说

B. 对老年人的思想或生活事件妄下结论

C. 站在老年人的角度去思考问题

D. 给予老年人充分的反应时间

E. 鼓励老年人畅所欲言

5. 照护员要做到“入乡随俗”才有利于和老年人沟通，这是考虑到沟通因素中的（　　）。

A. 生理因素

B. 心理因素

C. 物理因素

D. 社会文化因素

E. 教育因素

A2 型题

1. 张爷爷，78 岁，听力下降明显，照护员小王与他沟通时，以下哪种方式最合适？（　　）

A. 大声喊叫，确保张爷爷能听到

B. 使用简单的手势和面部表情辅助沟通

C. 快速说话，节省时间

D. 避免与张爷爷沟通，因为他听不清

E. 使用复杂的专业术语，确保信息准确

2. 赵奶奶，82 岁，因记忆力衰退经常重复同样的问题。照护员小陈应如何应对？（　　）

A. 不耐烦地打断赵奶奶的重复问题

B. 每次耐心回答，并尝试转移话题

C. 批评赵奶奶记性差

D. 忽略赵奶奶的问题

E. 让其他老年人回答赵奶奶的问题

3. 陈爷爷，81 岁，因身体不适情绪低落。照护员小郑应如何与他沟通？（　　）

A. 忽略陈爷爷的情绪，继续日常护理

B. 耐心倾听，给予情感支持

C. 批评陈爷爷情绪低落

D. 强迫陈爷爷参与活动

E. 让其他老年人安慰陈爷爷

4. 吴爷爷，80 岁，因认知障碍经常忘记照护员的名字。照护员小何应如何应对？（　　）

A. 批评吴爷爷记性差

B. 每次见面时主动自我介绍

C. 忽略吴爷爷的认知问题

D. 让其他老年人提醒吴爷爷

E. 强迫吴爷爷记住自己的名字

5. 林奶奶，85 岁，因行动不便很少参与集体活动。照护员小赵应如何鼓励她参与？（　　）

A. 强迫林奶奶参与活动

B. 提供适合林奶奶的活动选择，并耐心鼓励

C. 批评林奶奶不愿参与活动

D. 忽略林奶奶的行动不便

E. 让其他老年人代替林奶奶参与活动

实训一　沟通技巧训练

实训目的

通过实训，掌握沟通的步骤和沟通的技巧。

实训准备

1. 环境准备

老年实训室、模拟养老机构，环境清洁、安静、明亮、宽敞。

2. 用物准备

老花镜、拐杖、笔记本、笔、评估表等。

3. 照护员（被照护者）准备

照护员着工作服，仪表端庄，衣帽整洁。被照护者根据老年人身体状态选择合适的体位。

实训学时

2 学时。

实训内容

运用沟通技巧与老年人有效沟通。

案例：王奶奶，82 岁，自半年前搬入老年社区后，以其乐观开朗的性格深受邻居们的喜爱。她常常在社区的花园里与朋友们分享过去的趣事，笑声爽朗。然而，近日王奶奶的行为却出现了异常。一天，她独自一人坐在花园的长椅上，眼神空洞地望着远方，时不时唉声叹气，连平日里最爱的园艺活动也提不起兴趣。社区的工作人员小王注意到王奶奶的变化，上前询问得知，王奶奶的孙女面临高考，压力非常大，而王奶奶因为年迈无法亲自前往给予鼓励和帮助，心里十分焦急又无能为力。

这时，刚加入社区志愿服务团队的小赵，满心热情地走过来，想要为王奶奶分忧："奶奶，看您今天气色真好，是不是有什么开心的事情想和我们分享呀？"小赵的这番话，没想到却触动了王奶奶敏感的神经，她误以为别人无法理解她的担忧，情绪瞬间崩溃，眼眶泛红，对小赵的话语表现出了明显的不悦和排斥。

实训方法

1. 学生分组进行模拟训练，以小组为单位进行小组合作学习，由组长负责组织集体讨论，安排任务及角色。

2. 小组成员布置场景，准备用物，进行情景对话和练习。教师提出要求并巡回指导、提出建议。

3. 各小组选代表，在全班进行展示，由师生点评。

效果评价

1. 学习态度

以认真态度参与训练，无迟到早退，角色分工明确，准备工作充分，模拟训练后学生及时总结反思与老年人有效沟通的技巧。

2. 技能掌握

对情景模拟的主题理解准确，对话设计符合老年人心理需求，动作编排符合实际工作需要，能准确运用沟通步骤合理演绎，体现照护工作内涵，解决案例问题逻辑清晰。

3. 职业情感

精神饱满，表情自然，体现照护员的爱心、责任心以及以老年人为中心的服务理念，着装得体，符合职业形象要求。

4. 团队精神

组内讨论积极，角色配合默契，展示时全员参与，互帮互助。

5. 创新性

沟通方式或解决方案有独特亮点（如设计后续跟进计划）。

项目二
老年服务从业人员个人形象塑造

扫码获取
数字资源

学习目标

素质目标

1. 做有礼仪风度的照护员，达到自身形象的和谐统一。

2. 提升照护员的审美能力，注重仪容仪表的整洁、得体与自然，服饰搭配合理、规范，展现良好的职业形象。

3. 增强照护员的情感表达能力，善于通过表情、眼神和微笑传递关怀与温暖，建立良好的护患关系。

知识目标

1. 掌握面部仪容修饰的基本要求及修饰要点，明确照护员的职业仪容标准。

2. 理解发部修饰礼仪的重要性，掌握头发清洁、养护及发型选择的基本原则，了解发型与脸型、发质、体型的匹配方法。

3. 熟悉化妆礼仪的基本原则与方法，掌握照护员淡妆上岗的要求。

4. 认识表情礼仪的作用与技巧：理解眼神、微笑等表情在人际交往中的重要性，掌握表情表达的基本方法与禁忌。

5. 理解照护员着装的 TPO 原则。

6. 掌握工作着装分类及礼仪规范。

7. 掌握老年服务中站姿、坐姿、行姿、蹲姿以及手势等基本礼仪规范。

能力目标

1. 能够根据职业要求，熟练进行面部、发部及肢体的清洁与修饰，展现整洁、得体的职业形象。

2. 能够独立完成照护员淡妆的化妆步骤，做到自然、得体，符合职业规范。

3. 能够通过眼神、微笑等表情传递关怀与尊重，增强与老年群体的情感沟通效果。

4. 能够根据工作时的着装要求进行合理的着装。

5. 能够在不同场合下正确运用所学礼仪规范，包括站姿、坐姿、行姿等的调整与保持，以及恰当的手势运用。

知识导图（图2-1）

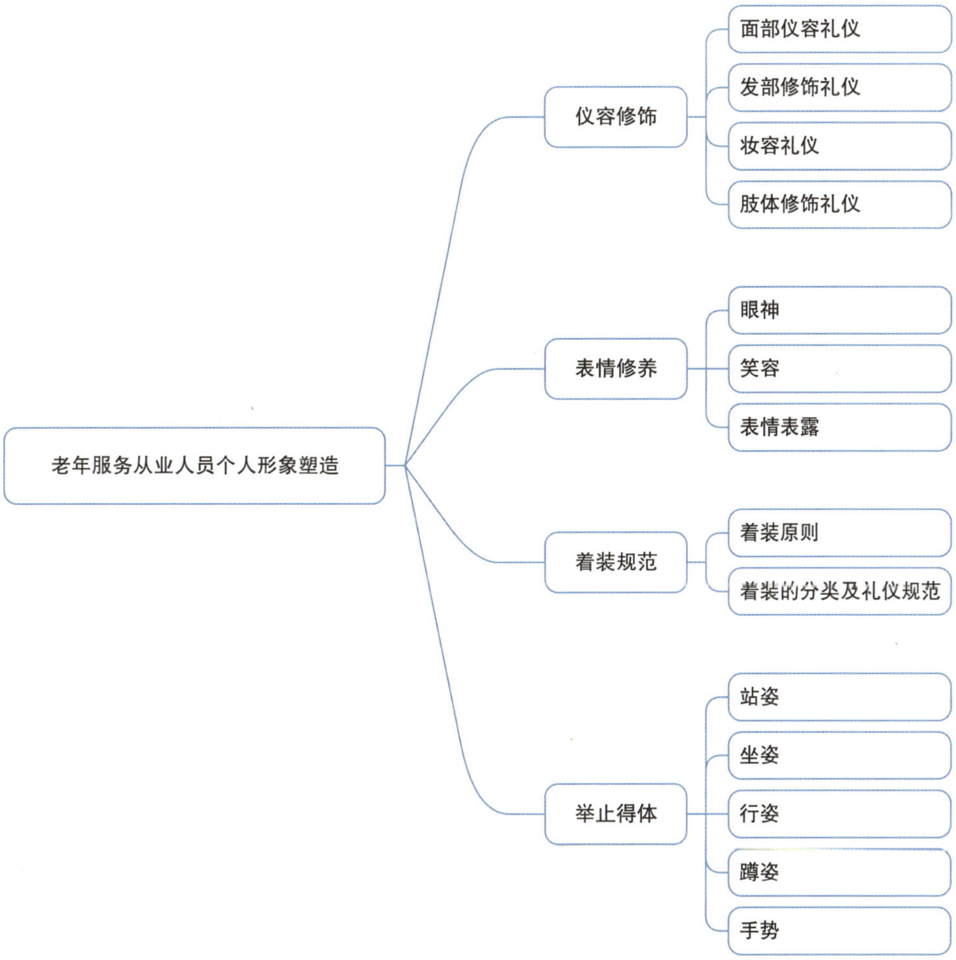

图2-1　知识导图

课赛证对接

本项目重点考察照护员在服务礼仪规范方面的综合表现，特别是仪容修饰、表情修养、着装规范和举止得体等方面的能力。通过模拟真实养老照护场景，观察照护员在与老年人互动过程中的仪容是否整洁得体、表情是否亲和友善、着装是否符合职业规范、举止是否端庄大方，并结合案例分析或情景模拟，评估照护员在面对老年人特殊需求或沟通难题时的应对策略和实际效果。通过多维度考察，确保照护员能够展现出专业的服务形象，为老年人提供温暖、尊重且高质量的照护服务。

扫码获取
数字资源

任务一　仪容修饰

案例导入

王爷爷76岁，丧偶，机关单位退休。高血压20年，慢性支气管炎15年，脑梗死后2个月。出院后入住女儿家中，右侧肢体活动良好，左侧肢体活动稍差，能在床旁坐起，自行缓慢行走，但左下肢轻度足下垂，影响行走和站立。今晨，其女儿送他到社区日间照料中心，目前按照康复训练计划需以弹力足踝矫形器进行矫正。王爷爷因身体康复较慢，又担心影响女儿工作和生活，心情焦虑、低落。王爷爷育有1个女儿、1个儿子，均在本地，工作稳定。平时爱下象棋，喜欢交流。

任务描述

1. 作为照护员如何通过仪容修饰及表情管理来体现对照顾者的尊重与关怀？
2. 请同学们根据这个案例进行角色练习。

知识殿堂

扫码查看课件。

在人际交往中，注重仪容礼仪至关重要，每个人的仪表都会引起交往对象的特别关注。仪容一般指人的外貌或容貌。照护员的职业仪容具有特殊要求，这不仅关系到老年群体的直观感受，更直接影响着服务对象对专业性的信任度。照护员整洁得体的着装、亲切温和的面部表情、端庄大方的举止仪态，能够传递尊重与关怀，迅速拉近与老年人的情感距离，得到老年人更多的尊重、支持和配合。

一、面部仪容礼仪

（一）面部修饰要求

在人际交往中，面部是最容易引人注意的地方。为提高老年服务群体的整体形象，体现尊重、关爱、责任和专业的职业精神，照护员在进行面部修饰时既要讲究美观，更要合乎常情。面容修饰的基本要求是形象端庄自然，保持面部皮肤润泽光滑、清洁健康。面部整洁是不可缺少的礼貌，它显示出一个人的自尊自爱，也包含对他人的尊重，修饰要点是保持面部干净清爽，无灰尘、无污垢、无汗渍、无分泌物、无异味，不宜化浓妆，不佩戴饰物。做到整洁简约、庄重雅致、朴素实用，力戒过分雕琢，切忌追求新奇怪异。

（二）眼部

眼睛是人际交往中被他人注视最多的地方，是修饰面容的首要之处。修饰眼部时要注意以下几点。

1. 保持眼睛清洁

及时清除眼睛内的分泌物。若患有眼部传染病，应自觉回避。

2. 修饰眉毛

若感到自己的眉形刻板或不雅观，可进行必要的修饰，使之适合自己的面容，但不可剃去。

3. 正确佩戴眼镜

戴眼镜不仅要美观、舒适、方便、安全，而且还应经常对其进行擦拭和清洗。照护员工作时不宜佩戴墨镜和有色眼镜。

（三）耳部

耳朵也是面容修饰中容易引人注意的部位，耳朵容易藏污纳垢，修饰时要注意以下几点。

1. 保持卫生

在洗澡、洗头、洗脸时，清洗耳朵，必要时，还要清除耳垢。

2. 修饰耳毛

有些人耳毛长得较快，甚至会长出耳朵外，应注意及时修剪，以免影响美观。

（四）鼻部

鼻子位于面部正中，对整个面容起着重要的作用，在修饰鼻子时需注意两点。

1. 保持清洁

注意鼻腔清洁，不要让异物堵塞鼻孔，不要随处吸鼻子、擤鼻涕、在他人面前掏挖鼻孔。

2. 及时修剪

及时修剪鼻毛，不要使其长出鼻孔，也不要当众剪拔。

（五）口部

口和眼、鼻一样是首先被他人注意到的面部器官，保持口腔清洁无异味是讲究礼仪的先决条件，因此口部修饰不容忽视。

1. 定时刷牙

以保持口腔清洁。

2. 保护牙齿

经常用漱口液、牙线、洗牙等方式保护牙齿，养成良好的卫生习惯，但不可当众清洁牙齿。

3. 注意饮食

在上班或应酬之前忌食气味刺鼻的东西，如烟、酒、葱、蒜、韭菜、腐乳等，以免口中残留异味，妨碍他人。

4. 去除异味

口腔有异味时，与人交往要保持一定距离，注意闭口呼吸，可以用口香糖或口腔清新剂减少口腔异味，必要时应查明原因，及时治疗。

5. 避免异响

在公众场合，人体发出的特殊声响，如咳嗽、哈欠、喷嚏、吐痰、清嗓、吸鼻、呃逆等都是不雅之声，统称为异响，在正式场合和礼仪应酬中是不应该出现的。

6. 修饰口部

唇间长有胡须，是男士的生理特点，男士若无特殊信仰和民族习惯，最好不要蓄须，应把每天剃去胡须作为自己的生活习惯，不让胡茬露出。在干燥季节可用一点唇膏，女士在社交场合使用适宜的口红会显得精神而自信。

（六）颈部

颈部与头部相连，是面容的自然延伸，修饰时，首先要防止颈部皮肤过早老化而与面容产生较大反差；其次应保持颈部的清洁卫生，工作时不宜佩戴首饰。

二、发部修饰礼仪

发部修饰礼仪是指适当的发型、发饰和头发护理。干净整洁的头发和得体的发型是社交礼仪中的最基本形象。照护员应对头发进行清洁、修剪、保养，以展现个人形象气质，突出职业魅力。

知识延伸

头发小知识

头发主要由角蛋白（Keratin）构成，与指甲成分相同，分为表皮层、皮质层和髓质层三层结构，平均每月生长约 1.25 厘米，每年约 15 厘米，其生长周期包括生长期（2 ~ 7 年）、退行期（2 ~ 3 周）和休止期（3 个月），之后头发脱落，新发开始生长。普通人头皮上有 10 万 ~ 15 万根头发，每天脱落 50 ~ 100 根头发是正常的。头发的颜色由黑色素（Melanin）决定，真黑素（Eumelanin）产生深色，褐黑素（Pheomelanin）产生浅色，随着年龄增长，黑色素减少，头发会变白。一根健康的头发可承受约 100 克的重量，湿发可拉伸超过原长度的 30%，干发约 20%。头发会吸收空气中的水分，湿度高时可能显得毛躁，长时间暴露在阳光下会使头发变干、褪色。头发的寿命为 2 ~ 7 年，是人体最“长寿”的体表组织之一，燃烧时会散发出特殊气味。了解这些知识有助于更好地护理头发，保持其健康和美丽。

（一）头发的清洁与养护

定期清洗头发，避免异味、头屑等。洗发时应根据自己头发性质选择合适的洗发剂，头发尽量避免电吹风吹干，自然晾干为佳。梳发时，用力不可过重过猛。头发需要经常补充营养，才能保持秀美，平时应多食绿色蔬菜、薯类、豆类及海藻类等食物，减少日光暴晒、化学物质、环境潮湿等不利因素对头发的影响，使自己保持健美的秀发，即头发有自然的光泽，柔顺、易于梳理、不分叉、不打结，轻抚时有润滑感，梳理时无静电，有弹性和韧性、不易折断和脱落。

（二）发型的选择

1. 发型与脸型

（1）椭圆脸：是东方女性最理想的脸型，这是因为亚洲人的五官轮廓不是那么突出，椭圆脸圆润的曲线能将五官的清丽、柔美完美地体现出来。这种脸型长、短发型都适合，在修饰发型时可有较多的发式选择。

（2）圆脸：应注意表现脸型的轮廓。可将头顶部的头发梳高，避免前发遮住额头，这样会使脸部显得长些；利用头发遮住两颊，可使脸颊宽度减少；采用中分法可分散圆脸的视觉，使脸型看上去显得更协调。

（3）长脸：可选择蓬松、柔软的发型。将前发剪成“刘海”遮住额头，使脸部显得丰满些；两侧的头发要蓬松，以缩短脸的长度；采用侧分法比较合适。

（4）方脸：在选择发型时应注意掩盖突出的棱角，使脸部看上去协调些，以增加柔和感。可让头发披在两颊，以掩饰棱角；采用侧分法比较合适。

2. 发型与发质

人的发质不一，适合的发型也不同。

（1）直而黑的头发：这种发质宜梳直发，显得朴素、清纯。如果做卷发，可以选择微卷或者在发尾做大卷，使头发略带波浪而显得蓬松。发型设计尽量避免复杂的花样，以较简单而又能体现高雅的发型为好。

（2）柔软的头发：这种发质比较容易整理，不论做哪一种发型，都非常方便。由于柔软的头发比较服帖，因此俏丽的短发比较适合，能充分表现出个性美。

（3）自然的卷发：这种头发只要利用其自然卷曲，就能梳出各种漂亮的发型。留短发时卷曲度不明显，留长发则会显出自然卷曲的美。

（4）粗硬的头发：这种发质要想做出比较理想的发型不太容易。处理这类发质前最好先做好护理和软化，使头发变得柔软，发型设计应尽量简单，以中短发型为好。

（5）稀少的头发：这种头发缺少弹性，但比较服帖，适合留长发、梳成发髻或做成轻柔的发型。一般情况下，这种头发缺少质量感，可适当配上一部分假发加以修饰。

3. 发型与体型

不同的体型应该选择与之相适合的发型。

（1）体型瘦高者：身材高瘦容易给人细长、单薄、头部小的感觉。要弥补这些不足，发型要求生动饱满，避免将头发梳得紧贴头皮、盘高发髻或将头发剪得太短。长发、卷曲的波浪式发型对高瘦型身材有一定的协调作用。

（2）体型高大者：身材高大能给人一种力量美，但对女性来说，则缺少苗条、纤细的美感。为适当减弱这种高大感，选择发型以简洁、明快、线条流畅为原则。

（3）体型矮小者：身材矮小者给人一种小巧玲珑的感觉，不适合留长发或蓬松的发型。发型选择应以秀气、精致为主，选择精巧别致的短发型，或将头发盘高，使身材有拔高感。

（4）体型矮胖者：身材矮胖者往往会给人一种敦实圆润的印象，不太适合过于厚重或拖沓的发型。发型挑选应以简洁、利落为主，可选择清爽的短发造型，让脸部线条更显清晰，或者将头发扎起并适当拉高，从视觉上增添身高的挺拔感。

（三）照护员的发型、发饰

照护员在修饰头部仪容时，要遵照整洁简约、得体大方的基本原则。男士应前发不覆额，侧发不掩耳、后发不及领，不剃光头，不留大鬓角。女士在工作时发型要求庄重典雅，不过分追求时尚。短发长度以前发齐眉且不过眉、后发不过肩、两侧齐耳垂为好，最长不应超过耳下3厘米，工作时头发自然后梳，两鬓头发放于耳后，不可披散于面颊，需要时可用小发卡固定。长发者，工作时应将头发暂时盘成发髻，盘起后头发不过后衣领，盘发时可先将头发梳成马尾或拧成麻花状，用发卡或头花固定，也可直接戴网套。工作时发饰主要为有效固定头发的发卡、头花、网套等，应采用与头发同色系，以素雅、大方为主色调，避免鲜艳、夸张的发饰给老年人带来不良的刺激。

三、妆容礼仪

化妆是生活中的一门艺术，它是利用化妆品，按照一定技巧和方法对自己或他人进行修饰，使容貌变得更加靓丽的一种装饰方法。在人际交往中，修饰仪容体现了一个人自尊自爱和对他人、对社会的尊重。女性适度的化妆，可以提升气色，衬托容貌的秀美，还能体现品位的高雅，增添生活的色彩。

（一）化妆的原则

1. 扬长避短

化妆意在使人变得更加美丽，因此在化妆时要注意修饰得当，避短藏拙，突出优点，不要任意发挥，寻求新奇。

2. 真实自然

化妆既要求美化、生动、具有生命力，更要求真实、自然，化妆的最高境界是“妆成有却无”。

3. 适度得体

化妆是一门艺术，成功与否取决于个人的审美观和修饰技巧。化妆应根据不同的时间、地点、场合决定妆容的风格。

4. 整体协调

高水平的化妆强调其整体效果。所以在化妆时，应努力使妆面与身份、服饰、场合相协调，以体现出自己不俗的品位和气质。

（二）化妆的方法

1. 物品准备

化妆品：爽肤水、护肤液或面霜、粉底、眼线笔、眼影膏或眼影粉、眉笔、唇线笔、口红或唇膏、腮红等。化妆工具：化妆棉、化妆刷、面巾纸等。

2. 束发

为了不使散落的头发影响化妆，应先将头发向后梳拢。

3. 修眉

修眉是利用修眉工具顺着眉毛生长方向，将多余眉毛修除，使眉的线条清晰、整齐、流畅，为画眉打下基础。

4. 洁面护肤

用温水洗净脸部及颈部并擦干，用化妆棉蘸爽肤水，轻轻拍打脸部及颈部，再轻抹一层护肤液或面霜。

5. 上粉底

粉底可以遮盖瑕疵、调和肤色、改善面部皮肤质地，使面部皮肤显得健康、光洁和细腻。通常选用与自己肤色接近的粉底霜（液），用点、按、压、揉的手法，均匀地涂在面部和颈部。

6. 固定粉底（定妆）

用透明的蜜粉或同色的蜜粉固定粉底，减少粉底的油光感，防止妆面脱落、走形。

7. 画眼线

眼线应紧贴睫毛根部，画上眼线时，应从内眼角向外眼角方向画；下眼线应从外眼角向内眼角画，并在距内眼角约 1/3 处收笔，内眼角不画，重点晕染眼尾。这样会使双眼显得大而充满活力。

8. 涂眼影

涂眼影意在强化面部立体感。用眼影棒或眼影刷蘸眼影色，沿着睫毛根部外缘，于眼尾向内眼角方向 1/4 处涂抹，注意靠近外眼角要涂得浓些，到眉端要逐渐涂得淡些，显出眼影的层次感。

9. 描眉

眉毛的浓淡与形状，对容貌起着重要的烘托作用。眉毛化妆的关键是要确定好眉头、眉峰和眉梢。一般描眉要做到两头淡、中间浓，最后用眉刷轻刷双眉，使眉毛显得自然。

10. 画唇线、涂口红

“眼取其神，唇取其色”，唇是面部最灵活的部分，具有表现个性魅力和风采的突出特征。可根据个人的五官比例，用唇线笔勾画出理想的唇形轮廓，然后涂口红。上唇应从两侧向中间涂，而下唇则从中间向两侧涂，涂完口红后，用纸巾吸去多余的口红，并检查牙齿上有无口红痕迹。

11. 上腮红

晕染腮红应根据个人脸型，腮红颜色应与眼影、口红颜色同一色系，以体现妆面的和谐之美。擦腮红的部位以颧骨为中心，长脸要横着擦，圆脸要竖着擦，以使腮红向脸原有面色自然过渡。

12. 检查修补

化好妆后，要看左右面部妆容是否对称、过渡是否自然、整体与局部是否协调，从而使化妆效果更加完美。

（三）化妆的禁忌

1. 当众化妆

化妆应在专用的化妆间进行，任何情况下都不要在公共场合当众化妆，特别是有异性在场，以免引起误会。

2. 离奇出众

化妆应根据个人年龄、职业、长相等情况进行，切不可有意脱离自己的角色定位，追求怪异、神秘、出格的妆容。

3. 浓妆艳抹

有人将自己的妆化得过浓、过重，这种“过量”的化妆，是对他人的妨碍。

4. 妆面残缺

若妆面出现残缺，应及时避人补妆，若置之不理，会让人觉得低俗、懒惰。

5. 评论他人化妆

化妆是个人的事情，所以对他人化妆不要评论或非议。

四、肢体修饰礼仪

头面仪容固然是修饰的重点，身体修饰也不可忽视，它同样是个人形象修饰的重要组成部分，许多礼仪形式都是通过身体各部位的协调一致来完成的，可以说身体是礼仪的载体。因此我们有必要“规范”身体各部位的仪容。

（一）手臂

手臂是人体最灵活的部位，也是人际交往中使用最多的一部分，照护员在工作中用手的机会很多，对手臂的修饰有更加严格的要求。

1. 手的清洁与保养

在日常生活中，手是接触人和其他物体最多的地方，出于清洁、卫生、健康的考虑，手更应当勤于清洗和保护。照护员在进入和离开房间前、接触清洁物品前、处理污染物品后、无菌操作前后以及接触伤口前后都应进行规范的洗手及护手。此外，照护员在工作中应避免用双手触摸自己的头面，如揉眼睛、抠鼻孔、剔牙齿、挠头发等。照护员应修剪好指甲，不允许留长指甲，因为长指甲不但不符合老年工作者的身份，而且还容易藏污纳垢，给人不卫生的印象。指甲一定要经常修剪，其长度通常不应长过手指指尖，而且在修剪指甲时，应同时清洁指甲沟附近的皮肤。指甲不要过于修饰，特别是不要将指甲涂成浓艳的色彩。当伸出指甲涂色的手为老年人操作时，会使老年人感到不适，产生不信任感。此外，任何公众场合修剪指甲或用牙齿啃咬指甲，都是不文明、不礼貌的举止。

2. 肩臂

照护员在工作时应规范地穿工作服上岗，不宜穿着无袖装工作。

3. 腋毛

腋毛不应被他人所见，女士要特别注意这一点。非正式场合，若打算穿着暴露腋窝的服装，可以先脱去或剃去腋毛。

（二）下肢

照护员的态度、容貌、操作会被服务对象注意，下肢在近距离之内也常为他人所注意，在修饰仪容时不可忽视。修饰下肢重点应当注意以下两个部位。

1. 脚部

严禁裸露，照护员上岗应鞋袜整齐，否则既不美观又不卫生，还有可能被人误会。另外，一些可能使脚部过于暴露的鞋子，如拖鞋、凉鞋、镂空鞋，也不能登大雅之堂。

照护员上岗应穿规定的鞋，并且要定期清洁保养，使其干净、舒适、方便、美观。应保持脚部的卫生，袜子要勤换洗，如有可能，应准备备用袜子。不要穿残破或有异味的袜子，不要在他人面前脱下鞋子，更不要脱下袜子搔抓脚部。

2. 腿部

在正式场合，男士着装不应暴露腿部，即不宜穿短裤；女士可以穿长裤、裙子，但不宜穿短裤或是过于暴露的超短裙，裙长应超过膝部。照护员在工作中，着裙装时应配肉色或浅色长筒袜。无论是长袜还是短袜，袜口不宜露在裙摆或裤脚之外。

【练习题】

扫码查看参考答案。

A1 型题

1. 照护员面部修饰的基本要求中，以下哪项是不正确的？（　　）

A. 保持面部清洁滋润与健康

B. 可以化浓妆以增加美观

C. 不佩戴饰物

D. 保持面部干净清爽

E. 不宜追求新奇怪异

2. 关于照护员眼部修饰的要求，以下哪项是正确的？（　　）

A. 可以随意剃去眉毛以追求时尚

B. 工作时可以佩戴墨镜和有色眼镜

C. 保持眼睛清洁，及时清除眼睛内的分泌物

D. 不需要经常清洗和揩拭眼镜

E. 若患有眼部传染病，不需要回避

3. 在照护员的口部修饰中，以下哪项是不建议的？（　　）

A. 定时刷牙以保持口腔清洁

B. 在上班或应酬之前忌食气味刺鼻的东西

C. 当众清洁牙齿

D. 使用口香糖或口腔清新剂减少口腔异味

E. 避免在公众场合发出不雅之声

4. 化妆礼仪真实自然原则强调的是（　　）。

A. 妆容浓艳夸张，突出个性

B. “妆成有却无”，自然不刻意

C. 必须使用全套化妆品打造立体妆效

D. 当众补妆以保持妆面完整

E. 用深色口红提升气色

5. 照护员下肢修饰错误的是（　　）。

A. 着裙装时配肉色或浅色长筒袜

B. 穿露趾凉鞋保持脚部透气

C. 袜子每日换洗避免残破或异味

D. 裤脚裙摆不暴露袜口

E. 裙长可略短于膝部方便工作

A2 题型

1. 照护员小王（男）工作时前发覆盖额头，侧发掩耳，后发触及衣领。您应建议他如何整改发型？（　　）

A. 无须整改，此发型符合职业要求

B. 仅需修剪前发，侧发和后发可保留原样

C. 前发不覆额，侧发不掩耳，后发不及领

D. 剃光头以符合“简洁卫生”原则

E. 留大鬓角以增加职业亲和力

2. 养老院照护员小张（女性）工作时将及肩长发随意披散，未做任何固定，且将头发染了奶茶棕色。根据发部修饰礼仪，小张的做法中哪项最不符合规范？（　　）

A. 长发未盘起或束起，影响职业形象

B. 头发未保持清洁整齐，影响职业形象

C. 头发长度未剪至耳下 3 cm 内

D. 未将两鬓头发放于耳后

E. 未使用网套或发饰固定碎发

3. 照护员小陈工作时被发现指甲长度超过指尖，且涂有鲜艳的红色指甲油。针对这一情况，以下哪项整改措施正确？（　　）

A. 保留指甲油，仅修剪指甲至不超过指尖

B. 指甲油颜色改为淡粉色，指甲长度不变

C. 立即修剪指甲至不超过指尖，去除指甲油

D. 无须整改，指甲修饰不影响工作

E. 仅去除指甲油，指甲长度可保留

4. 照护员小刘耳毛长出耳朵外，且耳垢明显。以下哪项处理方式符合耳部修饰礼仪？（　　）

A. 无须处理，耳毛属于正常体表结构

B. 仅清除耳垢，耳毛无须修剪

C. 仅修剪耳毛，耳垢可暂时忽略

D. 及时修剪耳毛，清洗并清除耳垢

E. 工作结束后再处理，不影响当前工作

5. 照护员小赵上班时穿露趾凉鞋，搭配白色短袜，袜口露出裙摆外。她的着装违反了下肢修饰的哪项规定？（　　）

A. 仅违反“脚部严禁裸露”，需更换为不露趾鞋

B. 仅违反“袜口不宜露于裙摆外”，需调整袜口

C. 同时违反“脚部严禁裸露”和“袜口不外露”

D. 仅违反“袜子颜色需为肉色或浅色”，更换白色短袜即可

E. 无须整改，凉鞋搭配短袜符合职业着装规范

实训二　基本化妆技巧

照护员大部分为职业女性，可能没有足够的时间去从容地装扮自己，但追求自然清雅的淡妆效果、掌握简易化妆法是很有必要的。

实训目的

1. 熟练掌握快速工作妆化妆步骤、方法和技巧。

2. 能结合自身特点，恰当地为自己设计工作妆。

实训准备

1. 环境准备

配套有化妆镜、暖光源的化妆实训室。

2. 用物准备

（1）化妆品：爽肤水、护肤液、面霜、粉底、眼线笔、眼影膏或粉、眉笔、唇线笔、口红或唇膏、腮红等。

（2）化妆工具：化妆棉、眼影刷、面巾纸等。

3. 照护员准备

照护员着工作服，仪表端庄，衣帽整洁。

实训学时

2 学时。

实训方法

1. 操作示范

教师演示化妆步骤或播放录像。

（1）洁面护肤：用温水洗净脸部及颈部并擦干，用化妆棉蘸爽肤水，轻轻拍打脸部及颈部，再轻抹一层护肤液或面霜。

（2）上粉底：选用与自己肤色接近的粉底霜（液）或粉饼，用点、按、压、揉的手法，均匀地涂在面部和颈部。

（3）固定粉底（定妆）：用透明的蜜粉或同色的蜜粉固定粉底，减少粉底的油光感，防止妆面脱落、走形。

（4）画眼线：眼线应紧贴睫毛根部，画上眼线时，应从内眼角向外眼角方向画；下眼线应从外眼角向内眼角方向画，并在距内眼角约 1/3 处收笔，内眼角不画，重点晕染眼尾。

（5）涂眼影：照护员化工作妆最好选用浅咖啡色眼影，用眼影棒或眼影刷蘸眼影色，沿着睫毛边缘，于眼尾向内眼角方向 1/4 处涂抹，注意靠近外眼角处可涂得稍浓些。

（6）描眉：眉毛化妆的关键是要选好眉头、眉峰和眉梢。一般描眉要做到两头淡、中间浓，最后用眉刷轻刷双眉，使眉毛显得自然。

（7）画唇线、涂口红：可根据个人的五官比例，用唇线笔勾画出理想的唇形轮廓，然后涂口红。照护员工作妆的口红以浅色、鲜艳度低的颜色为佳，显示出健康红晕的气色即可。上唇应从两侧向中间涂口红，而下唇则从中间向两侧涂，涂完口红后，用纸巾吸去多余的口红，并检查牙齿上有无口红痕迹。

（8）上腮红：晕染腮红应根据个人脸型来确定，胭脂颜色应与眼影、口红颜色同一色系，以体现妆面的和谐之美。擦腮红的部位以颧骨为中心，长脸要横着擦，圆脸要竖着擦，腮红向脸原有肤色自然过渡。

（9）检查修补：化完妆后，要看左右面部妆容是否对称、过渡是否自然、整体与局部是否协调，对不完善之处要进行修补，从而使化妆效果更加完美。

2. 同学练习

根据教师示范，同学按照化妆步骤自己化妆。

效果评价

1. 学习态度

是否以认真的态度对待训练。

2. 技能掌握

是否将理论与实践有机结合，独立完成整个过程。

3. 职业情感

是否理解照护员淡妆上岗的意义。

4. 团队精神

练习过程中是否积极参与、团结互助、相互指导、共同协作。

5. 班级推荐

评选出全班十佳“化妆师”。

任务二　表情修养

扫码获取
数字资源

案例导入

王爷爷，半年前脑卒中后左侧肢体偏瘫，出院后由居家保姆照顾。王爷爷记忆力下降明显，情绪不稳定，易暴躁，喜骂人，常说保姆偷他东西，对保姆骂骂咧咧，保姆提出辞职。随后去医院就诊诊断为“血管性失智症”。为了给王爷爷提供更好的照护，其家属共同商议把他送入一家专业失智症照护中心进行照护，照护员小李是王爷爷照护员之一。

任务描述

1. 当照护员小李面对王爷爷说他偷东西时，应如何进行表情管理？

2. 请同学们根据案例进行角色练习。

知识殿堂

扫码查看课件。

表情，作为一种无声却强有力的表述形式，凭借其独特的作用，巧妙地填补了言语与声音表达的空白。在适当的时候，一个微妙的眼神交流，一抹真诚的微笑，比千言万语更能触动人心，更能搭建起坚固的人际桥梁。因此，掌握并善用这门“无声的艺术”，将为我们的社交活动增添助力。

一、眼神

眼睛是心灵的窗户，人们内心深处的所有语言、感情、态度和情绪，都能通过这个窗口自然地流露出来。眼神有着深刻、微妙、丰富的表现力。现代行为科学研究表明，视觉系统通过动态的眼睑运动、瞳孔调节及注视轨迹变化，构成了一套完整的情绪表达体系，其信息传递效能远超肢体动作等传统非语言符号，人们在日常生活中借助于眼神所传递的信息，称为眼语。

（一）眼语的构成

眼语的构成一般涉及时间、角度、部位、方式、变化五个方面。其中，时间是交往双方相互注视的时间长短；角度是目光发出的方向；部位是在人际交往中目光所及之处；方式是在社交场合注视他人的方式；变化是在人际交往中，注视对方时眼皮的开合、瞳孔的变化、眼球的转动、视线的交流等。

（二）眼神的交流

1. 时间

注视对方时间的长短，往往代表了对方的态度，在交往中十分重要。

（1）表示友好：若要对对方表示友好，则注视对方的时间应占全部相处时间的三分之一左右。

（2）表示重视：若要对对方表示关注，比如听报告、请教问题时，则注视对方的时间占全部相处时间的三分之二左右。

（3）表示轻视：若注视对方的时间不到相处全部时间的三分之一，往往意味着对其瞧不起或没有兴趣。

（4）表示敌意或兴趣：若注视对方的时间超过全部相处时间的三分之二以上，往往表示可能对对方抱有敌意，或是为了寻衅滋事。还有另一种情况，即对对方发生了兴趣。

2. 角度

在注视他人时，目光的角度，事关与交往对象的亲疏远近。

（1）平视：即视线呈水平状态，也叫正视。一般适用于在普通场合与身份、地位平等的人进行交往。

（2）仰视：即主动居于低处，抬头向上注视他人，表示尊重、敬畏之意，适用于晚辈对尊长之时。

（3）俯视：即低头向下注视他人，一般用于身居高处之时。它可对晚辈表示宽容、怜爱，也可对他人表示轻蔑、歧视。

3. 部位

眼光注视对方身体的什么部位，常常也反映出与对方关系的密切程度或是对对方的态度。在一般情况下，当与他人相处时，不宜注视其头顶、大腿、脚部与手部。对异性而言，通常不应注视其肩部以下，尤其是不应注视其胸部、裆部、腿部。允许注视的常规部位有以下几处。

（1）双眼：注视对方双眼，表示自己聚精会神，重视对方，但时间不宜过久，这种注视方式也叫关注型注视。

（2）额头：注视对方额头，表示严肃、认真、公事公办。这种注视方式叫作公务型注视，适用于极为正规的公务活动。

（3）眼部至唇部：注视这一区域，是社交场合面对交往对象时所用的常规方法，这种注视方式叫社交型注视。

（4）眼部至胸部：注视这一区域，表示亲近、友善，多用于关系密切的男女之间，这种注视方式叫近亲密型注视。

（5）眼部到裆部：它适用于注视相距较远的熟人，亦表示亲近、友善，但不适用于关系普通的异性，这种注视方式称远亲密型注视。

（6）任意部位：对他人身上的某一部位随意一瞥视。可表示注意，也可表示敌意，这种方式叫作随意型注视，多用于在公共场合注视陌生人，这种注视方式也叫作瞥视。但照护员在工作中常常需要对客户身体的某些部位特别注视，如进行洗澡、换纸尿裤等操作准备和操作时必须特别加以关注，这属工作要求，不受礼仪常规的约束。

4. 变化

在人际交往中，目光、视线、眼神都是时刻变化的，这些变化往往反映出交往双方的内心情绪的变化。

（1）眼皮的开合：人的内心情绪变化，会使其眼睛周围的肌肉进行运动，从而使眼皮的开合也产生改变，如瞪眼、眯眼、闭眼等。瞪大双眼，表示愤怒、惊愕；睁圆双眼，则表示疑惑、不满。眼皮眨动一般每分钟 5 ~ 8 次，若过快表示活跃、思索，过慢则表示轻蔑、厌恶。有时眨眼还可表示调皮或不解。

（2）瞳孔的变化：瞳孔的变化往往也不由自主地反映着人们的内心世界。它平时变化不多，若突然变大，目光炯炯有神时，表示惊奇、喜悦、感兴趣。若突然缩小，双目黯然无光，即失望、无所谓。双目无神时，表示伤感、厌恶，毫无兴趣。

（3）眼球的转动：若眼球反复转动，表示在动心思。若悄然挤动，则表示向人暗示。

（三）眼神交流的禁忌

1. 目光飘浮不定

眼神不集中，东张西望，心不在焉，很容易让人怀疑照护员的可信程度。

2. 目不转睛

即长时间地凝视某人的某一部位。它表示出神或挑衅，故不宜多用。

3. 闭视

即与人交流时闭眼的姿势，这是很不礼貌的，它表示不重视、厌烦、拒绝等，即人们常说的“不放在眼里”。

4. 睨视

又叫瞥视，即斜着眼睛注视，它多表示怀疑、轻视或鄙夷，一般应忌用。

总之，在老年照护实践中，眼神不仅是情感传递的窗口，更是建立信任的桥梁。

二、笑容

笑容是指人们含笑的面容，亦指人在含笑时的眼神。它通常表现为脸上露出喜悦的表情，有时还伴以口中所发出欢喜的声音。在日常生活中，笑的种类很多，有含笑、微笑、轻笑、浅笑、大笑等。其中微笑是最自然大方、最令人愉悦、最为真诚友善的笑，也是最受欢迎的笑。

（一）微笑的作用

微笑是人际交往中的润滑剂。微笑可以营造出温馨、亲切的氛围，能有效地缩短沟通双方的距离，给对方留下美好的心理感受。微笑无需成本，却能创造价值（图 2–2）。

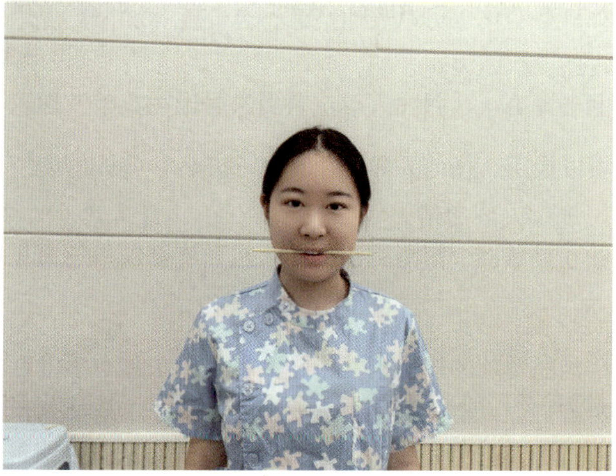

图 2–2　微笑练习

（二）微笑的注意事项

1. 发自内心

只有发自内心的微笑，才能感染对方，发挥情绪沟通的桥梁作用，体现一个人的淳朴、坦然、宽容和对人的真诚。

2. 表现和谐

微笑是人的眉、眼、鼻、口、齿以及面部肌肉和声音相互协调的行动。因此在笑的时候，要使各个部位运动到位和谐，不顾此失彼。同时，微笑应与仪表、谈吐、举止相辅相成。

3. 注意环境

微笑要符合场合与环境，不合时宜的微笑可能会引起误解。当照护员面带微笑地告诉老年人家属一个不幸的消息时，会引起反感，让人感觉极不负责任，没有同情心甚至是幸灾乐祸。

课堂练一练

微笑的练习方法

面露喜悦之时，要注意眉部、唇部、牙齿、声音彼此之间的动作配合。具体练习方法大致分为 4 点。

1. 额部肌肉收缩，使眉位提高，眉毛略微弯曲成弯月形。
2. 两侧面颊上的肌肉收缩，并稍微向上拉伸，使面部肌肤看上去出现笑意。
3. 唇部肌肉进行配合，唇形稍微弯曲，嘴角稍稍上提，双唇关闭，不露牙齿。
4. 自觉地控制发声系统，不发出笑声。

三、表情表露

表情是一种无声的语言，人的喜、怒、哀、惧、爱、恶、欲七情，都可以通过表情表露。脸部表情，主要通过目、眉、口、鼻四部分来表达。目是人体传递信息最有效的器官，眉是目的伙伴，眉目可以联合传情；口型变化也可以表达情意；鼻亦能参加情意表达。通常，这四者不是分别表情达意，而是协同行动，共同表演。

（一）表情的种类

表情在世界上几乎可以通用。任何人际交往都离不开各种各样的表情，没有表情的语言就等于没有了感情，没有了灵魂。人的表情表露是千变万化的，日常常见的情绪表现有严肃、宁静、悲哀、愤怒、恐怖等。

（二）表情的作用

面部表情作为非言语沟通系统的核心构件，在人际互动中具有多维度的信息编码功能。行为心理学研究证实，面部肌群运动形成的表情系统能够即时反映个体的心理状态波动，其精确性与动态性远超多数生理指标。

表情是人类心理活动的生物反馈机制。不同表情形态与特定心理过程存在显著相关性：礼节性微笑仅牵动口轮匝肌，而发自内心的喜悦则激活眼轮匝肌形成“杜乡式微笑”，此类表情差异构成判断心理真实性的关键依据。在情绪表达层面，面部表情遵循跨文化普适的编码规则，例如惊愕情绪触发额肌收缩（眉部上挑）、颧大肌舒张（口部张开）及眼轮匝肌扩张的标准化组合模式，形成生物进化保留的情绪信号系统。

拓展阅读

齐桓卫姬

春秋时期，齐桓公与管仲共谋国事。一日，两人密议讨伐卫国之事。议毕，齐桓公回到其宠爱的卫姬宫室。卫姬见状，立即下跪，请求齐桓公放过卫国。齐桓公大惊，说：“我没有对卫国怎么样啊！”卫姬答道：“大王平日下朝归来，总是和颜悦色，今日却有意避开我的目光，且沉默不语，此事定与我的母国卫国有关吧！”齐桓公听了沉默不语，决定放弃进攻卫国。

次日，管仲觐见齐桓公，问："大王为何泄露伐卫密议？"齐桓公又大吃一惊，问："你怎么知道？"管仲说："您进门时，昂首阔步，但一见到我就胁肩低眉，您一定是因为宠爱卫姬，与她谈了伐卫之事。"

1. 心理表情的反馈

在社会交往中，心理活动的平缓或激烈，可以通过表情得到较准确地反映。例如，不同的笑容反映不同的心理活动。

2. 情绪变化映射

人的情绪变化，通过表情可以得到较精确的反映，有什么样的情绪变化就会产生什么样的面部表情。例如，当感到吃惊时，往往口张大、眼瞪圆、眉挑高等。

3. 有声语言的补充

表情可以辅助甚至代替有声语言反映其心理状态。例如，在协助抢救心搏骤停的老年人时，没有过多的时间进行交流，常常通过快速交换目光或点头示意等表情动作进行沟通，以使抢救工作配合默契。

4. 气质的呈现

表情是修养的外露，它往往以最直接的方式，把一个人的知识、涵养、教养等显示出来。在交往中要塑造自己热情有礼、优雅得体的形象，就必须善于控制自己的情绪。

（三）表情礼仪的要求

照护员对老年人的面容表情，是以职业道德情感为基础的。在工作中，照护员要理解表情、把握表情，并能够在不同的场合控制自己的表情。作为照护员，不仅要善于从老年人的面部表情中收集信息，解读其心理活动，还要意识到自己面部表情的重要性，注意控制那些容易引起误解或影响关系的面部表情，如皱眉、斜眼、撇嘴等。这是因为老年人非常注意观察照护员表情，并将其与自己的情况或需要联系起来。例如老年人问："我得了什么病？""我还能康复吗？"这时即使最轻微的面部表情，也会给老年人带来很大的心理变化。因此照护员积极乐观的面部表情，能自然而然地引导老年人带着轻松的心情进行护理或康复；严肃抑郁的面部表情会让老年人情绪低落、萎靡不振。

【练习题】

扫码查看参考答案。

A1 题型

1. 面部表情在人际互动中的核心作用是（　　）。

A. 仅反映个体心理活动，无实际沟通功能

B. 辅助甚至代替有声语言传递信息

C. 改变个体的气质与修养

D. 必须与语言同步，否则无效

E. 仅用于表达喜悦情绪

2. 在眼神交流中，若注视对方的时间占全部相处时间的三分之二左右，通常表示（　　）。

A. 友好

B. 轻视

C. 重视

D. 敌意或兴趣

E. 随意关注

3. 在人际交往中，若要向对方表示友好，注视对方的时间应占全部相处时间的比例是（　　）。

A. 三分之一左右

B. 二分之一左右

C. 三分之二左右

D. 四分之一左右

E. 全部时间

4. 以下哪种注视角度适用于普通场合与身份、地位平等的人交往？（　　）

A. 仰视

B. 俯视

C. 平视（正视）

D. 斜视

E. 瞥视

5. 公务型注视的常规部位是（　　）。

A. 双眼

B. 额头

C. 眼部至唇部

D. 眼部至胸部

E. 任意部位

A2 题型

1. 照护员小王在与老年人沟通病情时，注视对方的时间占全部交流时间的三分之二左右。小王的注视时间表明其态度是（　　）。

A. 友好

B. 重视

C. 轻视

D. 敌意

E. 随意

2. 年轻照护员小李在向科室主任汇报工作时，主动抬头向上注视主任。小李的注视角度属于（　　）。

A. 平视（正视）

B. 仰视

C. 俯视

D. 斜视

E. 瞥视

3. 照护员小张在巡视时，对一位正在诉说事情的老人仅随意瞥了一眼便转身离开。小张的行为违反了眼神交流的哪项禁忌？（　　）

A. 目光飘浮不定

B. 目不转睛

C. 视而不见

D. 闭视

E. 睨视

4. 照护员小赵与老年人交流时，目光始终注视对方双眼，且持续时间超过全部交流时间的三分之二。患者感到不适并询问："你为什么一直盯着我？"小赵的注视方式属于（　　）。

A. 关注型注视（双眼），时间适宜

B. 公务型注视（额头），部位错误

C. 近亲密型注视（眼部至胸部），适用对象错误

D. 目不转睛（长时间凝视），违反禁忌

E. 社交型注视（眼部至唇部），部位错误

5. 照护员小王在与老年人进行日常聊天时，目光注视对方的眼部至唇部区域。小王的注视方式属于（　　）。

A. 关注型注视（双眼）

B. 公务型注视（额头）

C. 社交型注视

D. 近亲密型注视（眼部至胸部）

E. 随意型注视（瞥视）

实训三　表情仪容训练

面部表情是仅次于语言的一种交际手段。在照护工作中，照护员一定要学会正确地运用表情，其中眼神和微笑的运用是至关重要的。

（一）眼神

眼神是面部表情的第一要素。一双眼睛能传递出喜、怒、哀、乐不同的情感。在工作中，要善于用眼睛表达理解和爱心，同时也要学会用心观察对方的眼神，及时调整自己的交流方式，以求得好的沟通效果。

实训目的

1. 通过练习，掌握眼神交流的时间、角度、部位。

2. 能熟练地运用目光表达自己的情感、意愿。

3. 学会观察、解读他人的眼神，以便更好地满足其需求。

实训准备

1. 环境准备

老年实训室、模拟养老机构，环境清洁、安静、明亮、宽敞。

2. 用物准备

血压计、药杯、血糖仪等所需物品。

3. 照护员（被照护者）准备

照护员着工作服，仪表端庄，衣帽整洁。被照护者根据老年人身体状态选择合适的体位。

实训方法

1. 实训课

以小组为单位进行情境练习：如照护员为老年人测量血压、血糖时的沟通与眼神交流；为老年人更换纸尿裤时的沟通与眼神交流等。

2. 训练技巧

（1）用 5 ~ 10 分钟的时间，对着镜子静坐，戴上口罩欣赏自己的眼睛，让镜中的眼睛与你的眼睛交流。

（2）与同桌相互对视、沟通、交流，试着用眼神表达自己的喜、怒、哀、乐，可相互点评。

3. 每位同学写出训练体会。

效果评价

1. 学习态度

是否以认真的态度对待训练。

2. 技能掌握

是否将理论与实践有机结合。

3. 职业情感

在练习过程中是否严肃认真、是否关心、体贴老年人。

4. 团队精神

练习过程中是否积极参与、团结互助、相互指导、共同协作。

（二）微笑

微笑是美妙的社交语言，能创造出交流与沟通的良好氛围，表现着人际关系中友善、诚信、谦恭、和蔼、融洽等美好的感情因素。微笑服务不仅是礼貌，也是一种以真诚态度取信于老年人的重要方式。一个微笑很简单，但需要我们每天重复去做。照护员更应该懂得微笑，懂得微笑在老年人身上所产生的作用。

实训目的

通过练习，寻找自己最自然、最美好的笑容，并勤加练习，让其变成自己习惯性的微笑。

实训准备

1. 环境准备

老年实训室、模拟养老机构，环境清洁、安静、明亮、宽敞。

2. 用物准备

评估表、笔等。

3. 照护员（被照护者）准备

照护员着工作服，仪表端庄，衣帽整洁。被照护者根据老年人身体状态选择合适的体位。

实训方法

1. 实训课以小组为单位进行情境练习

学生面带微笑地进入老年人房间并进行自我介绍及询问老年人基本情况。

2. 训练技巧

（1）练习微笑基本方法：用 5 ~ 10 分钟的时间，放一首欢快、跳跃、节奏明快的乐曲，静坐椅子上，集中精力，沉浸于欢快的乐曲中，放松面部肌肉，然后让微笑的嘴角微微向上翘起，让嘴巴成为弧形，发“yi”音，发自内心的微笑自然流露。

（2）练习眼中含笑法：取厚纸一张，遮住眼睛下边部位，对着镜子，心里想着让人高兴的事情，使笑肌抬升收缩，鼓起双颊，嘴角两端做微笑的口型。这时双眼就会呈现出十分自然的表情。然后再放松肌肉，眼睛恢复原样，但目光仍旧脉脉含笑，这时就是眼中含笑。

3. 每位同学写出训练体会。

效果评价

1. 学习态度

是否以认真的态度对待训练。

2. 技能掌握

是否将理论与实践有机结合。

3. 职业情感

在情景练习过程中是否严肃认真，是否关心、体贴老年人。

4. 团队精神

练习过程中是否积极参与、团结互助、相互指导、共同协作。

任务三　着装规范

扫码获取
数字资源

案例导入

小王是某养老院的一名资深照护员，平时工作认真负责，深受老年人和同事的喜爱。某天，小王因为家中临时有事，匆忙赶到养老院，忘记换上工作服，直接穿着便装开始了当天的工作。当天下午，新入住的张爷爷需要更换导尿管，小王便前往张爷爷的房间准备进行操作。张爷爷看到小王穿着便装，皱起眉头问道："你是这里的照护员吗？怎么没穿工作服？我还是等其他人来吧。"

任务描述

1. 为什么张爷爷会对小王的身份产生怀疑？
2. 你认为照护员的职业装在服务中具有什么意义？
3. 根据这个案例，你认为照护员的着装规范应包括哪些内容？

知识殿堂

扫码查看课件。

着装包括服装和饰品，作为古今中外社会文化的重要载体，不仅体现了个人的文化修养和审美情趣，还直观展示了人的身份、气质及内在素质。在社交场合，得体的着装不仅是礼貌的象征，也是留给他人的第一印象，对人际关系的和谐有着不可忽视的影响。大方得体的服饰能够增添人的仪表美与气质美，强化美感并掩饰不足。对于照护员而言，无论是工作时间还是非工作时间，恰当的着装和配饰都至关重要，既能提升个人形象，又能增强与老年人之间的信任与亲和力。因此，学习着装礼仪规范，不仅有助于塑造良好的职业形象，还能为他人留下美好的印象，从而更好地服务于老年人群体。

一、着装原则

着装既是一门技巧，更是一门艺术。每个人都应根据自身的年龄、职业、气质、体型、场合等选择适合自己的服饰，并且应遵循一定的基本原则。

（一）TPO 原则

TPO 是 3 个英文单词的首字母缩写，分别代表时间（time），如早晚、季节、时代等；地点（place），如位置、职位等；场合（occasion），如场合、场地。

T：时间原则

时间原则即服装的选择要与时间相适应，包括三层含义。

一是顺应时代要求：着装应契合时代潮流，符合大众审美。然而，盲目追求时尚未必能彰显个人风格，反而可能迷失自我。因此，在把握潮流的同时，更应坚守自身的审美主张与价值认同。过分超前或滞后于时代审美，都易造成与他人认知的脱节。

二是符合季节变化：一年四季是大自然变化的规律，要根据四季更迭选择合适的服装，顺应自然规律才能体现出服装与自然环境的和谐美。例如夏天的服饰应以轻薄透气、吸汗为主，而冬天的服饰以保暖为主。

三是紧跟时间变化：日夜交替，我们应该注意白天和晚上穿衣是有所不同的。白天工作时，应穿着较正式或职业服饰，来体现职业严肃性、专业性；但是晚上，下班回家可随意一些。当然，如果参加重要场合，就需加一些修饰，如晚礼服、高跟鞋，戴配饰等，以表示对他人的敬重和对自身的认可。

P：地点原则

地点原则即着装需适应不同的地理环境和文化氛围。例如，在正式办公场合应穿着职业装，而在休闲场所则可以选择轻松舒适的服饰。不同国家和地区的文化习俗也会对服饰提出特定要求，需尊重当地的文化传统，做到入乡随俗，以免失礼。

O：场合原则

场合原则指着装应根据具体场合的性质选择。例如，参加婚礼、葬礼、商务会议或朋友聚会时，服饰的风格和正式程度应有所不同。婚礼宜选明快色系，葬礼应选素雅黑白色，居家以舒适整洁为主，拜访他人则适合得体休闲装。

着装的选择还带有一定的预期目的。在社交场合，着装是带有自身信息的“介绍信”，对社交成功与否起到关键的作用。如应聘面试时，为了取得成功，大部分人会选择穿职业装，因为穿职业装会给评委们留下干练、大方、真诚、专业的印象，能得到对方的认可，业务洽谈、会议场所等也是如此。

（二）整洁性原则

服饰的整洁是良好仪表的第一步。整洁的着装既体现个人修养，更是尊重他人的基本礼仪。无论工作装还是休闲服，都应保持洁净平整，方能展现得体大方的形象。衣物须避免污渍、破损或线头等问题，以免给人留下不专业的印象。

（三）协调性原则

在重要社交场合，着装既要彰显个性，也要与环境相协调。选择服装时需综合考虑年龄、体型、职业、肤色等因素，做到扬长避短，与环境氛围相得益彰。青少年着装宜自然大方，展现青春活力；中年人则应注重成熟稳重。同时要根据自身体型特点，通过服装的色彩、线条和款式来优化视觉效果。不同场合的着装要求也有所不同：职场需整洁庄重，居家可舒适随意，但接待客人时仍需保持得体。

（四）整体性原则

着装需注重整体协调性，各要素应和谐统一。在色彩搭配、款式结构和面料质地等方面要相互呼应，形成完整统一的视觉效果。服装色彩需与肤色、妆容及配饰协调搭配。运动装束应搭配同风格鞋履，如运动鞋，避免混搭皮鞋或拖鞋等不协调单品。

（五）个性原则

着装应彰显个人独特气质，在遵循基本礼仪规范的同时突出个性魅力。正如世上没有完全相同的两片树叶，每个人的着装风格也应独具特色。个性着装原则包含两个层面：一是量体裁衣，根据自身条件扬长避短；二是风格塑造，在符合大众审美的基础上，打造具有辨识度的个人形象。恰当的个性表达能在社交场合给人留下深刻而美好的印象。

二、着装的分类及礼仪规范

（一）正装

在政务活动、参观访问、重大会议、学术活动等正式场合，为了维护单位或个人的形象，表达对交往对象的尊重和友好，人们需着正装出席。

1. 男士西装

西装起源于欧洲，现已成为众多男士出席重要场合的标准服饰，是个人形象的代表。在选择西装时，面料、色彩和款式等都是需要考虑的重要因素（图 2–3）。

图 2–3　男士穿西装

（1）西装：

1）颜色：黑色、深蓝色、深灰色是最经典的选择，适合大多数正式场合。

2）款式：单排扣或双排扣均可，剪裁应合身，避免过于宽松或紧身。上衣要求身长过虎口，袖长达手腕。西裤要求裤线清晰笔直，裤脚前面盖住鞋面中央，后至鞋跟中央。

3）面料：羊毛或混纺面料是首选，质感高级且透气。

（2）衬衫：

1）颜色：白色或浅蓝色是最正式的选择。

2）款式：长袖衬衫，领型以标准领或温莎领为主，领子要硬挺平整，高出西装领口 1 ~ 2 厘米。

3）细节：衬衫应熨烫平整，袖口露出西装袖口 1 ~ 2 厘米，下摆要束在裤内。

（3）领带：

1）颜色：选择与西装和衬衫搭配的颜色，避免过于花哨的图案。

2）款式：宽度应与西装翻领宽度协调，长度以刚好盖住皮带扣为宜。

（4）皮鞋：

1）颜色：黑色或深棕色，与西装颜色匹配。

2）款式：选择造型简单、表面光滑亮泽的皮鞋，最经典的正装皮鞋是系带样式的，做到鞋内无味、鞋面无尘、鞋底无泥、尺码恰当。

（5）配饰：

1）腰带：颜色与皮鞋一致，腰带扣款式和颜色尽量简单庄重。

2）袜子：黑色或深色，切忌黑皮鞋配白袜子，做到每日换洗。

知识延伸

领带结

领带结端正、挺括，外观上呈倒三角形，大小与衬衫领子的大小应成正比。在收紧领结时，可在领带结的中间位置压出一条沟来，这被称为男人的“酒窝”，可使领带结看起来美观、自然。

2. 女士西装

女士西装有西装套裙和西装长裤两种组合，其中西装套裙尤为常见。女士在挑选西装时，同样需要着重考量面料、色彩以及款式等因素（图 2–4）。

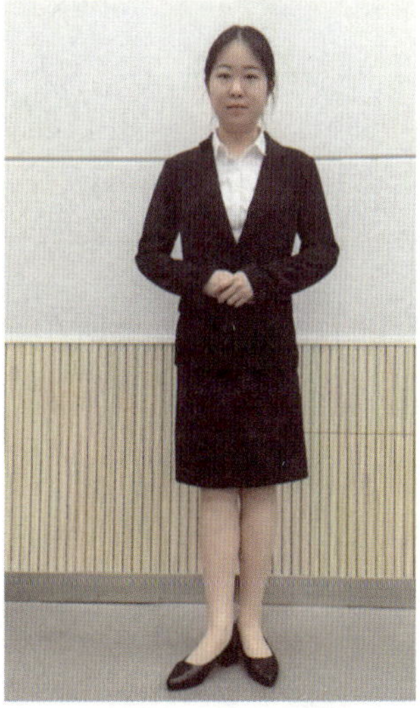

图 2–4　女士穿西装

（1）西装套装：

1）颜色：黑色、深蓝色、灰色等中性色最为正式。

2）款式：单排扣或双排扣，剪裁合身，可选择裤装或裙装。

3）面料：羊毛、混纺或丝绸面料，质感高级。

（2）衬衫：

1）颜色：衬衫颜色与西装搭配即可，白色、米色与大多套装都能搭配。

2）款式：简洁的衬衫、丝绸上衣或高领内搭，避免过于花哨的设计，避免蕾丝或能看到内衣和皮肤的薄透面料。

（3）裙子或裤子：

1）裙子：长度以及膝或稍长为宜，避免过短。

2）裤子：直筒或微喇裤型，剪裁合身。

（4）鞋子：

1）款式：尖头高跟鞋是最经典的选择，颜色以黑色、裸色为主。正式场合不能穿凉鞋或露脚趾的鞋。

2）高度：根据个人舒适度选择，通常 3～8 厘米为宜。

（5）配饰：

1）包包：选择简洁的手提包或单肩包，颜色与整体搭配协调。

2）首饰：佩戴首饰以适度为原则，总量不超过三种，以少而精为佳，并且色彩、质地一致，避免过于夸张的装饰。

3）丝巾：可搭配一条精致的丝巾，增加优雅感。

（二）职业装

职业装，通常被称作工作服，是专为工作需求而设计的统一服装，是工作单位的形象，统一的职业装更加体现单位的专业度、规范度。照护员的着装除了应遵守着装的基本原则外，还应体现照护员工作的职业特点（图 2–5）。

1. 在工作岗位上着职业装

工作时合适的服饰可以带给老年人心理安全感，并且照护员的职业服饰不仅代表着个人的形象，更是代表了养老机构的形象。因此，在工作时应着统一的职业装。

2. 佩戴工作牌

工作牌上应附有本人照片，清晰注明姓名、职务及所在部门等信息，便于老年人识别、问询、监督和鼓励。工作牌应端正地佩戴在左胸上方，不能反戴或放于衣兜内，并注意保持清洁干净。

3. 服装整齐清洁

服装的面料应挺括、透气、不缩水、不透明，便于清洗消毒。款式应简洁、大方，穿着合体，松紧适度，衣扣整齐，便于操作，确保服装清洁、平整无污渍，扣好衣扣，确保内衣不外露。为了方便操作，一般选用分体工作服。

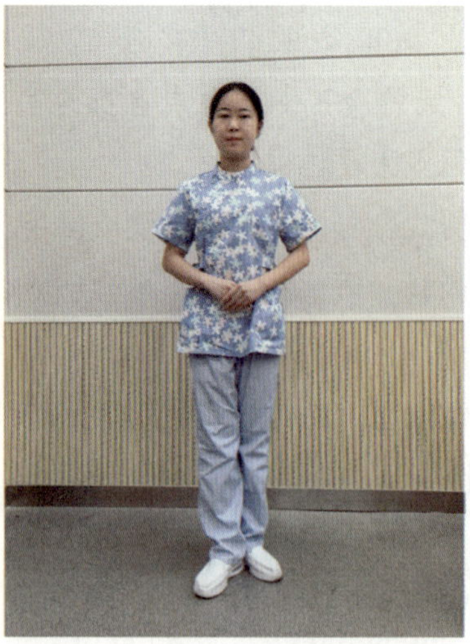

图 2–5　穿职业装的照护人员

4. 鞋和袜

鞋样式应简洁大方，以坡跟或平跟软底为宜，颜色以白色、米色或乳白色为佳，要注意防滑、舒适。袜子的颜色应以肤色为最佳，还可选白色袜和浅色袜，切忌穿颜色鲜艳的袜子，影响整体形象。

（三）便装

居家生活照护员在着装的选择上自主性比较大，但要做到干净、轻便、整洁、得体、便于操作，穿着得体的便装有利于与老年人拉近距离，建立更加和谐的关系。着装要合身，切忌服装薄透，不宜过多暴露身体，胸部、腹部、背部、腋下和大腿不宜外露。还需注意着装不宜有过多装饰，色彩也不宜太饱满夸张。

【练习题】

扫码查看参考答案。

A1 型题

1. 关于 TPO 原则中的“T”（时间原则），以下哪项描述是错误的？（　　）

A. 着装应符合时代潮流，但也要保持独立风格

B. 夏季应选择轻薄透气的服装，冬季应选择保暖的服装

C. 白天工作时需穿着正式服装，晚上回家可随意穿着

D. 参加婚礼时应穿着低调的黑白色衣服

E. 着装应顺应自然规律，体现与自然环境的和谐美

2. 关于地点原则，以下哪项描述是正确的？（　　）

A. 在正式办公场所应穿着休闲装

B. 在休闲场所应穿着职业装

C. 着装需适应不同的地理环境和文化氛围

D. 不同国家和地区的文化习俗对服饰没有特定要求

E. 在正式场合可以随意选择服装

3. 居家生活照护员在着装选择上应避免哪种情况？（　　）

A. 干净整洁

B. 轻便得体

C. 过多暴露身体

D. 便于操作

E. 与老年人拉近距离的服装款式

4. 下列哪项不是着装整洁性原则的要求？（　　）

A. 衣服无污渍

B. 衣服熨烫平整

C. 衣服开线、脱丝要及时修补

D. 可以随意搭配不同风格的配饰

E. 鞋子保持干净无泥

5. 关于照护员的工作服饰，以下哪项描述是错误的？（　　）

A. 工作服按季节分为夏装、冬装，按样式分为围裙式、裙装式、分体式

B. 工作服应保持清洁、平整且无污渍

C. 穿裙子时，裙边可以在膝盖以上

D. 鞋样式应简洁大方，以坡跟或平跟软底为宜

E. 工作牌上应附有本人照片，注明姓名、职务及所在部门等信息

A2 型题

1. 李奶奶是某养老院的新入住老年人，因患有慢性病需要定期输液。某天，照护员小王穿着整洁的工作服，佩戴工作牌，准备为李奶奶进行输液。李奶奶看到小王后，欣然接受了他的服务，并称赞他“看起来很专业”。李奶奶对小王的信任主要源于什么？（　　）

A. 小王的操作技术非常熟练

B. 小王穿着整洁的职业装，佩戴工作牌

C. 小王提前与李奶奶进行了沟通

D. 小王态度非常热情

E. 小王是李奶奶的亲戚

2. 某养老院的照护员小张，平时工作认真负责，深受老年人喜爱。某天，小张穿着居家服为老年人提供服务，老年人虽然未明确表示不满，但显得有些拘谨。事后，养老院负责人提醒小张，工作时应穿着统一的工作服。小张的着装问题可能对老年人产生了什么影响？（　　）

A. 老年人觉得小张不够专业

B. 老年人觉得小张态度不够热情

C. 老年人觉得小张操作技术不熟练

D. 老年人觉得小张不够细心

E. 老年人觉得小张不够幽默

3. 某养老院的照护员小李，在参加养老院组织的年终晚会时，穿着休闲装出席，与其他穿着正装的同事形成鲜明对比。晚会结束后，负责人提醒小李，参加正式场合时应穿着得体。小李的着装问题主要违反了哪一项着装原则？（　　）

A.TPO 原则中的时间原则

B.TPO 原则中的地点原则

C.TPO 原则中的场合原则

D. 整洁性原则

E. 个性原则

4. 照护员小王在穿工作服时，发现内衣的领口过高，露出在工作服外面。她应该如何调整？（　　）

A. 忽略不管

B. 将内衣领口拉低
C. 更换内衣，确保不外露
D. 用别针固定内衣领口
E. 穿上外套遮挡

5. 小王是一名照护员，他的工作服纽扣缺失了一颗，他应该怎么做？（　　）
A. 用其他颜色的纽扣代替
B. 用针线缝好缺失的纽扣
C. 忽略不管，继续穿着
D. 用别针固定缺失的纽扣
E. 向领导申请更换新的工作服

任务四　举止得体

扫码获取数字资源

案例导入

小林刚满 22 岁，是智慧健康养老服务与管理专业的应届毕业生，刚入职某养老机构成为照护员。某天下午，小林被安排接待新入住的王奶奶。小林接到任务后，慢悠悠地走到王奶奶的房间，进门时低着头，手里还拿着手机，眼睛时不时瞟向屏幕。王奶奶试图与他打招呼，但小林敷衍地“嗯”了一声，刚开始聊天时，小林勉强端坐在椅子上，但很快就靠着椅背，跷起二郎腿。当王奶奶提到自己对养老院生活的担忧时，小林一边玩手机，一边漫不经心地回答：“没事的，这里挺好的。”王奶奶感到被忽视，情绪逐渐低落，最终停止了谈话，默默坐在一旁。当天晚上，王奶奶向养老机构负责人投诉，表示不愿意再接受小林的服务。负责人对小林进行了批评教育，并重新安排了其他照护员为王奶奶服务。

任务描述

1. 小林在接待王奶奶时的站姿和态度存在哪些问题？
2. 小林在陪王奶奶聊天时，哪些行为不符合礼仪规范？

知识殿堂

扫码查看课件。

举止得体、仪态端庄是个人修养和气质的重要体现，也能帮助照护员塑造良好的职业形象，赢得信任和尊重。无论是在社交场合、职场还是日常生活中，保持得体的举止和优雅的仪态都非常重要。

一、站姿

站姿作为姿态之基，关键在于双脚、双臂、胸脯、下巴的协调。优美站姿强调脊背的挺直，脊背应如松树般“挺、直、高”。

（一）基本站姿

1. 头、颈及面部姿态

头正颈直，下颌微收，表情平和，面带微笑，双目平视前方，目光柔和。

2. 躯干姿势

挺胸收腹，提臀立腰。

3. 双臂姿势

两臂自然放松下垂，双手自然弯曲，虎口朝前。

4. 双下肢姿势

两腿并拢，肌肉略有收缩感，两脚跟靠紧，脚尖自然分开，重心落于两脚掌中间。

（二）常见站姿

在基本站姿的基础上，老年服务者可以通过变化脚和手的姿势来调整站姿，以减少拘谨，减轻疲惫。

1. 女性照护员的站姿

（1）“V”字步站姿：又称为小八字步站姿，适合于女士。在站姿基本要求的基础上，双脚脚跟并拢，双脚前端分开约为一拳的距离，形成“V”字形状（图 2–6）。

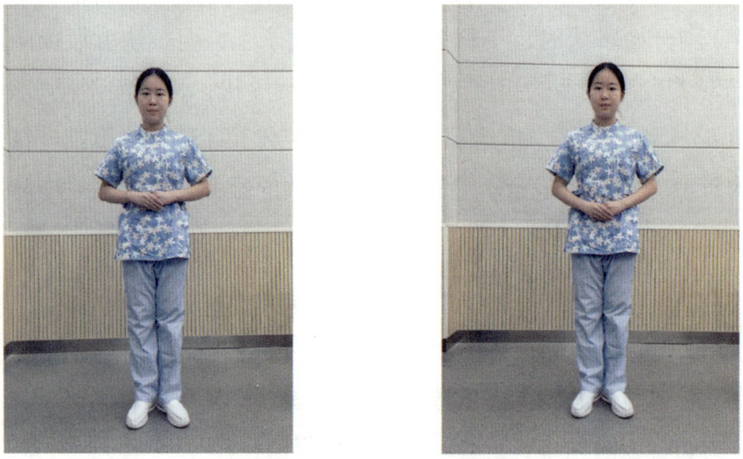

图 2–6 “V”字步站姿，双手相握放于腹部或肚脐

（2）丁字步站姿：适合女士站立时使用。使用丁字步站姿时，身体直立，前脚的脚跟靠在后脚内侧缘凹陷的部位，两脚互相垂直呈丁字步。由于这种站姿采用双脚前后交错站位，从视觉角度能较好地掩饰腿部弯曲，尤其是 O 形腿的缺陷（图 2–7）。

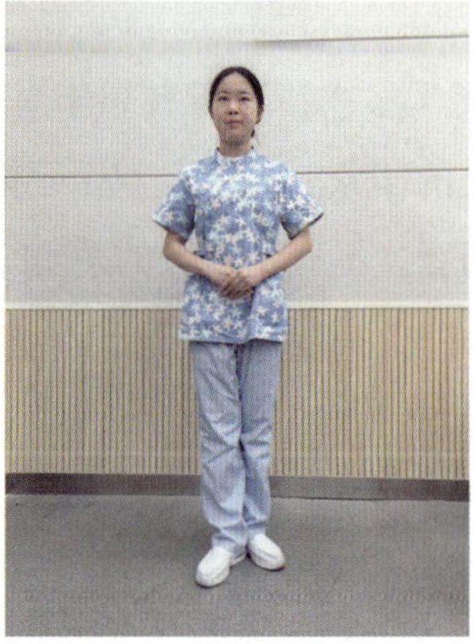

图 2-7　丁字步站姿，双手相握，放于腹部或脐部

（3）手臂姿势有三种：①双臂自然弯曲，双手相握，两个拇指交叉后收于手掌内侧，放在腹部或脐部位置。适合于正式场合，如面试、接待老年人、迎送老年人等。②双臂自然弯曲，双手在腹前轻握，四指自然弯曲，手腕微微上扬，体现出照护员的柔美与坚韧，适用于与老年人沟通和交流（图 2-8）。③双臂自然下垂（图 2-9）。

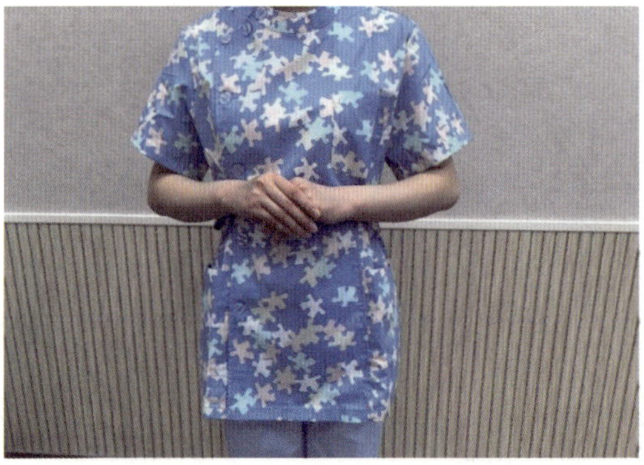

图 2-8 双手相握，手腕轻轻上扬

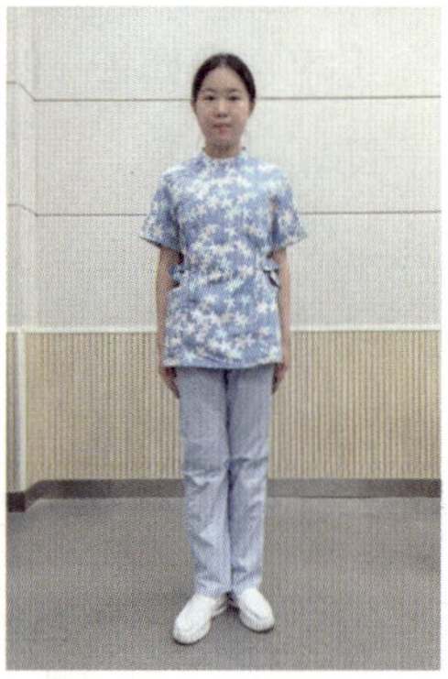

图 2-9　双臂自然下垂

2. 男照护员的站姿

（1）身体直立：双腿、双脚跟并拢，两脚尖分开呈“V”字形。

（2）身体直立：双腿分开，与肩同宽，两脚间距离切忌超过肩宽。

（3）手臂姿势有三种：①双臂自然下垂，掌心向内，双手分别贴放于两边大腿外侧。②将左手握住右手腕部上方自然贴放于腹前。③双手背在身后相握贴于臀部（图 2-10）。

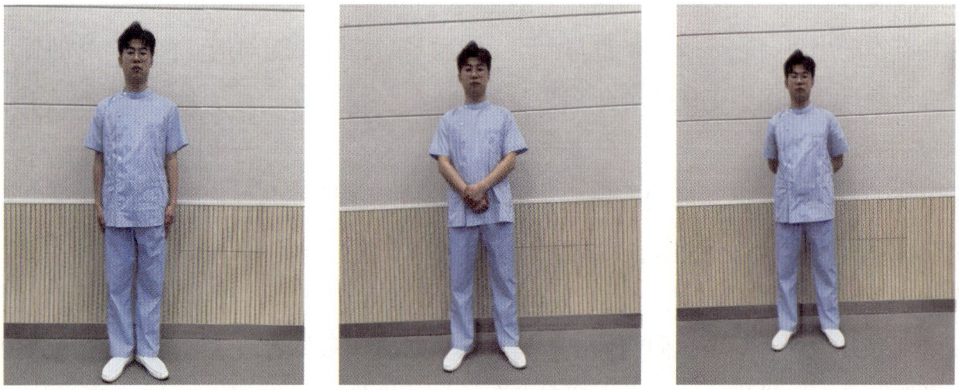

图 2-10　男性站姿

（三）站姿的注意事项

在站立时，应该注意不可两腿交叉站立，不可斜靠于桌子、墙壁等；禁忌站立时晃动身体，双腿抖动，否则会给人留下没有素质的印象。同时，双手不能叉在腰间，否则给人一种挑战的感觉；也不可插于口袋，这样给人很随意，不尊重他人的感觉。

课堂练一练

站姿的练习方法

顶书训练：将书本置于头顶正中心，确保书本不掉落。这种方法有助于锻炼身体的平衡力，提升整体气质，预防驼背，并纠正左顾右盼的不良习惯。

背靠背训练：两人一组，背靠背站立，使后背紧密贴合。在肩部和小腿处放置卡片，确保卡片不掉落。这种方法有助于两人保持同一水平面，使站姿更加挺拔。

二、坐姿

坐姿应稳重，追求“坐如钟”的境界，保持端庄的姿态。这样的坐姿不仅传递出自信和友好的态度，还展现了良好的形象。

（一）基本坐姿

1. 头、颈及面部姿态

头部端正，颈部挺直目视前方。

2. 躯干姿势

只落座椅面的 1/2 ~ 2/3，上身挺直，避免身体倚靠座位的靠背。

3. 双臂姿势

双手掌心向下，自然放于腿上，或是放在身前的桌面上，或一左一右扶在座位两侧的扶手上。

4. 双下肢姿势

上身与大腿，大腿与小腿之间均呈 90°，脚尖对向正前方或侧前方，双脚可以并拢、平行，也可一前一后。

（二）常见的坐姿

1. 正襟危坐式

又称最基本的坐姿，它要求上半身与大腿、大腿与小腿、小腿与地面都呈自然的直角，使双膝和双脚完全并拢。适用于正规的场合（图 2–11）。

2. 双腿斜放式

双膝并拢，双脚统一向左或向右斜放，力求使斜放后的腿部与地面呈 45°。这种坐姿适用于穿裙子就座时（图 2–12）。

3. 前伸后屈式

大腿和双膝并拢状，一条腿向前伸出，另一条腿屈后，双脚着地，双脚前后要保持在同一条直线上，两脚距离不宜过远。这是适用社交场合的一种优美的女士坐姿（图 2–13）。

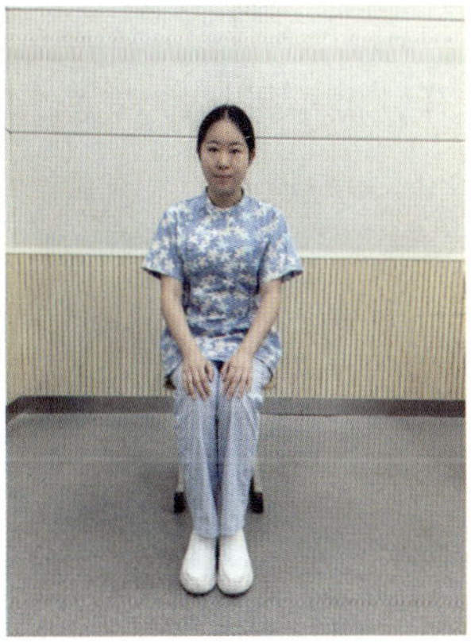

图 2-11　正襟危坐式

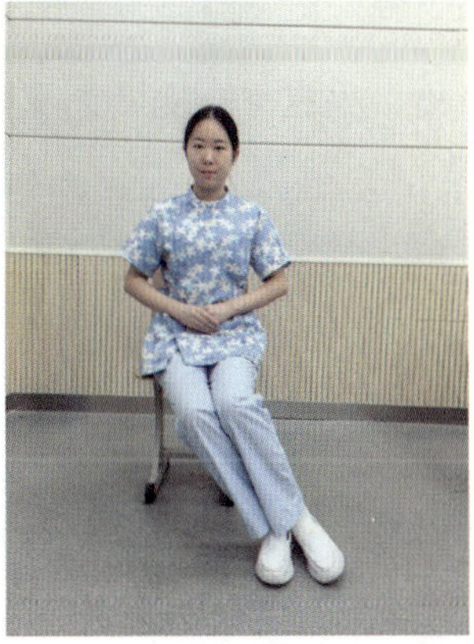

图 2-12　双腿斜放式坐姿

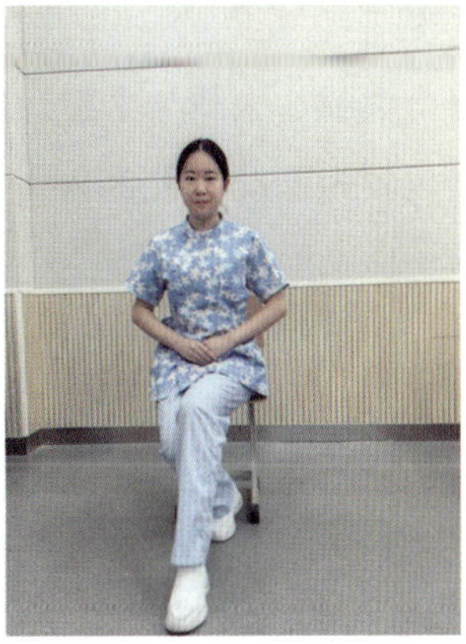

图 2-13　前伸后屈式坐姿

4. 双腿叠放式

双腿完全上下交叠在一起，交叠后的两腿之间没有任何缝隙，犹如一条直线。叠放后，双腿可斜放于左侧或右侧，斜放后的腿部与地面呈 45°，叠放在上的足尖垂向地面。这种坐姿比较优雅，给人大方端庄高贵的感觉（图 2-14）。

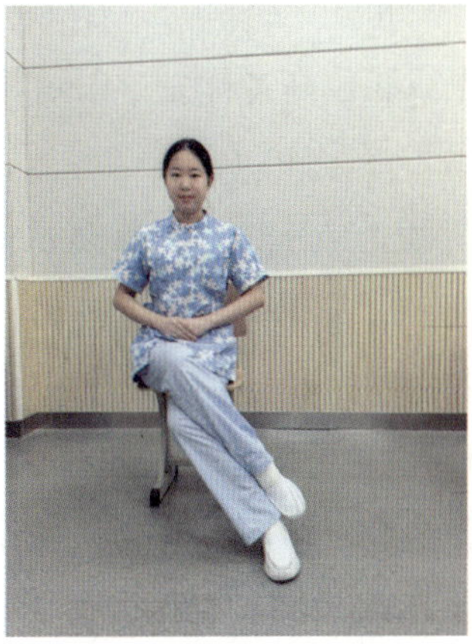

图 2-14　双腿叠放式坐姿

5. 双脚交叉式

双膝并拢，双脚在脚踝处交叉。交叉后的双脚可以内收，也可以斜放，但不宜向前伸出。这种坐姿不仅适用于女士，男士也可以采取交叉式。各种场合均可采用此坐姿（图 2-15）。

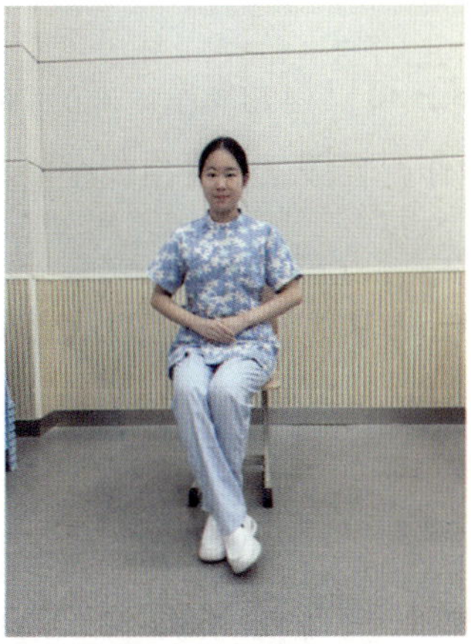

图 2-15　双脚交叉式坐姿

6. 垂腿开膝式

上身与大腿、大腿与小腿皆呈直角，小腿垂直地面，双膝分开，但不得超过肩宽。多为男性所使用，也较为正规（图 2-16）。

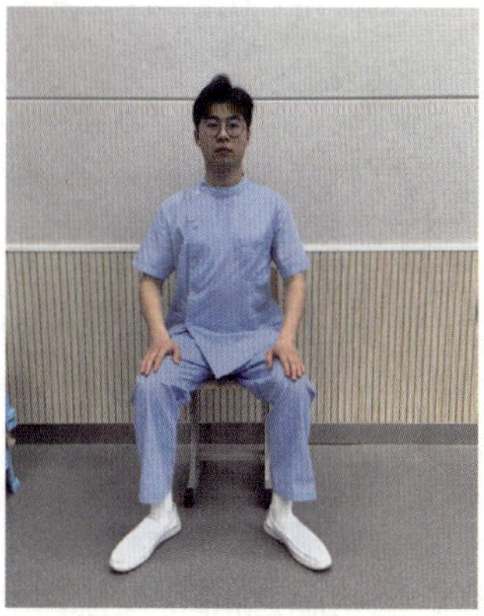

图 2-16　垂腿开膝式坐姿

（三）入座与离座

1. 入座的基本要求

（1）入座顺序：入座时长者优先或职位高者优先，以示尊重。如为平辈者或同职务者可同时入座，但不要争先恐后抢着入座。

（2）入座方位：无论从侧面或背面走向座位，通常是从椅子左侧跨向椅子正面，然后入座。离开座位时仍然从左侧离开自己的座位，简称为“左进左出”特别是在正式场合一定要注意遵守规则，避免相邻者互相碰撞，造成尴尬局面。

（3）入座得体：入座时应转身背对座位，距座位边缘约半步时，一脚轻轻后撤，待腿部接触座位边缘后，着裙装者在落座时用手背自上而下抚平裙摆，然后再轻轻坐下，使坐姿舒适、优雅。

坐定后，身体不可以完全放松，不能前倾、后仰或歪向一侧，不能靠在座背上。重要场合，不宜频繁换坐姿，尽量保持一种坐姿。两腿不能笔直前伸，两膝也不得分太开。在整个就座过程中，无论是落座、调整坐姿还是移动座椅，都应保持安静。

2. 离座的基本要求

（1）事先说明：离开座椅时，身边如果有人在座，应该用语言或动作向对方先示意，随后再站起身来。

（2）注意先后：地位高于对方者，可以首先离座。双方身份相似时，可以同时起身离座。

（3）动作轻缓：起身离座时，动作要轻缓，不要拖拽座椅发出声响，或将椅垫掉在地上。

三、行姿

行姿即一个人在行走过程中所展现的姿态。理想的走路姿势应轻盈矫健，展现出朝气蓬勃、积极向上的精神面貌。

（一）基本行姿（图 2-17）

1. 头、颈及面部姿态

头正颈直、头部端正、双目平视前方、微收下颌、面容自然平和。

2. 躯干姿势

挺胸、收腹，腰背正直，起步行走时，应稍微向前倾斜身体，确保重心落在交替移动的前脚脚掌上。

3. 双臂姿势

双肩平稳、双臂前后自然摆动、摆臂幅度以 30° ~ 35° 为宜。

4. 双下肢姿势

行走时，应保持脚尖向前，步履轻盈、步幅均匀、步线正直，在行走过程中，停步、拐弯、上下楼梯时，应从容不迫，控制自如。

5. 走路要轻快

眼睛要平视前方，如手里端着物品，或为长者端饭菜、端水时一定要屈肘，将物品端平至胸前，切忌放在小腹前，双手无力晃动，给人一种无精打采、懒散的感觉。

6. 遇到紧急情况时

要碎步快走，紧张有序，不要慌手慌脚，增加紧张气氛，夜间值班时脚步要轻，以免影响老年人休息。

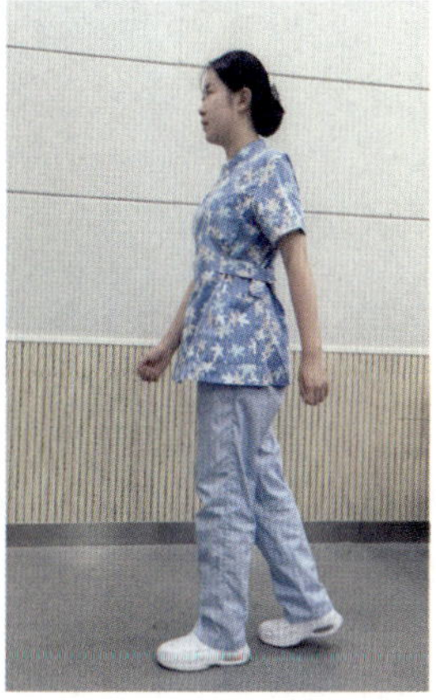

图 2–17　基本行姿

（二）行走中的礼仪

1. 上下楼梯

（1）靠右行走：应右侧而行，单人行走，不宜多人并排行走。

（2）长者在上：一起下楼梯时，若楼梯过陡，应主动行走在前，以防身后之人有闪失。

（3）不宜交谈：要留心脚下，故不宜进行交谈，更不可站在楼梯上或转角处交谈，妨碍他人通过。

（4）保持距离：要注意与身前、身后之人保持一定距离，以防碰撞。此外，应注意上下楼梯时的姿势、速度，不可在上下楼梯时推挤他人，或坐在楼梯扶手上快速下滑。

2. 进出电梯

（1）注意安全：当电梯关门时，不要扒门或强行挤入。电梯人数超载时应主动走出。当电梯在升降途中因故暂停时，要耐心等候，不要冒险攀爬而出。

（2）注意出入顺序：进入时要讲究先来后到，出来时则应由外向里依次而出，不可争先恐后。

与熟人同乘电梯，尤其是与尊长、女士、客人同乘电梯时，应视电梯类别而定，若进入有人管理的电梯，应主动后进后出；若进入无人管理的电梯时，为了控制电梯应先进后出。

3. 通过走廊

（1）单排行进：一般在走廊内行走时，应单排行走，防止因走廊窄小影响行进速度。

（2）右侧通行：遵守右侧通行规矩，若在通过仅容一人经过的走廊时，遇到有人迎面通过，则应面向墙壁，侧身相让，请对方先通过。若对方先相让，勿忘向其道谢。

（3）缓步轻行：因为走廊多连接房间，切勿快步走、大声喧哗，同时避免在拥挤之处逗留。

4. 行走中的注意事项

做向导时，应该走在被引导者的左侧前方，大约保持 1 米的距离。行走速度必须与对方的步伐相协调，不能过快或过慢，在经过拐角、楼梯等地方时，要及时提醒和照顾。行走时不得哼唱、吹口哨、边走边吃或跺脚，不可把手放在衣服口袋里，尤其是裤袋，同时，注意避免左顾右盼。

知识延伸

行姿禁忌

忌含胸驼背、垂头走路、摇肩晃膀、脚底擦地、拖泥带水、内“八”字步、外“八”字步、扭臀摆胯、上下颠动等。

四、蹲姿

在老年服务行业中，当老年人坐着时，照护员通常会选择蹲在其身旁，以平视或仰视的姿态进行交谈。因此，对照护员来说，保持得体的蹲姿显得尤为重要。

（一）蹲姿的基本要求

1. 姿态自然、得体、大方。

2. 双腿合力支撑身体，脊背挺直，臀部向下，掌握好身体重心，避免滑倒。

3. 男性两腿之间可适当留缝隙，女性不论采用哪种蹲姿，都要将双腿靠紧。

（二）常见的蹲姿

1. 高低式蹲姿

这种蹲姿简单，双膝一高一低，在日常工作中这种蹲姿最为方便。下蹲时左脚在前，右脚稍后，左脚应完全着地，小腿基本上垂直于地面，右脚则应脚掌着地，脚跟提起。此时右膝低于左膝，右膝内侧可靠于左小腿的内侧，形成左膝高右膝低的姿态。臀部向下，基本上用右腿支撑身体。下蹲过程中，着裙装的照护员用手背抚平衣裙并顺势放在大腿与小腿中间压紧，避免裙摆接触地面。男性在选用这一蹲姿时，两腿之间可有适当距离，工作中选用这种方式往往更为方便（图 2–18）。

2. 交叉式蹲姿

下蹲时左脚在前，右脚在后，左小腿垂直于地面，全脚着地。左腿在上，右腿在下，两者交叉重叠；右膝由后下方伸向左侧，右脚跟抬起，并且脚掌着地；两脚合力支撑身体；上身略向前倾，臀部朝下。

交叉式蹲姿基本特征是蹲下后双腿交叉在一起，通常适用于女性，尤其是穿短裙的人员，造型优美典雅（图 2–19）。

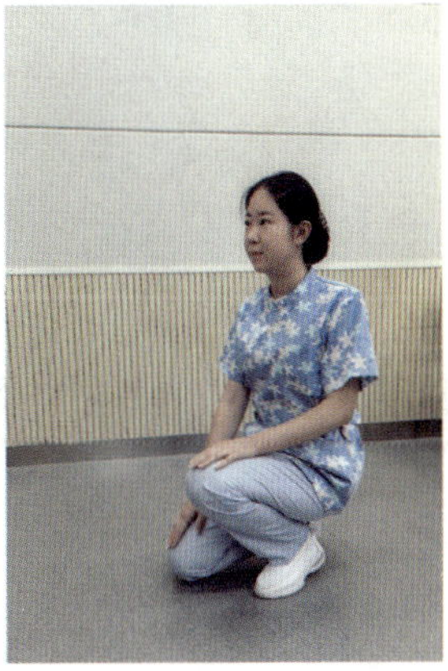

图 2–18　高低式蹲姿

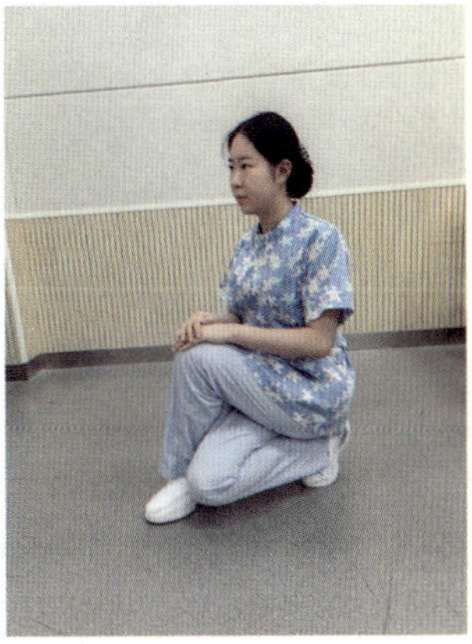

图 2–19　交叉式蹲姿

（三）蹲姿的注意事项

低头弯腰捡拾物品时，不可避免地会使臀部高高翘起，显得很不雅观。尤其对于穿着裙装的女士而言，采取这种姿势更是有损形象。与他人近距离面对面时不要下蹲拾物，这样不仅会让对方感觉尴尬，自己也会感到尴尬。不要背对他人下蹲拾物，以免被认为对别人不尊重。避免做出“洗手间”蹲姿即双腿平行打开下蹲拾物。

知识延伸

蹲姿禁忌

忌下蹲时翘臀。忌突然下蹲。下蹲时注意保持适当的方位与距离，忌过于接近他人。忌毫无遮掩地下蹲。忌蹲在椅子上。忌长时间蹲着休息。

五、手势

手势作为老年服务工作中必不可少的一种体态语言，在运用过程中应规范适度，且符合礼仪。

（一）握手

握手表示友好，可以加深双方的理解、信任。握手时务必使用右手，时间一般以 2 ~ 3 秒为宜。和女士握手时，男士要等女士先伸手之后再握；和长辈握手时，年轻者一般要等年长者先伸出手再握；和上级领导握手时，下级要等上级领导先伸出手再趋前握手。接待来访客人时，主人有向客人先伸手的义务，以示欢迎；送别客人时，主人也应主动握手表示欢迎再次光临。

（二）邀请的手势

五指并拢自然伸直，掌心斜向上方，腕关节伸直，手与前臂呈一条直线。上臂与前臂呈 135° ~ 140°角。注意整个手臂不可完全伸直，也不可呈 90°直角。

以肘关节为轴，上臂带动前臂，由体侧自下而上将手臂抬起。身体微前倾，头略转向手势指示方向。面向客人，面带微笑，目视来宾，致问候（图 2–20）。

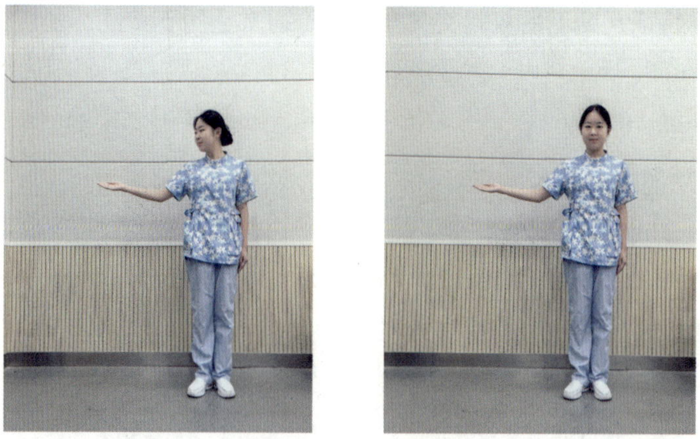

图 2-20　邀请手势

（三）请坐的手势

接待来宾入座时，左手或右手抬起，以肘关节为轴，前臂由上向下伸出，使手臂向下呈一斜线，致语“请入座”（图 2-21）。

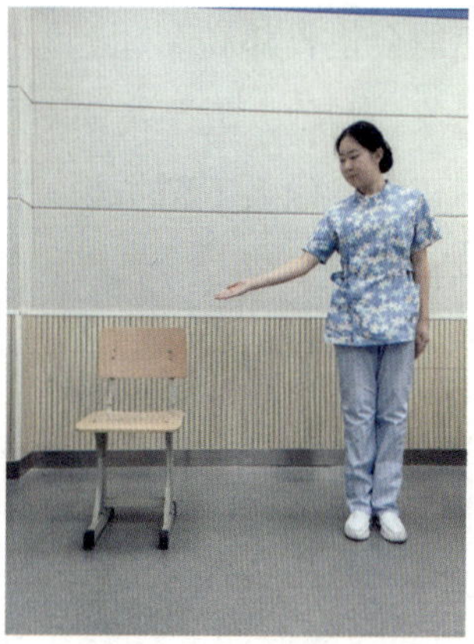

图 2-21　请坐手势

（四）指示方向的手势

为人指路、指示方向是社交活动中常遇到的事。应屈肘，将胳膊由身前抬起，掌心向上；抬到略低于肩时，再向要指的方向伸出手臂，手臂高度齐肩、肘关节基本伸直；上体微前倾，眼睛看所指目标方向，兼顾客人是否会意，面带微笑（图 2-22）。

图 2-22　指示方向手势

【练习题】

扫码查看参考答案。

A1 型题

1. 站姿应自然、得体、优雅，否则有失庄重，下列做法不妥的是（　　）。

A. 挺胸、收腹，双目平视前方

B. 女性双手自然相握，轻贴腹部

C. 双腿并拢，脚尖稍分开，呈“V”字形

D. 如长时间站立，一只脚可后撤半步，变换重心

E. 男士双腿分开，与肩同宽，双手插于口袋

2. 下列关于照护员工作中坐姿的描述，错误的是（　　）。

A. 坐在椅子椅面的前 1/2 ～ 2/3 处

B. 上半身挺直

C. 女性两脚并拢

D. 双手交叉相握于胸前

E. 目视前方，下颌微收

3. 入座的礼仪不包括（　　）。

A. 注意顺序，礼让尊者

B. 讲究方位，左进左出

C. 入座得法，落座无声

D. 离座谨慎，礼让尊者

E. 选座谨慎，方便出入

4. 下列关于照护员走姿中说法错误的是（　　）。

A. 步态稳健

B. 步幅适中

C. 左右摆臂

D. 步速均匀

E. 前后摆臂

5. 在老年服务工作中，两人见面时握手的时间一般以多久为宜？（　　）

A.1 秒以下

B.2 ～ 3 秒

C.3 ～ 5 秒

D.5 ～ 7 秒

E.7 秒以上

A2 型题

1. 照护员小章在走廊看到一位老年人的笔掉在了地上，她赶紧上前将笔捡起来，这一过程中她的姿势错误的是（　　）。

A. 背过身避开他人再蹲下

B. 上身弯下，双腿站直

C. 双脚前后错开

D. 在下蹲的同时用左手抚平裙摆

E. 捡起笔后双手递给掉笔的老年人

2. 照护员小丁在巡视老年人活动区域时，在走廊过道上迎面遇到年龄较大的同事，她应该（　　）。

A. 头偏向一侧，抢道而过

B. 回首致意，大声问好

C. 自然注视，微笑点头致意

D. 擦身而过，互不言语

E. 轻拍对方肩膀，轻声问好

3. 小陈坐在办公室电脑前书写照护记录，其坐姿正确的是（　　）。

A. 双腿交叠，不时抖动

B. 一只手使用鼠标，另一只手插在口袋里

C. 趴在电脑桌上，一只手肘撑在桌上，头部歪靠其上

D. 头部端正，目光平视，上身挺直

E. 身体后倾，倚靠在座椅靠背上

4. 照护员小张在照护中心的走廊遇到一位行动不便的老年人，她主动上前搀扶，以下哪一项搀扶姿势是不恰当的？（　　）

A. 身体略向前倾，保持平衡

B. 双臂伸直，紧紧握住老年人的手臂以防摔倒

C. 保持耐心和微笑，给予老年人安全感

D. 根据老年人的步伐调整自己的步伐，保持同步

E. 在需要时，用适当的力度给予老年人支撑

5. 照护员小刘在接待来访的老年人家属时，以下哪项举止是不合礼仪的？（　　）

A. 主动起身迎接，面带微笑

B. 与家属握手时，力度适中，时间恰当

C. 指引座位时，使用规范的引导手势

D. 在交谈过程中，不时查看手表，显得不耐烦

E. 送别家属时，礼貌地送至门口，并致以告别语

实训四　照护员基本体态礼仪训练

实训目的

1. 掌握照护员基本站姿、坐姿、蹲姿及行姿。

2. 熟悉常用的几种站姿、坐姿及蹲姿。

3. 通过对照护员基本体态的训练，展现照护员优雅的举止，使良好习惯内化。

实训准备

1. 环境准备

形体室，环境清洁、安静、明亮、宽敞。

2. 用物准备

形体室内配落地镜、多媒体、椅子、播放器。

3. 照护员准备

着工作服、穿小白鞋。

实训学时

2 学时。

实训内容

训练照护员的基本站、坐、行、蹲的姿态。

（一）站姿实训

1. 站姿的要领

(1)挺：身体各部位要尽量舒展挺拔，即头平、颈直、肩夹、背挺。

(2)直：脊柱要尽量与地面保持垂直，做到收颌、挺胸、收腹、立腰、夹腿、提臀。

(3)高：身体的重心要尽量提高，有向上拔高的感觉，即昂首、提气、直腰、绷腿。

(4)稳：身体要平稳，重心要落于两脚之间，两腿绷直，膝盖放松。

2. 站姿的训练

(1)贴墙法：背贴墙壁，尽量将足跟、小腿、臀部、肩胛部、枕部（头发自然垂下）与墙壁紧紧相贴，头、背、臀、脚后跟四点一线，全身挺直，肌肉绷紧，保持 20 ~ 30 分钟，每天坚持 1 ~ 2 次。

(2)背靠背法：身高相近的两人一组背靠背紧密相贴，两人的小腿、臀部、双肩、枕部都贴紧。两人的小腿之间夹一张小纸片，不能让其掉下。每次训练 20 分钟左右。

(3)强化法

1)五点夹纸板：为加强训练效果，可以在身体与墙壁或两人背部接触的五个点夹上纸板，以纸板不掉落下来为标准，练习平衡感和挺拔感。

2）提踵找平衡：按照站姿要求站好，提起脚跟，全身肌肉绷紧，身体挺拔向上，坚持数秒，再缓慢放下，重复练习，增强身体的平衡感。

（二）行姿实训

1. 行姿的要领

（1）轻：行走时脚步要轻，尽力做到柔步无声，高度适宜，但不要蹑手蹑脚。

（1）直：行走时设想脚下有一条直线，自始至终两脚交替踩在直线上。

（3）匀：行走时步幅适中，前后脚之间的距离约一脚长。

（4）稳：行走过程中，躯干与双下肢姿势保持一致，双肩应当平稳，不要摇晃。两臂应自然地一前一后有节奏地摆动，不要横摆或同向摆动。

2. 行姿的训练

（1）步态训练：头顶一本书，以标准行姿行进，转弯时立平稳。双臂自然下垂，肌肉稍绷紧，手掌心向内，以身体为中心前后摆动30°为宜，并保持来回走动时书不掉落。上身挺拔，腿部伸直，腰部放松，摆动大腿关节部位而不是膝关节，使步伐轻捷，并且富有节奏感和弹性。此练习是为了训练脊背与脖颈的挺直。

（2）步位练习：为了使行姿更加优美，特别是有内外八字步走路习惯的人，可在地上画一条5厘米宽的线带，站在线端，起步后让两脚内侧缘尽量落在线上，确有困难者可走成“柳叶”步，即脚跟落在线上，脚掌落在线的边缘，脚尖略向外展。随着训练的进行，线带的宽度从5厘米逐步调整为3厘米，最终改为1厘米。注意眼睛平视，不能往地上看，收腹、挺胸、面带微笑，充满自信和友善。配上节奏明快的音乐，训练行走时的节奏感。

（三）坐姿实训

1. 坐姿的要领

（1）轻：就座动作要轻，避免使座椅或其他物品发出响声。

（2）稳：就座后再调整坐姿，动作幅度不宜过大。

（3）定：坐定后不宜频繁更换坐姿，双腿和双脚不要摇晃颤动。

（4）缓：离座时要有示意，缓慢起身。

2. 坐姿的训练

（1）单人训练法：立于椅前，身体距椅子15 ~ 20厘米。一腿向后撤半步，小腿轻触椅子，尽量不出声响，不可回头找椅子。身体保持自然、挺直，双手捋平裙摆，轻稳落座于椅子的前2/3。两腿平行放好，两手轻握置于腿上，保持标准坐姿。正确的坐姿要兼顾角度、深浅、舒展三方面的内容。

1）角度：入座后上身与大腿、大腿与小腿形成的角度。

2）深浅：坐下后臀部与座位接触的面积的大小。

3）舒展：入座前后上下肢的活动、舒张程度。舒展度可以反映出交往对象的亲疏关系。

（2）两人配合法：甲同学搬起椅子轻轻放于乙同学身旁，微笑说“请坐”，乙同学回应“谢谢”并按规范动作从左侧入座。起立时，速度适中，既轻又稳。两人可反复换位练习。

（四）蹲姿实训

1. 蹲姿的要领练习

以双腿高低式拾物为主。姿势优雅，符合力学原理，动作规范、省力。

2. 蹲姿的训练

在地上放置物品后，训练者在行进中下蹲，上身尽量直立，视线落于物品上。一手拾物或操作，另一手靠近腰身或放于腿上。反复进行练习。

实训方法

1. 教师示范或播放教学录像，详细讲解照护员基本仪态的要求、要领及禁忌事项。

2. 6 ~ 8 人一组，组长负责制。学生练习站姿、行姿、坐姿、蹲姿等基本姿态，针对要领在镜前反复训练，组内成员相互纠错并及时改正。训练时配合背景音乐，可减轻疲乏之感，增加趣味性，使同学们在塑造仪态时得到美的感受。

3. 以小组为单位，进行训练效果的展示，教师提出要求并帮助指导、提出建议。

效果评价

1. 学习态度

训练态度是否认真。

2. 技能掌握

照护员举止稳重大方，动作优雅得体，站姿、行姿、坐姿、蹲姿均严格符合训练标准。

3. 职业情感

在练习过程中，是否以严肃认真的态度全身心投入，充分展现对照护职业的敬重与热忱。

4. 团队精神

练习过程中是否积极参与、团结互助、相互指导、共同协作。

项目三 老年服务从业人员人际交往礼仪

扫码获取数字资源

学习目标

素质目标

1. 具有尊老、爱老、护老、助老的意识。
2. 在与老年人交流沟通时具有正确、规范的人际交往礼仪意识。
3. 塑造职业形象，强化团队协作的配合意识。

知识目标

1. 掌握日常称谓与老年人特需称谓的适用场景。
2. 掌握介绍、名片递送、握手要素。
3. 掌握接待拜访礼仪的核心概念及职业意义。
4. 理解接待拜访的标准流程。
5. 了解常见会议礼仪文化禁忌与特殊注意事项。

技能目标

1. 能够与老年人进行友好会面洽谈，完成有效称谓、介绍、递交名片、握手活动。
2. 能够规范执行接待拜访全流程操作，开展老年服务接待拜访工作。
3. 能够运用接待及拜访礼仪培养良好的人际关系，将其应用于老年照护工作。
4. 能够熟练运用会议活动礼仪规范组织会议活动。
5. 能够运用人际沟通理念，在老年照护工作中与老年人建立和谐的人际关系。

知识导图（图3-1）

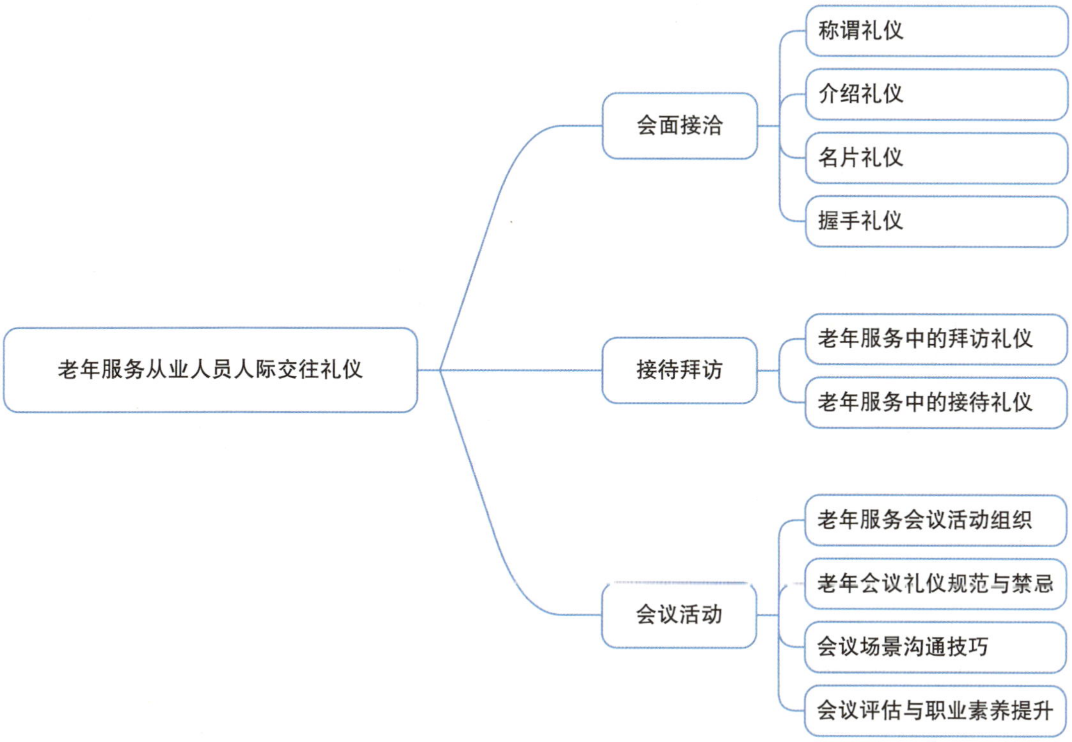

图 3-1　知识导图

课赛证对接

本项目重点考察照护员在老年服务中会面接洽、接待拜访、会议活动中的人际交往礼仪，包括称谓礼仪、介绍礼仪、名片礼仪、握手礼仪、接待礼仪、拜访礼仪、会议活动礼仪等。对接大赛与证书，不管是在社区、居家还是医养机构场景中，会面接洽、接待拜访的相关知识及技能都是考点。应用相关知识及技能进行有效沟通，建立和谐的人际关系，树立良好的职业形象。通过模拟真实养老照护场景，观察照护员在与老年人互动过程中的服务礼仪和沟通表现，评估照护员在处理老年人沟通难题时的应对策略和实际效果。

任务一　会面接洽

扫码获取
数字资源

案例导入

新的一年开始了，被家人接回家过年的李奶奶又回到了养老院，照护员小赵被安排带新入职的照护员小张认识李奶奶，以后小赵和小张就要一起照顾李奶奶了。李奶奶之前是大学教授，知识渊博，特别注意人与人之间的礼仪规范，小张有些紧张。

任务描述

1. 如果你是小张，初次与李奶奶见面，你应该从哪些方面注意自己的礼仪规范呢？

2. 作为照护员小赵，你又应该怎样把新同事小张介绍给李奶奶呢？

知识殿堂

扫码查看课件。

在数字化沟通盛行的时代，“会面接洽”依然是建立信任关系的黄金法则。“会面接洽”强调通过直接见面而非电话、邮件等间接方式，进行事务的沟通和协商。

在老年服务活动中面对面的交流沟通，是建立关系、促进情感、推进工作的重要内容，与老年人见面时应遵守一定的行为规范和原则，主要涵盖称谓、介绍、交换名片以及握手等方面的礼仪。

一、称谓礼仪

称谓，亦作称呼，是指在人际交往中，根据身份、地位、场合、文化背景等因素，恰当地使用称呼以表达尊重、礼貌和友好的行为规范。它是社会交往中重要的礼仪组成部分，能够体现个人修养、文化素养及对他人关系的认知。因此，熟练地理解和运用称呼礼仪，对于人际交往来说是至关重要的社交礼节。

（一）日常称谓礼仪

1. 职务 / 职业称谓

采用“姓 + 职务 / 职业”。如“张经理”“刘老师”“陈律师”，适用于职场或专业场合。

2. 亲属 / 辈分称谓

采用约定俗成亲属称谓。如“大伯”“阿姨”“表哥”，体现家庭或社会关系中的长幼有序。

3. 通用敬称

避免尴尬，在与陌生人见面时，可采用泛称。如“先生”“女士”“同志”（特定语境下）。

4. 亲昵称谓

如“老李”“小王”“妞妞”，用于关系亲近者，但需注意分寸。

5. 德高望重者称谓

对于老前辈或者师长，为表示尊重可以用“姓 + 老”来称呼。如“陈老”。

6. 熟悉同事、同学称谓

可用“小 + 姓”“大 + 姓”“老 + 姓”等称呼，以表示亲切。如“小吴”“大刘”“老张”等。

7. 暂不熟悉者的称谓

例如新入职的同事，可采用“姓 + 哥 / 姐”等称呼。

拓展阅读

三国时期谋士许攸曾献计助曹操击败袁绍，立下大功，但居功自傲，多次在公开场合称呼曹操的小名“阿瞒”，曹操表面容忍，最终借故将其处死。

（二）老年服务称谓礼仪

在不同的地区和文化背景下，对年长者的称呼可能会有所差异，在与年长者交流时，还可以根据对方的喜好和习惯来选择合适的称呼。

在工作过程中，对年长者可称呼为“叔叔”“阿姨”等，例如“李叔叔”“钟阿姨”；对于年龄更大者可称呼“爷爷”“奶奶”。

如小赵带领小张到达李奶奶所在的房间，坐在沙发上的李奶奶抬头望向两人，那么小赵作为与李奶奶相熟的照护员可以先打招呼。

敲门后微笑进入房间，蹲下或坐下保持与老年人视线平齐。

——小赵道：“李奶奶，过年好啊！”

——李奶奶回道“过年好，小赵！”

双方通过基本问候重新建立情感联系。

（三）称谓注意事项

1. 注意尊称

不宜直接使用“老头”“老太太”等可能显得不尊重的称谓称呼老年人。

2. 禁止使用替代性称谓

在养老机构中，不可以老年人的床号来代替老年人的姓名，在服务性行业中不可用编号来称呼客人。

3. 正确称谓

照护员可提前熟悉见面对象的基本信息，不要出现读错、叫错对方的姓名或者职务等不礼貌的行为。

4. 顺序正确

见面时若有多位老年人在场，可以在称呼时进行泛指，如“爷爷们好！奶奶们好！”，也可遵循先上级后下级、先长辈后晚辈、先女士后男士、先疏后亲的顺序。

5. 注意量词

个体量词称谓有“个”“位”“名”等，在使用时要注意它们的区别。“个”字的称谓不够有礼貌，不宜使用；而“位”字具有一定的修饰色彩，能让被称呼者有受到尊敬的感觉；“名”字不带有感情色彩。

6. 注意场合

有些称谓在特定的场合使用可能是亲切、自然的，如在小范围的同学聚会时使用的绰号、小名、昵称，但是这些称谓如果在正式场合使用会让人感觉无礼。

二、介绍礼仪

（一）介绍概述

介绍是指通过语言、文字或其他方式，将某人的基本信息传达给他人，使他人对其有一定的了解和认知。介绍是人际交往、信息传递和知识分享中的重要环节，广泛应用于日常生活、职场、教育、商业等领域。介绍一般分为自我介绍、他人介绍。

（二）自我介绍

自我介绍是指在双方互不认识，又没有中间人的情况下，向他人介绍自己的基本信息，如姓名、职业、兴趣等。

1. 自我介绍内容

个人信息包括姓名、职位、工作职责，工作职责要具体说明日常护理、健康监测、陪伴等。

2. 自我介绍时机

在社交活动中，以下情况可主动进行自我介绍：想要了解对方的情况时，想要别人了解自己的情况时，在交往中与不相识者相处需要活跃气氛时，有必要与交往对象建立临时接触时，有不相识者要求自己做自我介绍时。

3. 自我介绍步骤

（1）身份介绍：使用温暖语气开场，构建信任的黄金 30 秒。

——“您好，李奶奶，我是新来的照护员小张。”

（2）基础信息展示：出示工作证 / 胸牌，指向证件照片和姓名。

——“这是我的工作证，您随时可以核对。”

（3）明确职责：清楚介绍自己的工作职责。

——“今天开始，由我和赵姐一同照顾您的生活，您叫我小张就好。”

4. 向特殊人群自我介绍策略（表 3-1）

表 3-1　向特殊人群自我介绍策略

人群类型	自我介绍调整要点	实用技巧
听力障碍者	配合手势（手指比画数字表示工作年限）	用白板书写姓名 + 笑脸符号
阿尔茨海默病患者	每次见面重复介绍（如初次见面）	佩戴醒目胸牌（姓名 + 照片 + 大字“照护员”）
视障老年人	先出声后靠近：“我是小张，在您右手边”	让老年人触摸工作服 logo 建立认知
偏瘫患者	始终在健侧进行交流	同步轻抚健侧手臂建立连接

5. 注意事项

（1）非语言沟通：保持 1.2 米舒适距离，点头频率与老年人语速同步，避免突然的肢体接触。

（2）语速控制：正常讲话速度为 120 ~ 150 字 / 分，老年人适配语速为 90 ~ 110 字 / 分（较正常降低 30%）。重点内容可以放慢语速，音量适当提高，正常交谈的基础音量为 60 分贝，对于重听老年人应提高至 65 分贝并朝向听力较好的耳侧 15°。

（3）多次重复：老年人记忆力下降，在日常照护活动中照护员可以重复介绍自己，实施“三日回溯测试”，72 小时后观察老年人能否正确指认照护员。

（三）他人介绍

他人介绍也称第三方介绍，是指经第三者为彼此不相识的双方引荐、介绍的一种介绍方式。他人介绍通常是双向的，即对被介绍的双方各作一番介绍。有时也可进行单向介绍，即只将被介绍者中的一方介绍给另一方，前提条件是前者了解后者的情况，而后者不了解前者的情况。

1. 他人介绍内容

包括第三人的姓名、身份、职责以及联系方式。

2. 介绍姿势

（1）介绍站位：

1）保持平视，避免居高临下。

2）如果老年人坐着，照护员应主动蹲下或坐在旁边的椅子上，与老年人保持视线平齐，避免站立俯视造成压迫感。如果老年人站立，照护员可与老年人保持约 1 米距离，以示尊重个人空间，身体微微前倾，表示专注。

3）三角站位，营造安全感：介绍人、老年人、新照护员可站成三角形，避免直接面对面形成对峙感。新照护员应略微侧身朝向老年人，减少“直面冲击”（图 3–2）。

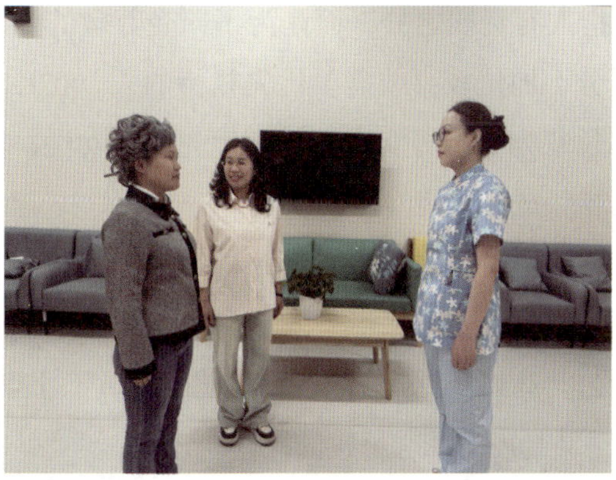

图 3–2　三角站位

（2）肢体语言：照护员双手自然下垂或交叠于身前，避免叉腰、背手或抱臂显得具有防御性。保持微笑、目光柔和，适时点头回应老年人的反应。

（3）介绍动作：介绍他人时，一般是向接受介绍者微笑致意；然后转向被介绍者，同时伸出靠近被介绍者一侧的手臂，向外伸展呈弧形，摊开手掌，手心向上，拇指微微张开，四指自然并拢，指向被介绍者并进行口头介绍。被介绍者身体前倾 15°，向对方点头微笑（图 3–3）。

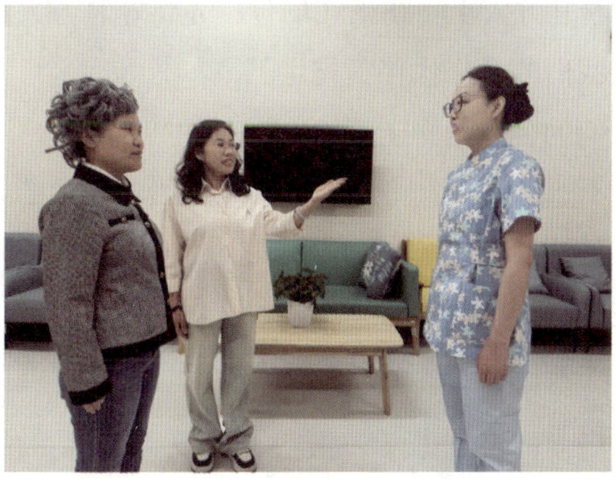

图 3–3　介绍他人动作

3. 他人介绍步骤

（1）情感过渡：避免无过渡生硬直接引入第三人，可先征得老年人同意。

——“今天我带了一位新的照护员来，我给您介绍一下可以吗？”

老年人表示同意后，可继续介绍。

（2）身份介绍：语气温柔，介绍第三人姓名、职务。

——“李奶奶，这是新来的照护员小张。”

（3）职责介绍：对第三人具体职责，尤其是与被照护老年人相关的职责进行介绍。

——“以后就由她和我一起照顾您的日常生活。”

（4）人物引导：引导被介绍者与老年人建立联系。

——“小张，快和李奶奶介绍一下自己。”

4. 他人介绍顺序

介绍活动存在多人或群体时，须注意介绍的顺序。在为他人做介绍时必须遵循“尊者有优先知情权”的原则，这里并非指人有贵贱之分，而是为了向受尊敬的一方表达充分的敬意，这是礼仪的核心所在。尊者是指辈分、地位较高或需要优先礼待的人。在社交场合中，上下级之间，上级为尊；长辈和晚辈之间，长辈为尊；男女之间，需优先礼待女性；同辈之间若需区分，可将较为年轻或未婚者优先介绍给年长或已婚者。

（1）地位较低的人先介绍给地位较高的人：将地位较低或年轻的一方先介绍给地位较高或年长的一方。

——将年轻员工介绍给公司高层：“张总，这是我们的新员工小李。”

——将学生介绍给教授：“王教授，这是我的同学小李。”

（2）男性先介绍给女性：在正式场合，通常先将男性介绍给女性，以示尊重。

——“李女士，这是张先生。”

——“王小姐，这是我的同事刘先生。”

（3）客人先介绍给主人：在社交场合，先将客人介绍给主人。

——“王总，这是来自上海的客人李先生。”

——“张经理，这是我们今天的贵宾刘女士。”

（4）非官方人士先介绍给官方人士：在正式场合，先将非官方人士介绍给官方人士。

——“市长先生，这是我们的合作伙伴王先生。”

——“李局长，这是我们的客户张女士。”

（5）熟悉的人先介绍给不熟悉的人：将熟悉的人介绍给不熟悉的人，以便双方更好地沟通。

——“张先生，这是我的朋友李明。”

——“王女士，这是我的同事刘小姐。”

（6）家庭成员先介绍给外人：在家庭聚会或私人场合，先将家庭成员介绍给外人。

——“李先生，这是我的妻子王女士。”

——“张小姐，这是我的儿子小明。”

（7）同级或同龄人之间的介绍：如果双方地位、年龄相近，可以随意介绍，但通常先介绍与自己关系较近的一方。

——“李明，这是我的大学同学张华。”

——“王小姐，这是我的邻居刘女士。”

（8）照护员向老年人介绍：由一位熟悉各方人员的工作人员作为介绍者，出面为大家互相介绍，可按照以下顺序介绍。

1）身份优先级法：主要负责人、直接照护员、辅助人员顺序进行。

例如：“这位是我们养老院的主要负责人王院长（展示胸牌），旁边是负责日常照护工作的照护员小李（指向制服标识），最后方是送餐员小张（出示工作车标识）”。

2）空间动线引导：左侧→右侧 / 近→远配合手势引导。

例如：“李奶奶，这是小张、他是小王、那是小范”，介绍过程中应配合肢体介绍动作。

5. 注意事项

（1）本节案例仅有三人，不涉及他人介绍顺序。同时本案例中应该是先完成他人介绍，再进行个人介绍。

（2）对老年人介绍时应稍提高音量，放慢语速。对家属介绍时应突出照护员资质（如所学专业、专业职称等）。

（3）介绍者在介绍前需征求双方的同意，若老年人不方便接受介绍，可暂停介绍活动，等待合适机会再行介绍。

三、名片礼仪

名片是一种标准化的个人信息载体，通常为矩形卡片形式，通过文字、图形及现代技术元素，系统展示个人或机构的身份标识、职能属性及联络方式。在专业场景中，它不仅是信息媒介，更是职业形象的维护工具。

知识延伸

对于一些名人或历史人物来说，他们的名片具有很高的收藏价值。例如，爱因斯坦、丘吉尔等历史名人的名片在拍卖会上常常能拍出高价。这些名片不仅是历史的见证，也是文化的象征。

（一）名片设计

1. 名片内容应简洁、清晰，一般有工作单位信息、姓名、职务、电话号码、电子邮箱和微信账号等（图 3–4）。

2. 照护员的名片设计时可将字体适当放大，以便老年人阅读。

3. 名片可加入有代表意义的图案，如手牵手、爱心、夕阳红图案等，也可使用所在单位标识，突出关怀和温暖。但图案不能太复杂，以免影响信息的清晰度。

4. 可以增加盲文设计，体现人文关怀。

图 3-4　名片示例

课堂练一练

请为自己设计一张符合自身特点的名片。

（二）名片递送步骤

1. 递前准备

（1）确认名片整洁：提前检查无折痕污渍，统一朝向。

（2）收纳位置：专用名片夹，放于衣服内袋或手提包固定夹层。

（3）时机选择：自我介绍后或对方询问联系方式时。

2. 递送动作分解（图 3-5）

（1）身体定位：站立时跨步成“稍息”姿势，坐姿时上身微倾 15°。

（2）双手持握：拇指与食指捏住名片上端两角。

（3）文字朝向：确保对方接过后可直接阅读文字。

（4）配合语言：“这是我的名片，请多指教”。

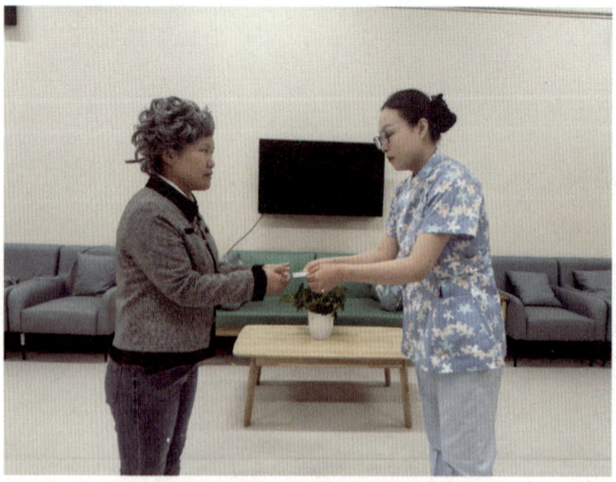

图 3-5　名片递送

（三）名片接收步骤

1. 接收他人名片时，面带微笑，注视对方。

2. 用双手拇指和食指接住名片下方的两角接过（图 3-6）。

3. 接过名片后立即认真看一遍，并在表示感谢后用适当的称谓称呼对方。

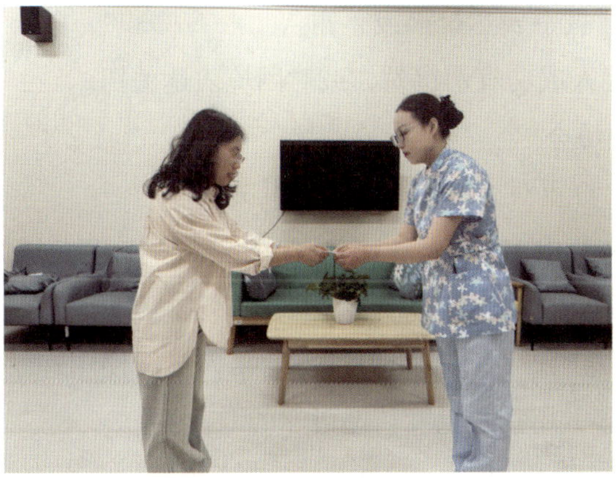

图 3-6　名片接收图片

（四）注意事项

1. 递送顺序

递送名片时应注意，应由地位低者先向地位高者递送名片，当需要向多人递送名片时，先将名片递送给职务高者或年长者。

2. 递送动作

不宜将名片上举超过胸部的位置，也不可用手指夹着名片递送，不要用单手递送名片。如果对方是外宾，应将印有外文的那一面朝上递给对方。

3. 回赠名片

如果需要回赠名片，需在收好对方名片后再回赠名片，不要同时交换。

四、握手礼仪

握手是“无声的语言”，需根据对象、场合和文化灵活调整。在养老照护行业，握手不仅是礼节，更是传递温暖与信任的桥梁。力度多一分则压迫，少一分则疏离，恰到好处才能让服务对象感受到真诚与专业。

拓展阅读

跨越太平洋的握手

1971 年 7 月，基辛格博士履行他的秘密中国之行，特别注意握手言和之礼仪。他在《白宫岁月》一书中写道：“9 日下午 4 时，周恩来来到，我在宾馆门口迎接他，特意把手伸出去。周恩来即微笑和我握手。这是将旧情嫌隙抛到脑后的第一步。”

基辛格秘密访华，与中方携手促成 1972 年尼克松总统对中国进行“破冰之旅”，实现了震撼世界的“跨越太平洋的握手”。

（一）握手时机

1. 应当主动伸手的场合

（1）初次见面：双方经人介绍后，主动伸手表达友好。

（2）重逢问候：久别重逢时，握手传递热情。

（3）达成合作：签约、协议达成后握手以示诚意。

（4）送别他人：告别时握手表达祝福或感谢。

（5）祝贺 / 慰问：对他人成功表示祝贺，或对困境表达关切。

2. 需等待对方伸手的场合

（1）面对长辈 / 上级：尊重对方的主动权，待其先伸手。

（2）异性之间（部分文化中）：需观察对方是否愿意握手，避免尴尬。

（3）正式场合的宾客关系：主人应先向客人伸手，客人离开时则反之。

握手礼偏正式，在养老照护行业，照护员与老年人之间使用握手礼较少，更多的是颔首微笑。照护员与家属握手较多，用掌心温度传递可靠的专业性。

（二）握手姿势

1. 握手动作分解

（1）站立姿态：起身站立，身体微微前倾约 15°。

（2）手部动作：右手自然伸出，四指并拢，拇指张开，掌心微侧向上，传递开放态度。虎口相对，完全贴合对方手掌，避免仅握指尖或虚搭手掌，展示诚意。

2. 握手力度

推荐力度为手掌轻微挤压感，体现真诚与自信。力度过轻显得敷衍、怯懦或心不在焉；力度过重可能传递控制欲，令对方尤其是女性或长者感到不适。

3. 握手时间

一般在 2 ~ 3 秒左右。时间过短，会让人感觉敷衍；时间过长，对于初次见面的异性，容易引起误会；如果是为了表示热情，相握的时间可以稍长一点，但是不要超过 20 秒。

4. 眼神与表情

目视对方双眼，面带微笑，避免东张西望或面无表情（图 3–7）。

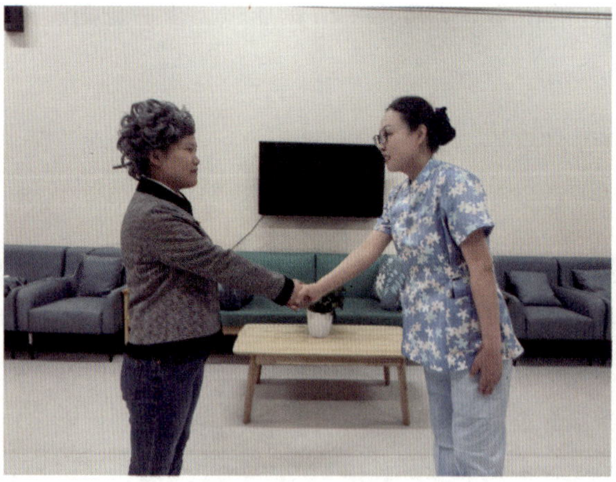

图 3–7　握手

（三）注意事项

1. 特殊人群适配

（1）对长者 / 体弱者：轻握即可，可配合左手轻扶对方肘部。

（2）对儿童：蹲下与其平视，轻握手掌并短暂停留。

（3）坐姿握手：若无法起身，需致歉说明“抱歉，不便起身”。

（4）手部缺陷：若右手受伤，可左手握手并解释“请允许我用左手”。

2. 卫生与礼仪

（1）手部清洁：握手前确保手部干净干燥，若手汗较多可擦拭。

（2）疫情防护：可微笑点头替代握手，或握手后及时消毒。

3. 职场特殊场景

（1）多人握手顺序：按职位高低或从近到远，避免越过他人伸手。

（2）会议桌场景：可沿桌边走到对方面前握手，而非隔桌伸手。

（四）常见错误

1. 单手插兜

握手时左手应自然垂放或轻贴身体，不可插兜或持物。

2. 戴手套

正式场合需脱手套。

3. 过度晃动

上下摆动 2 ~ 3 次为宜，避免剧烈摇晃或拉扯。

任务实施

1. 情境设定

春节过后，李奶奶又回到了养老院，资深照护员小赵带新入职的照护员小张认识李奶奶。李奶奶之前是大学教授，知识渊博，特别注意人与人之间的礼仪规范，小张有些紧张。

2. 问题引入

小张在介绍自己的过程中应该怎样使用称谓、介绍、递交名片、握手的技巧完成本次见面？小赵作为介绍者应该怎样完成介绍工作？

3. 准备事项

（1）物品准备：照护员名片。

（2）形象与状态管理：着浅粉 / 浅蓝制服。面带微笑，洗净双手。

4. 语言沟通技巧示范与讲解（情境教学法）

（1）空间站位：两位照护员走至窗前，与李奶奶形成三角站位，照护员小赵位于李奶奶右手侧，照护员小张位于李奶奶左手侧，面带微笑。

（2）称谓：运用尊重和关心的语言开启对话。照护员小赵首先问候：“李奶奶，早上好啊！在散步呢？”李奶奶做答复：“小赵你好啊，吃了饭我活动活动。”随后疑惑看向新照护员小张。

（3）介绍他人：借助老年人疑问心态，解释并展开介绍，“今天我带了一位新的照护员来，我给您介绍一下可以吗？”

老年人表示同意后，继续介绍，“李奶奶，这是新来的照护员张芳。以后就由她和我一起照顾您的日常生活。”

引导被介绍者与老年人建立联系，“小张，快和李奶奶介绍一下自己。”

（4）自我介绍：面向李奶奶再次称谓问好，“李奶奶，您好！”自我介绍并介绍身份，“我是张芳，您可以叫我小张，以后我和赵照护员一起照顾您。”

（5）递交名片：双手拇指与食指捏住名片上端两角递送给对方，“这是我的名片，上面有我的信息，您可以随时联系我。”

（6）握手：主动伸手，身体微微前倾约15°，右手自然伸出，四指并拢，拇指张开，掌心微侧向上与老年人握手，为拉近关系可说“很高兴认识您！”

观察对方是否有握手意愿，如果没有，可不进行握手。

（7）话题结束：“我们来看看您，没什么问题的话就不打扰您休息了，有问题打电话或者按呼叫铃找我们，我们也会常过来看您的，再见！”

5. 总结与反思

回顾整个过程，总结在学习过程中的重难点，对于可能出现的不同状况开展头脑风暴。分享在模拟场景中的收获和遇到的问题，共同思考解决方案。

任务评价

从学习过程中的表现、技能掌握情况、问题解决能力等维度进行评价，重点突出对老年服务从业人员会面洽谈方法、注意事项的考核（表3–2）。

表3–2　任务评分标准（满分100分）

评分项目	评分标准
参与度（20分）	16～20分：积极参与小组讨论，主动发表观点，提出有价值的想法。 10～15分：参与讨论，但发言较少，能跟上讨论节奏。 0～9分：基本不参与讨论，需要他人多次督促。
会面洽谈方法及注意事项的掌握（40分）	32～40分：能准确掌握称谓、介绍、递交名片、握手知识及注意事项，能熟练与老年人开展会面洽谈。 20～31分：基本掌握称谓、介绍、递交名片、握手知识及注意事项，但在实际运用中存在小瑕疵，如自我介绍紧张。 0～19分：对称谓、介绍、递交名片、握手知识及注意事项理解不足，对话机械化。
模拟场景表现（30分）	24～30分：在模拟场景中，能灵活进行称谓、介绍、递交名片、握手实操，恰当得体地完成与老年人的会面活动。 15～23分：在模拟场景中，能完成基本的会面洽谈活动，但称谓、介绍、递交名片、握手实操运用不够流畅。 0～14分：在模拟场景中称谓、介绍、递交名片、握手实操生硬，未能开展有效会面洽谈。

续表

评分项目	评分标准
总结反思能力（10分）	8～10分：能全面、深入地总结称谓、介绍、递交名片、握手知识运用，分享成功与失败经验，并提出改进建议。 5～7分：能总结主要内容，但对称谓、介绍、递交名片、握手知识及注意事项分析不够深入，缺乏具体的改进措施。 0～4分：总结内容空洞，未针对称谓、介绍、递交名片、握手知识及注意事项进行有效反思。

【练习题】

扫码查看参考答案。

A1型题

1. 在老年照护工作中，以下哪种称谓方式是不恰当的？（　　）

A. 李爷爷

B. 钟阿姨

C. 张老头

D. 王奶奶

E. 李阿姨

2. 自我介绍时，照护员应首先说明什么？（　　）

A. 自己的兴趣爱好

B. 姓名和职务

C. 家庭背景

D. 工作单位地址

E. 工作单位历史

3. 在多人介绍的场合，应按照什么顺序进行？（　　）

A. 年龄从小到大

B. 身份从高到低

C. 随机顺序

D. 按体重顺序

E. 按身高顺序

4. 递送名片时，以下哪项是正确的动作？（　　）

A. 单手持握名片下角

B. 文字朝向自己

C. 双手捏住名片上端两角

D. 用左手递送

E. 将名片抛向对方

5. 与老年人握手时，正确的力度应为（　　）。

A. 完全不用力

B. 力度适中

C. 用力紧握

D. 仅触碰指尖

E. 轻轻抚摸

A2 型题

1. 养老院来了一位存在听力障碍的张奶奶，照护员应如何沟通？（　　）

A. 大声重复喊叫

B. 使用文字板书写关键信息

C. 加快语速

D. 避免眼神接触

E. 使用正常语调交流

2. 小张在向老年人进行自我介绍时，以下哪项是最不合适的做法？（　　）

A. 使用温暖语气开场，构建信任的黄金 30 秒

B. 出示工作证 / 胸牌，指向证件照片和姓名

C. 保持 1.2 米舒适距离，避免突然的肢体接触

D. 语速控制在 120~150 字 / 分，音量保持在 60 分贝

E. 在初次见面后，不再重复自我介绍，以避免老年人感到厌烦

3. 在他人介绍中，关于“三角站位”的正确描述是？（　　）

A. 三人并排站立，形成直线

B. 介绍人与老年人面对面，被介绍者站在侧面

C. 三人站成三角形，新照护员侧身朝向老年人

D. 新照护员直接站在老年人正对面

E. 所有人员围成一圈站立

4. 照护员小李接收老年人递过来的名片后，以下哪种做法符合礼仪规范？（　　）

A. 立即放入口袋不再查看

B. 用单手随意接过名片

C. 接过名片后认真阅读并称呼对方

D. 在名片上随手做笔记

E. 将名片折叠后放入钱包

任务二　接待拜访

扫码获取
数字资源

案例导入

周奶奶，73岁，居住在某小区2栋102室，现由养老院实施居家照护。她身高153厘米，体重59千克，大专学历，退休前为小学数学教师。周奶奶性格开朗、喜欢热闹、喜欢小孩子，喜欢看书、听戏曲、织毛衣，喜食清淡素食、水果。周奶奶丧偶，有1个女儿，女儿经济条件一般，仅能给予少量支持。

周奶奶患有糖尿病10年，脑卒中1年，目前神志清楚，脑卒中住院治疗后病情平稳出院休养，现卧床为主，左侧肢体活动良好，右侧肢体活动不灵，右上肢稍屈曲；咳嗽、咳痰，痰液黏稠不易咳出。服用止咳二号糖浆，一次20毫升，一日三次。血糖在药物控制下相对稳定，拜糖平一次一片，一日三次，空腹血糖维持在8毫摩尔每升（mmol/L）。服药后自觉腹胀，腹腔有气体积聚，不易排出。

照护员小李去社区居家拜访，上午7:00为周奶奶取药并口服用药；9:00为周奶奶翻身、拍背、咳痰；10:00为周奶奶足三里穴位按摩，并根据老年人情况更新健康档案和书写健康保健指导书。

任务描述

照护员小李在工作时，应该遵守老年服务礼仪拜访礼仪中的哪些原则？

知识殿堂

扫码查看课件。

拜访和接待是老年服务工作中最基本、最常规的形式。

一、老年服务中的拜访礼仪

（一）拜访礼仪概述

1. 拜访礼仪的含义

拜访又称为拜见、访问或探访，是一种常见的交际形式，是指个人或单位以客人的身份，有针对性地前去拜访其他单位、部门或个人，就有关事宜与相关人员进行探讨或磋商的一种交往形式。拜访中需要遵循的一切行为规范和准则被称为拜访礼仪。

2. 拜访的特点

（1）拜访是交往的一种方式：拜访是与相关人员进行探讨或磋商，在探讨、交流的过程中加强对对方的了解，是交往方式的一种。

（2）拜访具有一定的目的性：拜访的目的十分重要，尤其是在拜访的前期准备阶段，首先必须明确拜访的目的，然后根据其有针对性地进行拜访。拜访完成后，需要进行规划，为下一次拜访做好准备。

（3）拜访的主体是单位或个人：在拜访的过程中，拜访的主体必须是单位或个人，因此在拜访前，必须与相关的单位或个人预约。根据拜访的单位或个人的喜好准备礼品，以避免尴尬。

3. 拜访的作用

（1）促进联系，提高工作效率：拜访是面对面的交往，通过交往可交换双方的观点、想法，然后就相关情况、项目或问题进行具体的探讨，并形成方案，促成相关合作。

（2）交流感情，了解信息：拜访有助于增进对相关产业、产品的了解，扩大信息量。此外，拜访也可以维护与增进双方的感情。

4. 拜访的原则

（1）尊重原则：在商务拜访过程中，应该尊重被拜访者，客随主便。尊重对方的爱好和感情，尤其是在馈赠环节，需要尊重对方的民族习惯。除此以外，尊重原则还体现在拜访前应主动和被拜访者进行邀约，确定一个两者均适宜的拜访时间。

（2）适度原则：在拜访过程中，拜访者应尽量不给对方带来麻烦，不影响其正常的生活秩序。例如，最好不要在12:00—14:00进行拜访，以免影响被拜访者的正常作息时间。在拜访过程中，要把握两者的感情尺度、行为尺度，以建立和保持健康、良好、持久的关系。

（3）守信原则：信用是忠诚的外在表现，反映了一个人行为的规律性和稳定性。在商务拜访过程中必须遵守守信原则，必须在双方约定的时间准时到达约定地点，如果不能准时到达，必须和对方及时进行沟通并致歉。

总之，拜访是为了与对方建立良好的关系。因此，在拜访过程中，需要把握相互尊重、适度和守信的原则，努力实现拜访的目的。

5. 馈赠礼仪

“千里送鹅毛，礼轻情意重。”在日常交际中，人们常用馈赠礼品的形式来表达彼此间的情谊。礼品已成为人际交往中传递情感、表达友谊的一种媒介。赠送礼品不仅能起到沟通感情和保持联系的作用，还往往能表现馈赠者的人品和诚意。

（1）礼品选择的原则：

1）纪念性：礼品的选择不需要很贵重，但要强调纪念性，即不以价格取胜，而以友情纪念为重。

2）独特性：特别的、具有个性和意义的礼品往往更容易被人接受。

3）针对性：选择礼品时，需针对馈赠对象的性别、年龄、婚姻状况、文化背景及其家庭背景等情况，挑选符合使用者身份、能够使其经常看到或经常使用的礼品。

4）便携性：赠礼给外地的客人、年龄大的客人时，要注意礼品的便携性，最好不要选择易碎、沉重、不容易携带的礼品。

（2）礼品选择的禁忌：

1）违规物品：有碍社会公德和社会规范的物品，如盗版CD。

2）贵重物品：过分昂贵的物品，如珠宝首饰、古董。

3）破旧物品：旧电器、缝补过的衣物等。

4）个人习惯：有违对方个人习惯的物品，如不给讨厌香水的交往对象赠送香水、香料类物品。

5）广告物品：带有明显广告标识的物品。

（二）拜访前的准备

无论是事务性拜访、礼节性拜访还是私人拜访，都应当遵循一定的礼仪规范，从进门、落座、交谈到告辞，都有一套约定俗成的规则。

1. 事先邀约

为了避免扑空或者拜访时间不恰当，拜访前应做好邀约工作，这是进行拜访活动的第一原则。一般而言，老年人家属申请了定期居家照护后，照护机构会打电话沟通，如果家属在电话中已确定了拜访时间，一定要在登门前再次打电话确定，确定后再按约定时间准时赴约，如有意外不能按时赴约一定要提前告知。如没有事先确定好拜访时间，应与老年人及其家属主动联系，联系的内容主要有以下几点。

（1）自报姓名、单位、职务。

（2）询问老年人是否在家，何时有时间。

（3）提出拜访的主要目的。

（4）确定会面时间。通常情况下，深夜、清晨和用餐时间都不宜上门拜访，节假日也不适宜拜访。

事先邀约时要注意说话的语气，尽量使用请求、友好、商量式的语气，避免要求、强硬的命令式语气。

如果老年人或家属表示在所选时间另有安排，应主动表示歉意，然后再商讨于其他时间进行拜访。还要注意尽量多方位思考会面时可能会遇见的问题，如会面前的活动、交通状况等，尽可能将时间定得宽裕些，宜将时间约定在一个范围内，如“我会在今晚六点到六点半间到达”。

2. 知识准备和物品准备

拜访前应根据前期老年人及其家属提供的信息制订详细的拜访计划，做好全方位的准备，避免拜访时因准备不充分而留下不好的印象。具体准备内容如下。

（1）知识准备：

1）老年照护相关专业基础知识。

2）老年人的情况、特点，照护的需求及相关技术知识。

3）自己所在养老服务机构的相关设施、资历和服务项目等。

4）养老服务工作中积累的相关知识和经验。

（2）物品准备：

1）记录工具：如笔记本、笔。

2）计时用品：如手表。

3）相关物品：如纸巾、相关技术指导工具。

4）适宜的小礼品：无论是初次拜访还是再次拜访，拜访者所带的礼品可以起到联络双方感情、缓和紧张气氛的作用。在礼品的选择上，要了解对方的兴趣、爱好及品位，有针对性地选择礼物，尽量让对方感到满意。

课堂讨论

送老年人什么礼品好？

馈赠礼品是为了让对方高兴，增进情感，那么有哪些礼品适合送给老年人呢？

1. 生活实用类。如保暖内衣、睡袍、绒质睡衣、睡袜、羊毛围巾、手套、家居拖鞋、浴袍、电暖器等。

2. 方便安全类。如杂志、图书、自动翻书器等。

3. 兴趣爱好类。如花束、盆栽、水族箱和鱼类、收音机等。

（3）仪表准备：

1）服装：在拜访时选择得体的服装是拜访者专业素养的集中体现。登门拜访时着装要适宜，拜访者需要根据拜访的内容来选择服装。一般性的拜访着装要求干净整洁、端庄大方，不必过于华丽、标新立异，也不可衣冠不整、蓬头垢面。适宜的着装既能显示出对主人的尊敬，还可以突出自己的个性。

2）发型：女士头发较长时，应扎发或盘发，避免头发遮挡视线或沾染他人物品；男士头发应前不覆额、后不触领、侧不掩耳。

3）饰品：饰品不宜过多，尤其不宜戴戒指，以免影响工作。女士可化淡妆以示尊敬，但不可浓妆艳抹；男士嘴上不留胡须，注意口腔清洁，避免口腔异味。

拓展阅读

晓琳——独居老年人守护者

晓琳是一位资深的老年服务人员，负责定期拜访独居老年人李爷爷。每次拜访前，晓琳都会仔细查看李爷爷的档案，了解他近期的身体状况、生活需求以及上次拜访时提到的事情。比如，得知李爷爷最近对养生知识感兴趣，晓琳就提前收集了一些适合老年人的养生食谱和健康小贴士。出发前，晓琳会提前打电话给李爷爷预约拜访时间，确认李爷爷方便后，才会前往。到达李爷爷家门前，晓琳会整理好自己的着装，面带微笑，轻轻敲门，等李爷爷开门后，热情地打招呼："李爷爷，您好呀！我是晓琳，来看您啦！"这一系列的准备工作，让李爷爷感受到被尊重和关怀，为愉快的拜访奠定了基础。从晓琳的案例可以看出，拜访前充分了解老年人信息、提前预约并以良好的形象和态度开场，是老年服务拜访礼仪的重要开端。了解老年人信息能让服务更具针对性，预约体现对老年人时间的尊重，热情的开场则能拉近与老年人的距离。

（三）拜访中的礼仪举止规范

1. 准时赴约

准时赴约是拜访的基本礼节，是对对方的尊重。一旦约定会面的具体时间，作为拜访者就应当准时赴约，一般情况下，不要随意变动会面时间，以免影响老年人及其家属的其他安排，也不要迟到或者早到，更不要无故失约，准时到达才最为得体。如果因意外迟到，应及时告知并表达歉意。如因故不能履约，应事先通知老年人及其家属并且委婉说明缘由，恳请理解和原谅。无故迟到或失约都是不礼貌的行为。

2. 先通报后进入

拜访者到达约定地点后，不得擅自闯入，必须通报后再进入。进门前需要再次对仪表进行整理，然后面带笑容大方自若地与被拜访者见面。

若老年人家里装有门铃，按门铃时不要按太久。若无门铃，敲门时要注意不能太用力，节奏不宜急促。可用食指关节敲门，力度和速度适中，间隔有序地敲三下，然后等待回应。如无回应，可稍微加强力度再敲三下，如得到回应，需侧身隐于右门框一侧，等待主人开门。待门开后再向前跨半步，与主人相对。当门开着或虚掩时，也需要敲门以表示自己的来访，等到有人回应或者出来迎接再进去，切记不可私自进入，即使门开着，也要敲门或以其他方式告知被拜访者有客来访，待获得对方同意后方可进门（图 3–8）。

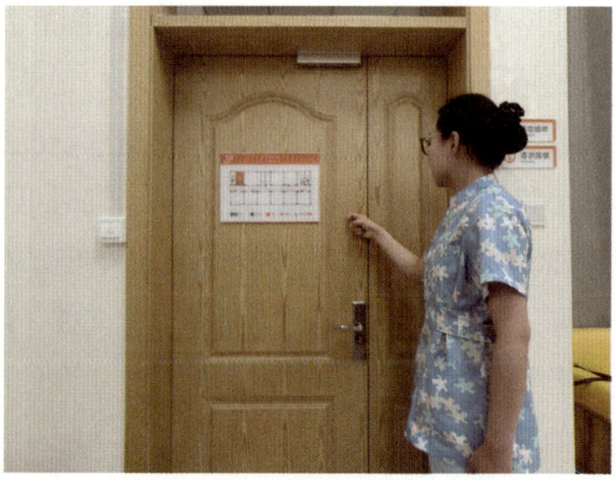

图 3–8 敲门

课堂讨论

如何文明地敲门？

1. 最有风度的做法是敲三下，隔一小会儿，再敲几下。敲门的节奏不宜太快，更不要连续、大力地敲个没完。响度要适中，太轻了别人听不见，太响了别人会反感。

2. 若是拜访住单元楼房的人家，在敲门的同时，呼喊一下被访者的名字更好。

3. 当敲过几次门而没人来开时，应想到被访者家中可能无人，就不要继续再敲。

4. 如果遇到敲错门的情况，应马上礼貌地向对方道歉，说声“对不起”，切忌一声不吭，毫无表示地扭头就走。

3. 进门后礼仪

上门拜访时如带有礼品或者随身物品，如雨伞、雨衣等，应放到主人指定的地方，不要乱扔、乱放，进门前应主动换鞋。进门后，主动向老年人问好，如老年人家中有其他客人，应点头微笑示意。如果老年人或其家属有意握手，应等对方主动伸出手后再伸手呼应。

待主人安排或指定位置后方可坐下，主人不坐，自己不可先坐，注意先让老年人入座。主人示意坐下后，要表达自己的感谢。在老年人家中要时刻注意自己的仪容仪表和行为举止，站有站相、坐有坐相，落落大方。坐姿要端正，双腿靠拢。坐下时双手可放在膝盖上方，小腿在座位下面轻轻交叉，以减缓疲劳，坐下时动作要轻，应保持坐相雅观，切勿跷二郎腿、双手抱膝、东倒西歪，更不能随意坐在主人家的床上。若主人递上东西，应从座位上起身，身体前倾双手接过，并表示谢意。主人如果端出果品或零食，应等待年长者或其他客人先动手后，自己再动手食用。

4. 交谈礼仪

与老年人及其家属交谈时要态度诚恳、言语和善，并与之进行眼神交流，坐姿要端庄，谈吐要文雅。不要夸夸其谈，不要随意评论老年人家里的物品，也不要对老年人家里的人员评头论足，更不要谈及老年人的伤心事。交谈时要用心倾听，不轻易插话或打断，注意观察老年人的情绪变化。交谈时应注意的问题如下。

（1）限定谈话内容：到老年人家中拜访的主要目的是进行居家护理的介绍和指导，与老年人及其家属建立良好关系，从而获得信任，所以交谈时的主题应围绕老年人的需要和护理的内容，不能偏题。当家属介绍老年人的情况时要仔细倾听并做好相应的记录，如老年人的性格特征、兴趣爱好、生活习惯、健康状况及其护理要求等，必要时可对这些情况进行询问。当老年人及其家属进行居家养老咨询时，应耐心仔细、简单明了地一一回答，同时也可进行相关服务的介绍和指导，切记不要长篇大论。必要时，为了调节气氛、缓解尴尬，拉近与老年人及其家属之间的距离，可以说点轻松愉快的内容，但在大方向上不能跑题，不能顾此失彼，因小失大。

（2）限定活动空间：进入老年人家中后，不要随意走动，主要的活动范围以客厅为主。未经主人允许，不要进入老年人家的书房、卧室等，不要乱动老年人家中的物品。尊重老年人的兴趣爱好、生活态度、生活习惯等。尽可能去了解老年人、欣赏老年人所喜爱的事物。

（3）限定拜访对象：对老年人进行拜访，主要的交往对象就是老年人，不要与其他人过多攀谈，以免影响开展工作。

（4）限定拜访时间：在老年人家无所事事地消磨时光是不礼貌的，也是不受欢迎的。拜访老年人，要事先和老年人及其家属商讨好拜访的目的和谈话的内容，以免浪费双方时间和精力，任务完成后，要及时告辞。

（5）语言的适当性：拜访前，应全面了解老年人的受教育程度和现有的理解力，选择合适的语言来表达。语言要简洁明了、清晰温和、措辞准确，符合伦理道德原则，语调要适中。在交代照护工作时要简单明了，通俗易懂。

（6）语言的情感性：照护员应当热情对待老年人，要将自己的爱心、同情心和真诚帮助的情感体现在言语中。

（7）语言的保密性：在交谈时要懂得避讳，把握好交谈的主题，对老年人不愿意提及的内容不要多问，对老年人的隐私，如精神疾病、生理缺陷等要保密。

5. 告辞礼仪

拜访时必须讲究善始善终，进退有方，当离开老年人家时，要注意以下告辞礼仪。

（1）要适时告辞：适时告辞分为以下几种情况。一是指按照约定好的时间，准时走；二是指如果并未约定离开时间，在拜访目的已达到或谈话基本结束时，就不要再多做停留；三是指如若老年人家中突然有事，如突然要离开或有新的客人到达，最好先行告辞，如果还有要事没有谈完，可下次再约时间。

（2）要向在场所有人告别：不仅见面时要和在场所有人打招呼，离开时也要向他们一一告别。临别时，要用“打扰了”“麻烦了”“影响您休息了”等话语表示敬意和感谢。

（3）要说走就走，不做过多逗留：辞行时要果断，不要告辞之后还迟迟不走，这样是不礼貌的。当老年人或其家属送至门口时，应主动与其握手道别或挥手道别（图 3-9）。

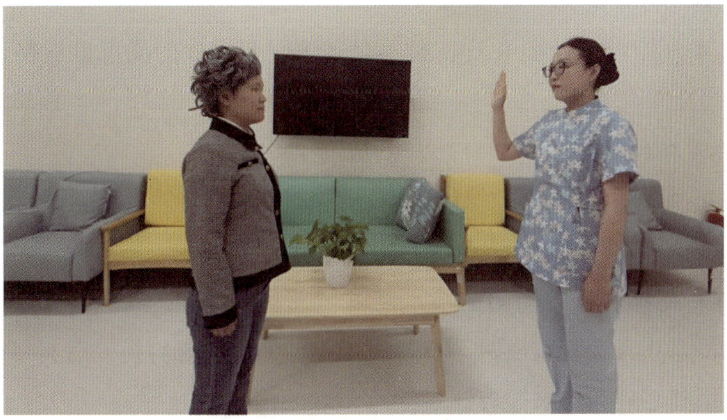

图 3-9　挥手道别

课堂讨论

如何挥手道别？

挥手道别是人际交往中的常规手势，正确做法如下。

1. 身体站直，不要摇晃和走动。

2. 目视对方，不要东张西望、眼看别处。

3. 挥动右手，也可双手并用，不要只用左手挥动。

4. 手臂尽力向上前伸，不要伸得太低或过分弯曲。

5. 掌心向外，指尖朝上，手臂左右挥动。

6. 用双手道别时，两手同时由外侧向内侧挥动，不要上下摇动或举而不动。

（四）拜访注意事项

照护员在进入居家老年人家时，需要注意的操作要点如下。

1. 首先要有意识地观察老年人的居家环境。居家环境会传递出很多老年人的相关信息，如文化背景、风俗习惯、经济状况等。进入居家老年人家时，可以询问老年人家庭情况，但不要在没有建立起深入关系的时候，轻易碰触家庭矛盾问题。

2. 与居家老年人沟通，要更具耐心，更善于倾听。因为居家老年人可能长期很少有人探访，急于找人倾诉。

3. 进入居家老年人家时，要注意老年人的生活习惯以及作息时间。照护员要控制好交流时间，不要让老年人产生反感，也不要打乱他们的生活作息。

二、老年服务中的接待礼仪

在老年服务工作中，接待是一项重要工作。接待是指个人或单位以主人的身份招待客人，以达到某种目的的交往方式。“接待无小事”“接待显形象”都说明了接待是非常重要的。掌握接待礼仪的相关常识，按照礼仪要求做好接待工作，可使客人有宾至如归的感觉，能促进宾主双方的关系进一步发展。

（一）接待工作的基本礼仪

接待的服务水平直接影响老年人及其家属对老年服务机构的满意度，接待工作的基本礼仪如下。

1. 保持得体的笑容和仪态

负责接待工作的人员在接待时应保持微笑，以恰当的姿态、礼貌的语言、热情的态度，快速、规范地接待每一位咨询的老年人及其家属。

2. 从礼仪的角度观察前来咨询的老年人及其家属的特点

接待前来咨询的老年人及其家属时，应通过观察他们的衣着打扮、言行举止等初步了解判断他们的特点，再根据其心理和需求做有针对性地介绍。

3. 适当运用沟通技巧

适当运用沟通技巧，待人彬彬有礼，做到“谦恭”“殷勤”“善解人意”，掌握说话的艺术，解其所惑，避其所忌。

（二）接待前的准备

1. 做好个人卫生

负责接待的工作人员应提前做好个人卫生，保持仪容仪表整洁大方。

2. 室内卫生准备

老年服务机构的卫生非常重要，一定要做到干净整洁，地上没有灰尘，墙上没有污渍，房间内空气流畅，这会给前来咨询的老年人及其家属留下良好印象。

3. 户外环境准备

户外周边的卫生也很重要。周边大环境决定了居住环境的空气、生态等。一般情况下，老年人及其家属也会参观户外周边环境，如果周边环境不干净会给人留下不好的印象。

4. 相关物品准备

接待老年人及其家属时，一些物品不可或缺，如茶叶、热水、水杯、笔、纸等以及老年服务机构的基本情况介绍资料、宣传资料等，这些接待物品工作人员应提前准备好。

（三）接待中的礼仪规范

1. 迎接礼仪

迎接礼仪一般包括会面、乘车、引导、入座四个环节。

（1）会面：当需出市区或到机场、火车站迎接时，一定要提前20分钟到场迎候客人。客人到达后，应先上前问候并进行自我介绍，主动伸手相握以示欢迎，同时，要用语言表达欢迎之情。

（2）乘车：和客人同乘轿车也有一定的礼仪规范。上车时，应请客人先上车，并核准人数和携带的物品。待客人坐稳后再开车，在车上可进行一些简单的交谈，如介绍本地的风土人情等，以增进彼此的感情。

（3）引导：如果直接送客人到宾馆，接待人员不宜久留，稍作交代便可让客人休息，消除疲劳，离开时要告知对方接下来的安排。如果是直接接到养老机构进行会议、座谈等，则直接引到会客室。

在引导途中，考虑到老年人一般行动迟缓，要注意步伐不宜太快，在转弯处、楼梯口、电梯口稍作停顿，遇到台阶及时提醒。纵向上下楼梯时，宜单行行进，以前方为上；男女同行时，一般女士走在前方，但遇到穿裙装的女士，上下楼时宜女士居后；横向上下楼梯时，陪同人员应该把内侧（靠墙一侧）让给客人，把方便留给客人。

出入电梯时，若为平面式电梯，则单行右站；若为无人操作升降电梯，陪同人员应先进后出，以便控制电梯；若为有人操作升降电梯，则客人先进先出，陪同人员后进后出。

（4）入座：到了会客室后，陪同人员应主动帮来访客人打开门，让客人先进，并将室内最佳位置让给客人就座。如果客人脱下外套、帽子或放下随身包袋，主人应主动接过并帮客人放置妥当。如果接待领导暂时不在会客室，则让客人稍等，自己马上去汇报领导，领导到场后为双方进行介绍，如无必要，陪同人员可以离场。

2. 待客礼仪

（1）奉茶：奉茶应在主客未正式交谈前。为客人敬茶时，一定要注意尽量不要用一只手上茶。双手奉茶时，切勿将手指搭在茶杯杯口上，或是将手指浸入茶水中，以免污染茶水。如直接把茶杯放置在客人面前的桌上，带耳茶杯和不带耳茶杯的执杯动作都可采用一手托底，一手握住杯身下部的方式。如要把茶水直接传入客人手中，可把茶杯耳朵朝向客人，方便对方接拿。从客人左后侧为之上茶是比较规范的做法，意在不妨碍其工作或交谈的思绪。放置茶杯时，应小心轻放，避免茶水溅出。也不要把茶杯放在客人的文件上，或是客人行动时容易碰到的地方。将茶杯放在客人面前右手附近，是最适当的做法。有时，为了提醒客人注意，可在为之奉茶的同时，轻声告之“请您用茶”。若对方向自己道谢，不要忘记回答“不客气”。如果自己的上茶打扰了客人，则应对其道一声“抱歉，打扰了”。

奉茶应讲究先后顺序，若来访客人较多，奉茶的先后顺序要慎重对待，切不可随意而为。合乎礼仪的做法应当是：先为客人奉茶，后为主人奉茶；先为主宾奉茶，后为次宾奉茶；先为女士奉茶，后为男士奉茶；先为长辈奉茶，后为晚辈奉茶。如果来宾甚多，且彼此之间身份位次差别不大时，则可采取下列顺序奉茶：以进入客厅之门为起点，按顺时针方向依次奉茶；以客人的先来后到为先后顺序奉茶。

接待期间，主人要为客人勤斟茶、勤续水，绝不可以让客人杯中茶叶见底。这种做法的寓意是：茶水不尽为客添，慢慢饮来慢慢谈。为客人续水奉茶一定要讲究主随客便，切勿神态做作，再三斟茶续水，这样会让对方难以开口说话，有搪塞客人的感觉。在为客人斟茶续水时，仍以不妨碍对方为佳，应一手拿起茶杯，使之远离客人的身体、座位、桌了，另一只手将水续人。在续水时，不要续得过满，中国人讲究“浅茶满酒”，若茶水太满则对方喝起来极不方便。更为讲究的做法是续水时在茶壶或水瓶的口部附上一块洁净的毛巾，以防止茶水流淌。

（2）谈话：如何与客人交谈是关系到接待是否成功的一个重要环节，谈话时要注意以下礼仪要点。

1）谈话时表情要自然，仪态得体：目光注视对方，以示专心。说话时可适当做一些手势，但动作不要过大，更不要手舞足蹈，切忌用手指指人。与人谈话时，不宜与对方离得太远，但也不要离得过近，不要为了表示亲热就拉拉扯扯。谈话时注意文雅轻声，不要唾沫四溅。对方发言时，不左顾右盼，或心不在焉注视别处，显出不耐烦的样子，也不要频繁看手表，或做出伸懒腰、玩东西等漫不经心的动作，以免让对方误会你有逐客之意。

2）谈话要围绕主题，不要跑偏：谈话的内容应该围绕来访者前来拜访的主题进行。即使双方是老朋友，或者之前有过公务交流，也应该尽量寻找能引起双方共鸣的话题。另外，谈话的内容一般不要涉及荒诞离奇、耸人听闻的事情，以免自贬形象，对方不愿回答或有意回避的问题不要追问，不要刨根问底。谈话时也要顾及在场所有人的感受，要面面俱到，不冷落任何一人。不要只与主宾交流，只谈两个人知道的事而冷落其他来访者。如所谈问题不便让旁人知道，则应另找其他场合再谈。

3）要善于倾听对方谈话，不轻易打断对方的发言：在拜访接待中，接待方表达欢迎之意后要尽量给对方留下发表意见的机会。在对方与他人说话时，要注意倾听，捕捉信息揣摩对方之意，并适时发表个人看法加强互动。在交谈过程中，不要随意驳斥对方，也不要轻易许诺。若不同意对方的观点，要克制情绪，委婉地表达自己的意见；当意见一致时，也不要喜形于色。与此同时，能马上答复或解决的事不要故意拖延时间；暂时不能解决的，应告诉对方一个解决方案，约定时间再联系。切忌做与交谈无关的动作，如翻看报纸、写文章等，以免让客人有被怠慢的感觉。

4）要注意说话的语气：谈话时要尊重对方，语气也应温和适中，不要以势压人。如交谈时遇到双方意见相左的情况，可保留己方意见，以后寻机再行交谈，不能强词夺理或恶语伤人，这样有失风度，不懂待客之道。

5）尽可能不接电话：接待客人时，不停地接听电话、打断对方的谈话都是一种不礼貌的行为。如有重要电话应先向客人说“对不起”，在得到客人谅解后再接听，且要长话短说。

（四）送客礼仪

送客礼仪是接待工作的最后一个环节。接待客人时以礼相迎，客人告辞时同样要以礼相送。接待人员千万不要轻视送别这一环节，如果不能善始善终，会大大降低接待工作的效果，使接待工作前功尽弃。心理学上不但有“首因效应”，还有“末轮效应”，即最初的和最后的信息，都能给人留下深刻印象。最初的印象尚可弥补，而最后的信息往往无法改变，所以“送往”的意义甚至大于“迎来”。

1. 送别原则

（1）关注客人反应，随机应变：接待人员在与客人的交谈中，要时刻关注客人的反应，尽可能地掌握客人的需求与想法，再结合客人实际情况确定符合规格的、能够被客人接受的送别规格，不能简单地按照接待前期准备工作中预定的迎送计划行事。同时，接待人员在和客人交谈的时候，如果客人的胳膊肘抬起来或是双手支在椅子扶手上，这是一种要结束交谈的身体语言。如果客人有这种姿势出现，就要询问客人是否还有其他安排。

（2）严格遵守时间：正式的来宾接待一般有严格的时间控制，接待人员要严格遵守，认真执行。接待人员一定要知晓送别客人的具体时间和地点，同时要讲究“主随客变”的原则，让客人确定具体时间和地点。时间确定好后，接待人员应根据时间计划做出适当的浮动，在执行送别任务时，要保证能够提前到场、最后离场，在发生特殊情况时能够见机行事。接待人员不得以任何借口迟到、早退或拖延时间，更不允许擅自改动时间，如果确有必要，要向客人及时通报并获得同意后再执行。

（3）做好安全准备工作：现在倡导简洁的迎送接待礼仪，在送别规模上要加以限制，重点突出实效、体现热情。接待人员应事先安排好送别来宾所要使用的交通工具，并做好突发事件准备工作，以备不时之需。

2. 送别礼仪

（1）婉言挽留：有时候客人提出告辞，是对接待人员的试探，看其是否愿意继续谈下去，这时接待人员切不可急于起身送客。如果客人坚持要走，也要等客人起身后，接待人员再起身相送，不能客人刚说要走，接待人员马上站起相送，或者站起来相留，这都有逐客之嫌。送客时，接待人员应和客人握手道别，但要等客人先伸手，自己才伸手相迎。

（2）起身送别：如只在门口送别客人，则应站在门口和客人道别，并用友好的语言欢迎客人下次再来。等客人走了之后关门时声音一定要轻，一般要等客人下了一层楼后再关门。如果客人没走两步，“砰”一声巨响从身后传来，那么之前的热情就前功尽弃了。

如果送到电梯口，则要帮客人按电梯按钮，等客人进入电梯，站在电梯门前再次示意道别，等电梯门关好再回转。

如是比较重要的客人一般要送到楼下或送到单位大门口，然后挥手道别，待客人走后应站在原地几十秒，目视客人离开，客人再次回身道别时应及时回应。

（3）安排交通：如果是外地来的客人，要在力所能及的情况下做好交通方面的安排。如帮助购买车票、船票或机票并送至车站、码头、机场等。如果客人临走时接待人员不管不问，那就意味着对对方的不重视或是对对方有不满。

（五）接待注意事项

1. 负责接待的工作人员的用语要简洁、专业、自信、积极、流利，并注意停顿。

2. 在工作中要善于控制情绪，学会艺术地拒绝不合理的要求。

3. 接待时要以积极的心态、热情的声音感染前来咨询的老年人及其家属，语速不可太快或过慢，也不能擅自打断他们的话，语气要不卑不亢，语调不能太高，音量不能太大。

任务实施

1. 准备阶段

（1）资料收集：全面收集周奶奶的详细信息，包括个人基本信息（年龄、学历、职业等）、生活习惯（饮食、兴趣爱好）、疾病史（糖尿病、脑卒中及目前病情状况）、用药情况（止咳二号糖浆、拜糖平）等，为制订个性化照护计划提供依据。

（2）物品准备：根据照护任务，准备好相应的物品，如取药所需的容器、用于翻身拍背的柔软靠垫、穴位按摩所需的按摩油或乳液等。同时，携带好健康档案记录工具和书写健康保健指导书的纸笔或电子设备。

（3）自我准备：照护员应整理好个人仪表，穿着整洁得体的工作服，保持良好的精神状态。提前规划好前往周奶奶家的路线和时间，确保准时到达。

2. 实施阶段

（1）7:00 取药并口服用药：准时到达周奶奶家，礼貌地与周奶奶打招呼，核对药品信息，确保准确无误。向周奶奶耐心解释每种药物的名称、作用、服用方法和可能的不良反应，协助周奶奶按时服用药物，并观察服药后的反应，如有异常及时记录。

（2）9:00 翻身、拍背、咳痰：向周奶奶说明操作目的和过程，取得同意后，轻柔地帮助周奶奶翻身，注意保护她的右侧肢体。使用正确的手法为周奶奶拍背，从下往上、从外向内，力度适中，促进痰液排出。鼓励周奶奶自主咳痰，必要时可使用吸痰器等辅助设备，并观察痰液的颜色、性状和量，做好记录。

（3）10:00 足三里穴位按摩：向周奶奶介绍足三里穴位的位置和按摩的好处，涂抹适量按摩油或乳液后，以适当的力度进行按摩，每个穴位按摩 3 ~ 5 分钟，按摩过程中询问周奶奶的感受，根据反馈调整力度和手法。

（4）健康档案更新与指导书书写：在完成各项照护操作后，根据周奶奶当天的身体状况、用药反应、照护过程等信息，及时更新健康档案。同时，结合周奶奶的病情和生活习惯，书写个性化的健康保健指导书，内容可包括饮食建议（如针对糖尿病的饮食控制、清淡素食的搭配）、康复锻炼指导（适合肢体活动不便的简单训练）、疾病预防知识（预防肺部感染、控制血糖等）等。

3. 结束阶段

整理物品，将使用过的物品归位或妥善处理。与周奶奶友好交流，询问她对当天护理服务的满意度和需求，给予必要的心理安慰和关怀。向周奶奶告辞，并告知下次拜访的时间。

任务评价

从学习过程中的表现、技能掌握情况、问题解决能力等维度进行评价，重点突出对老年服务从业人员拜访礼仪的方法、注意事项的考核（表 3-3）。

表 3-3　任务评分标准（满分 100 分）

评分项目	评分标准
参与度（20 分）	16 ~ 20 分：积极参与小组讨论，主动发表观点，提出有价值的想法。 10 ~ 15 分：参与讨论，但发言较少，能跟上讨论节奏。 0 ~ 9 分：基本不参与讨论，需要他人多次督促。
拜访礼仪及注意事项的掌握（40 分）	32 ~ 40 分：能准确掌握拜访前准备工作、礼仪举止、交谈礼仪、告辞礼仪及注意事项，能熟练与老年人开展拜访活动。 20 ~ 31 分：基本掌握拜访前准备工作、礼仪举止、交谈礼仪、告辞礼仪及注意事项，但在实际运用中存在小瑕疵，如告辞礼仪不到位。 0 ~ 19 分：对拜访前准备工作、礼仪举止、交谈礼仪、告辞礼仪及注意事项理解不足，对话机械化。
模拟场景表现（30 分）	24 ~ 30 分：在模拟场景中，能灵活进行拜访前工作、礼仪举止、交谈礼仪、告辞礼仪及注意事项实操，恰当得体地完成与老年人的会面活动。 15 ~ 23 分：在模拟场景中，能完成基本的拜访礼仪活动，但礼仪举止、交谈及告辞礼仪实操运用不够流畅。 0 ~ 14 分：在模拟场景中礼仪举止、交谈及告辞礼仪实操生硬，未能开展有效拜访活动。
总结反思能力（10 分）	8 ~ 10 分：能全面、深入地总结礼仪举止、交谈及告辞礼仪知识运用，分享成功与失败经验，并提出改进建议。 5 ~ 7 分：能总结主要内容，但对礼仪举止、交谈及告辞礼仪及注意事项分析不够深入，缺乏具体的改进措施。 0 ~ 4 分：总结内容空洞，未针对礼仪举止、交谈及告辞礼仪及注意事项进行有效反思。

【练习题】

扫码查看参考答案。

A1 型题

1. 老年服务人员在与来访老年人交谈时，应保持的语速是（　　）。

A. 语速较快，提高沟通效率

B. 语速适中，清晰表达

C. 语速极慢，一字一顿

D. 随自己习惯，无须刻意控制

E. 语速较快，清晰表达

2. 拜访老年人时，如果老年人行动不便，服务人员应该（　　）。

A. 站在门口等待老年人过来

B. 主动上前搀扶老年人

C. 大声催促老年人快点

D. 让老年人自己慢慢走

E. 走在老年人正前方，快速前行

3. 接待来访老年人时，服务人员的眼神应该（　　）。

A. 四处张望，观察周围环境

B. 盯着老年人的身体缺陷看

C. 专注地看着老年人的眼睛，适时给予回应

D. 看手机或其他物品

E. 保持眼神交流，随意打断老年人讲话

4. 当老年人提出不合理要求时，服务人员正确的做法是（　　）。

A. 直接拒绝，表明态度

B. 耐心解释，说明原因

C. 不理会老年人，转移话题

D. 勉强答应，事后不做

E. 答非所问，委婉拒绝

5. 离开拜访的老年人家时，以下做法错误的是（　　）。

A. 向老年人及其家人礼貌道别

B. 帮助老年人整理好拜访时弄乱的物品

C. 快速离开，不打扰老年人

D. 与老年人确认后续是否有需要帮助的事项

E. 询问并帮助老年人完成需要整理的用物

A2 型题

1. 服务人员小张去拜访一位患有听力障碍的老年人。在与老年人交流时，小张发现老年人很难理解自己的话，小张应该（　　）。

A. 放弃交流，找其他能与老年人沟通的同事来

B. 改用写字的方式与老年人沟通，不管老年人能否看清

C. 借助纸和笔，以清晰的字迹、简单易懂的文字与老年人交流，并配合一些手势

D. 大声喊，试图让老年人听到

E. 自顾自地继续说，希望老年人能慢慢明白

2. 老年服务机构的小王接待一位前来拜访的老年人及其家属。在引导他们进入接待室时，发现地上有一些水渍，小王应该（　　）。

A. 直接走过去，当作没看见

B. 提醒老年人和家属小心，自己不去处理水渍

C. 让老年人和家属先站在原地，自己快速找工具清理水渍后再引导他们进来

D. 告诉老年人和家属这不是自己负责的区域，让他们自己小心

E. 快速跑过去拿工具，让老年人和家属在后面跟着

3. 服务人员小李在拜访一位老年人时，老年人突然情绪激动，开始抱怨一些生活中的问题，小李应该（　　）。

A. 立刻打断老年人，转移话题

B. 表现出不耐烦的样子，看手表暗示时间

C. 耐心倾听老年人的抱怨，不时给予回应和安慰，等老年人情绪稳定后再询问是否需要帮助

D. 找个借口离开，让老年人自己冷静

E. 告诉老年人不要抱怨，要乐观面对生活

4. 服务人员小赵在接待前来拜访的老年人时，老年人带了一只宠物狗，小赵应该（　　）。

A. 直接告诉老年人不能带宠物进来，让老年人把狗送回去

B. 不理会宠物狗，只专注与老年人交流

C. 热情地和宠物狗互动一下，然后询问老年人是否可以帮忙照顾一下狗，以便更好地与老年人交流

D. 表现出厌恶的神情，让老年人感觉很不好

E. 让老年人把狗放在角落里，不要影响交流

5. 服务人员小刘去拜访一位行动不便但意识清晰的独居老年人，准备离开时，老年人提出想让小刘帮忙买一些生活用品，小刘应该（　　）。

A. 直接拒绝，说自己还有其他工作要忙

B. 答应老年人，但不记清楚老年人需要的物品，想着到时候再看

C. 耐心询问老年人需要购买的具体物品清单，确认价格预算，在自己能力范围内帮忙购买并送过来

D. 告诉老年人让他自己联系子女或邻居帮忙

E. 先答应老年人，然后离开后忘记这件事

任务三　会议活动

扫码获取
数字资源

案例导入

临近中秋节，某养老院决定举办中秋联欢会，可是联欢晚会结束后却接收到很多老年人的投诉，原因是音响声音过大，导致老年人耳鸣。

任务描述

1. 思考这次中秋联欢会举办不成功的原因？

2. 探讨应该如何成功举办中秋节联欢会？

知识殿堂

扫码查看课件。

会议是指有组织、有领导、有目的的议事活动。它是按照规定的时间、地点和程序，组织有关人员沟通的一种方式。行政人员通常会议较多，正确运用会议礼仪，对会议的顺利进行、达到会议目的有着至关重要的作用。

会议礼仪是指召开会议前、会议中、会议后以及参会人员应注意的一系列职业礼仪规范，懂得会议礼仪对会议精神的执行有较大的促进作用。

一、老年服务会议活动组织

（一）老年服务会议活动类型

1. 功能性会议

健康讲座、政策宣讲、家属座谈会。

2. 文娱活动

节日联欢会、生日会、兴趣小组交流会。

3. 特殊场景

认知症老年人圆桌会、临终关怀家庭会议。

（二）会议活动筹备核心要素

1. 适老化环境设计

（1）场地选择：无障碍通道、防滑地板、紧急呼叫装置。

（2）座位安排：轮椅专区、避免长排座椅（方便照护员观察）。

（3）感官适配：光线柔和（避免频闪灯）、音量控制（使用分贝监测仪）。

2. 确定会议活动的时间和地点

会议前，应根据会议内容、参会人员情况选择合适的会议地点，根据会议活动性质、参与老年人情况选择适宜的会议时间。

3. 传达会议活动通知

确定会议活动时间、地点及参与人员后，将会议通知以海报宣传、电话等多种形式及时通知到每一位参与人员。为防止老年人遗忘参加会议活动的时间、地点，可多次提醒。

4. 活动前的沟通协调

所有的活动组织都不是一个人就能够完成的，这需要所有团队成员的沟通和配合。从计划组织活动开始就需要活动发起者与相关人员进行不断的沟通协调。

（1）需求评估环节的沟通协调：在进行需求评估之前，活动发起者要协调人事部门或服务对象的管理部门，提出进行评估的请求，在他们的配合协助之下实施评估。

（2）方案制订环节的沟通协调：在制订活动方案的过程中，要确定活动时间和地点、活动所需的物资，这些都需要活动组织者与相关的部门进行沟通协调。有一些特殊的活动，例如临终老年人家属的情绪抚慰小组，是需要比较私密的空间的，所以场地的选择很关键。在时间安排上，要选择比较合适的时段，例如老年人运动会、棋牌比赛尽量安排在上午，老年人精神比较饱满的时段。

5. 活动过程中的角色安排与分工

在活动组织的过程中，根据活动内容的不同，需要安排各类工作人员。以老年人室内趣味运动会为例，在此项活动中，需要的工作人员包括：活动主持人，运动项目负责人、计分人，现场秩序维护人员，颁奖处工作人员。他们各自有不同的工作任务。

（1）主持人：负责在活动开始之前向老年人介绍运动会的整体活动安排、各个活动场地的位置和负责人，强调运动会活动过程中的安全注意事项。

（2）运动项目负责人：在活动进行当中，协助老年人安全有序地进行活动，根据项目的需要，及时进行物品归位。

（3）运动项目计分人：记录每位参与活动的老年人的得分，以便在活动最后统计总分，排出名次。

（4）现场秩序维护人员：负责现场巡视，及时发现老年人突发的任何情况，如身体不适或意外跌倒，以便及时做出应对。可以根据活动的规模、场地的大小，安排现场秩序维护人员的数量。

（5）领奖处工作人员：一般老年人的趣味运动会会给每位参与的老年人一个鼓励奖，所以要设置一个领奖处，安排 2 名工作人员，随时可以给老年人发放鼓励纪念品，并做好记录。

（三）议程制订原则

1. 时间控制

单个环节时间不超过 20 分钟，会议活动全程控制在 90 分钟以内。老年人身体精力有限，为防止老年人疲劳，会议活动持续时间不宜过长。

2. 内容设计

在会议活动中可穿插一些互动环节，比如手指操、怀旧歌曲合唱等，既能缓解老年人的疲乏，又能让老年人有参与感。

3. 应急预案

要做好应急预案，充分准备好氧气瓶、急救包、家属联络表等，以防发生紧急情况。

（四）会议活动结束后的整理工作

1. 物资整理

活动结束后，组织者要带领团队的工作人员对活动物资进行整理和清点，注意不要遗漏物品和资料，对于比较贵重的物品要小心保存，可以重复利用的物品要整理好，以便下次类似的活动使用。

2. 活动总结

活动后的总结往往容易被组织者忽略，特别是娱乐类的活动一般都没有做过认真的活动总结，但活动总结非常重要。活动总结可以采取书面总结的方式，也可以采用团队讨论的方式，目的是总结活动中的经验和不足，以便以后的活动可以持续改进。

（五）会议活动礼仪的意义

1. 提升个人形象

良好会议礼仪展示个人修养和专业素养，提升个人形象和影响力。

2. 促进团队合作

规范的礼仪行为营造积极的沟通氛围，促进团队合作，提高会议效率。

3. 增强沟通效果

礼仪规范化沟通流程，减少误解，提升沟通效率，达成会议目标。

二、老年会议礼仪规范与禁忌

（一）服务人员仪态礼仪

在老年服务行业中至关重要，它不仅体现了照护员的专业素养，还能给老年人留下良好的印象。

1. 着装规范

照护员在工作时应穿着本岗位的工作服，工装色彩柔和，避免黑白对比，保持工作服的清洁，扣子整齐不缺，裤脚在鞋跟以上平脚面处。女士裙装裤装要在膝盖以下。鞋袜保持干净，不得穿拖鞋、雨鞋或不穿袜子上班，鞋袜搭配相宜，照护员鞋子要求软底轻便，女士穿皮鞋时鞋跟不宜过高。佩戴姓名牌，字体适当放大。

2. 肢体语言

（1）引导手势：引导老年人就座时手掌五指并拢，指向座位，避免单指（图 3-10）。

图 3-10　引导手势

（2）服务姿势：

1）站姿：端正、挺拔、稳重，双手不应抱在胸口或插入口袋，与老年人沟通时，应根据需要调整站位和姿势。

2）坐姿：自然、挺拔，不应跷二郎腿，根据需要调整身体和手脚摆放位置。

3）行姿：步履均匀，稳重大方，走动时双目向前平视、挺胸收腹，手臂自然摆动，重心稍向前倾。

4）蹲姿：服务不能站立的老年人应采用半蹲式，下蹲时上身挺直、双腿一高一低，保持稳定（图 3-11）。

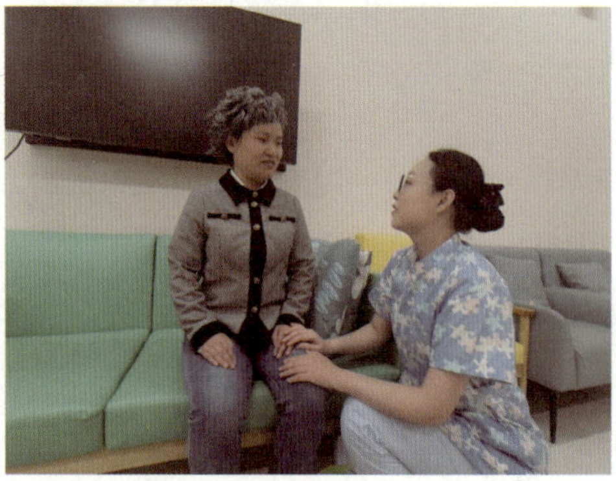

图 3-11　下蹲服务老年人

（3）递交物品：应使用双手，并与老年人进行目光交流。在递交特殊物品，如锋利或带有危险性物品时，应注意保护老年人安全，比如递交剪刀，注意将锋利面远离老年人；递热水时，先帮老年人测量一下温度，以免温度过高导致烫伤（图 3–12）。

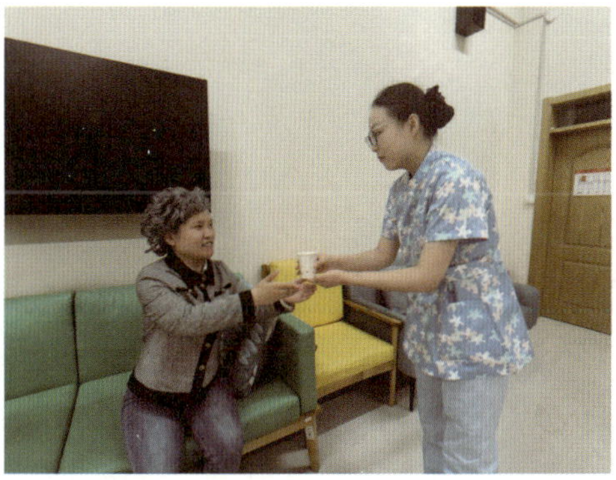

图 3–12 递交物品

（二）会务执行礼仪细则

1. 入场接待

（1）主动搀扶原则：先询问“需要我扶您吗？”

（2）助行器 / 轮椅收纳标识管理：注意定位规范，定点设置，明确轮椅 / 助行器存放区域，如楼道固定角、电梯旁专用位。统一标识，使用国际通用辅助器械符号（蓝底白标），加注“收纳点”文字，标识尺寸不小于 30 厘米 ×30 厘米，距地 1.5 米可视。

（3）使用礼貌用语：接待时应使用温馨合宜的招呼语，表现出对老年人的尊重和关心。

（4）注意仪态举止：照护员应保持端庄的姿态，微笑迎接，避免使用不恰当的手势或表情。

2. 发言礼仪

（1）语速控制：语速适中，控制在每分钟不超过 120 字，每 3 分钟停顿确认理解。

（2）时间控制：发言时注意时间控制，避免过长或过短的发言，提前准备好发言稿，确保在规定时间内完成发言。

（3）语言风格：避免专业术语，如用“血压”代替“收缩压 / 舒张压”；避免使用过于复杂的词汇或方言。注意语调的抑扬顿挫，保持自然的语速和节奏。

（4）姿态端庄：站立时保持挺胸收腹，目光亲切，面带微笑。避免交叉双臂或倚靠物体，保持开放和友好的姿态。

（5）目光交流：与听众进行适当的眼神交流，展现自信和真诚。避免长时间盯着某一个人或四处张望，保持适度的目光交流。

（6）互动交流：在发言结束后，主动与听众互动，回答问题和听取反馈。展现开放和包容的态度，促进会议的顺利进行。

（三）文化敏感与禁忌

1. 代际差异

在与老年人交流时，应注意避免使用可能引起误解或不适的言语和行为，避免使用网络流行语（如“绝绝子”）。

2. 隐私保护

在与老年人互动时，应尊重他们的隐私和个人空间，不进行不必要的身体接触，不公开询问健康状况或家庭矛盾。

三、会议场景沟通技巧

（一）分层沟通策略

1. 认知健全老年人

采用开放式提问，如“您觉得这个活动哪里可以改进？”，通过开放式问题鼓励老年人充分表达自己的观点和需求，了解他们的真实想法和情感需求。

2. 轻度认知障碍老年人

采用封闭式选择，如“您想坐靠窗的位置吗？”，通常要求简洁的肯定或否定回答，这种提问有助于快速获取关键信息，提高时间效率。

3. 失语症老年人

如果老年人能够阅读和写字，可以准备纸笔或写字板进行文字交流；对于听力障碍的老年人，可以使用手势、表情、音乐等非语言形式进行沟通；对于视觉正常的老年人，可使用视觉辅助工具，如图示卡片、手势沟通表等。

（二）冲突化解技巧

1. 保持冷静

在老年人情绪不稳定时，保持冷静是关键，不要被他们的情绪所带动。

2. 安抚老年人情绪

可以采取情绪安抚黄金四步。

（1）接纳情绪：接受老年人的消极情绪，如“看得出您很着急”。

（2）复述需求：确定老年人的诉求，如“您是说希望提前离场对吗？”

（3）提供选项：为老年人提供解决问题的方法，如“我陪您去休息室或帮您联系家人？”

（4）后续跟进：在1小时内回访确认状态。

3. 特殊场景处理

（1）老年人突然哭泣：

1）稳定情绪：首先，照护员应保持冷静，避免情绪传染给老年人。用平和的语气与老年人沟通，帮助其稳定情绪。

2）了解情况：通过与老年人深入交流，了解其哭泣的原因。询问老年人是否遇到困难或需要帮助，了解其具体需求和情感来源。

3）提供支持：根据老年人的需求，提供适当的情感支持。可以通过陪伴、安抚或提供喜欢的物品来帮助其平复情绪。如果老年人需要，可以联系家属或专业人员协助处理。

4）记录事件：在事件平息后，详细记录事件经过，包括时间、地点、涉及人员、情绪表现及应对措施等。

5）后续跟进：事件处理后，对老年人进行后续关怀，定期与老年人沟通，了解其情绪变化，必要时安排心理咨询或专业评估。

（2）家属质疑服务质量：

1）保持冷静和耐心：首先，照护员应保持冷静，避免情绪化的言行。家属的质疑可能是出于对服务质量的不满，照护员应理解并尊重家属的感受。

2）积极沟通：与家属进行面对面的沟通，了解他们的具体关切和不满。通过坦诚交流，尝试找到问题的根源，并共同探讨解决方案。照护员可以主动提供服务细节和改进措施，以增加家属的信任。

3）寻求第三方协助：如果沟通无果，可以寻求医疗机构或相关部门的帮助，进行中立的调解。确保调解过程公正，并遵守调解协议，共同维护患者权益。

4）法律途径：在必要时，可以通过法律途径解决争议，如向卫生行政部门投诉或提起诉讼，以维护自身和患者的合法权益。

5）换位思考：在处理投诉时，要换位思考，尊重和理解家属的关切。控制情绪，以积极诚恳的态度处理问题，确保投诉得到有效解决。

6）快速反应：对于有效的投诉，应快速响应并解决。对于无法当场解决的问题，应与家属协商约定解决时间，并在规定期限内圆满解决。

7）总结经验：处理完投诉后，应及时总结经验教训，避免类似问题再次发生。通过事后的跟踪和分析，改进服务质量。

（三）技术辅助沟通

1. 扩音器

由于老年人的听力普遍下降，传统的沟通方式往往无法满足需求，导致沟通不畅。使用扩音器可以有效地放大声音，确保老年人能够清晰地听到服务人员的指示和对话内容，从而提高沟通效率和准确性。

（1）佩戴扩音器：扩音器通常包括主机、麦克风（耳麦）和扩音喇叭三部分。佩戴时，应将麦克风佩戴在嘴边，确保对准自己的嘴巴，同时保持与扩音喇叭一定的距离，避免声音反馈和啸叫现象。

（2）调节音量：调节音量是使用扩音器的关键步骤之一。应慢慢旋转音量旋钮，根据自己的需求调节到合适的音量。注意不要一次性将音量调至最大，以免对听力造成损伤，同时也可能导致音质失真。

（3）使用环境：避免在狭小的空间或靠近墙壁使用扩音器，以减少声音的反射和回声，保证音质清晰。此外，扩音器应放置在平稳的地面上，避免摇晃或碰撞导致设备损坏。

2. 智能投屏设备

在会议活动中需要使用智能设备投屏时，可以用平板电脑实时展示议程，注意使用字体放大功能，方便老年人观看。

四、会议评估与职业素养提升

（一）多维评估体系

1. 老年人参与度指标

评估老年人参加会议活动的指标，包括眼神交流频率、主动发言次数、实际到会率等。

2. 家属满意度调研

从家属层面评估，通过对家属进行会前会后的问卷对比，评估家属对参与此次会议活动的满意程度。

3. 团队复盘要点

会后，团队对会议的时间控制、应急预案有效性等方面进行复盘，对存在欠缺的地方进行改进。

（二）服务伦理深化

1. 隐性歧视规避

核心在于提高社会对老年人群体的全面认识和客观公正对待，同时加强制度建设和文化氛围的营造。为了规避这些隐性歧视，可以从以下几个方面入手。

（1）语言层面：在与老年人沟通或发表言论时，避免“年纪大”“老了”等带有歧视性的词语，可以用“生活经历丰富”替代“年纪大”。

（2）行为层面：老年人可能因为年龄的增加，身体机能衰退，身体活动缓慢，这时作为照护员，不要代做决定，即使老年人行动缓慢，也要尊重老年人意愿。

2. 人文关怀体现

（1）会前准备：可以为丧偶老年人预留“情感支持员”，为丧偶老年人提供专业的情感支持和陪伴，帮助他们缓解因丧偶带来的心理创伤和孤独感。

（2）会后跟进：在会议活动结束三天内，将老年人在活动中拍的照片冲印送达，让老年人有参与感。

（三）行业前沿拓展

1. 元宇宙技术应用

VR 线上家属会，通过 VR 技术，人们可以在虚拟环境中与远方的家属进行面对面的交流和互动，仿佛置身于同一空间。这种线上家属会见方式不仅突破了地理限制，使得无法亲自到场的人们也能与家属相见，而且提供了更为沉浸和真实的交流体验。

2. 代际融合会议

探讨和促进不同年龄段人群之间的融合，如大学生志愿者与老年人共议社区改造。这种会议有利于推动代际的和谐共处和共同发展，增进不同年龄段人群之间的了解和信任，促进资源的共享和互补，为构建全龄友好型社会提供有力支持。

拓展阅读

金峰洲社区“教育 + 社交”双轨服务体系

金峰洲社区针对“老漂族”群体（随子女迁居至广佛交界的老年人），构建了“教育 + 社交”双轨服务体系，以解决语言障碍、文化隔阂与情感孤独三大痛点。社区通过“乐在‘耆’中”教育计划，开设粤语情景对话、广府文化工坊等特色课程，帮助老年人掌握本地生活技能；同时推出“睦邻陪伴行动”，组织跨代结对、社区议事会等活动，搭建本地居民与“老漂族”的互动桥梁。项目创新点在于“以老助老”生态圈：挖掘具有书法、烹饪等特长的老年人担任“耆英导师”，开设公益课堂反哺社区，既实现“老有所为”，又增强其自我价值感。此外，社区联动党群服务中心、学校等资源，打造“15 分钟学习圈”，通过“线上预约 + 线下体验”模式，累计开展活动 320 余场，服务超 1 500 人次，促使 80% 参与者建立稳定社交关系。以“柔性服务”突破传统养老局限，将老年教育转化为社区治理纽带，为城市化进程中流动老年人的社会融入提供了可复制的创新样本，入选“广东省银龄友好型社区十大标杆案例”。

任务实施

1. 情境设定

某养老院举办了中秋联欢会，可是联欢晚会结束后却接收到很多老年人的投诉，原因是音响声音过大，导致老年人耳鸣。

2. 问题引入

分组讨论这次中秋联欢会举办不成功的原因是什么？如何成功举办中秋联欢会？

养老院中秋联欢会因音响音量过大导致老年人投诉，主要是以下环节出现问题。

（1）用户需求认知偏差：

1）生理特征忽视：未充分考虑老年人普遍存在的听力敏感或听觉退化问题，高强度声波易引发耳鸣、头晕等不适。

2）心理偏好误判：误将传统联欢会模式追求热闹氛围，套用于老年群体，忽视其更倾向舒缓、适度的视听体验需求。

（2）活动设计缺陷：

1）设备调试失当：缺乏分贝检测仪等专业工具辅助，仅凭主观判断设定音量阈值。

2）声场分布失衡：音响摆位未考虑场地声学特性，导致局部区域声压超标。

（3）风险管理缺位：

1）动态监测缺失：未安排专人实时监测音量波动，未能根据老年人肢体语言（捂耳、皱眉）及时干预。

2）应急预案空白：未准备降噪耳塞、静音休息区等缓冲措施，加剧负面体验扩散。

（4）参与机制单一化：

1）前期调研形式化：未通过问卷或焦点小组获取老年人对活动形式的真实偏好，单方面决策导致供需错配。

2）实时反馈渠道阻塞：活动中缺乏便捷的反馈机制（如手持提示牌、照护员代传意见），延迟问题响应时效。

3. 会议活动礼仪技巧示范与讲解

（1）活动筹备核心要素：

1）适老化环境设计

场地选择：无障碍通道、防滑地板、紧急呼叫装置。

座位安排：轮椅专区、避免长排座椅（方便护工观察）。

感官适配：光线柔和（避免频闪灯）、音量控制（使用分贝监测仪测试音量）。

2）确定活动的时间和地点：根据中秋节节目内容、参与人员情况选择合适的会议地点，中秋节天气渐冷，可以选择安排在社区的会议厅等室内场所。考虑老年人普遍睡眠较早或有入睡困难的情况，选择活动时间在上午9:00—10:00比较合适，上午老年人精力较好，且距离晚上时间还长，不会影响到夜晚睡眠。

3）传达活动通知：确定活动时间、地点及参与人员后，将通知以海报宣传、电话等多种形式及时通知到每一位参与人员。为防止老年人遗忘参与会议活动的时间、地点，可多次提醒。

4）活动前的沟通协调：在进行需求评估之前，活动发起者要协调人事部门或服务对象的管理部门，提出进行评估的请求，在他们的配合协助之下实施评估。

在制订活动方案的过程中，要确定活动所需的物资，这些都需要活动组织者与相关的部门进行沟通协调。

5）活动过程中的角色安排与分工：本次举办中秋联欢会，在此项活动中，需要的工作人员包括：项目负责人、主持人、表演者、现场秩序维护人员、颁奖处工作人员。他们各自有不同的工作任务。

（2）议程制订原则：

1）时间控制：活动全程控制在90分钟以内。老年人身体精力有限，为防止老年人疲劳，活动持续时间不宜过长。

2）内容设计：在会议活动中可穿插一些互动环节，比如手指操、怀旧歌曲合唱等，既能缓解老年人的疲乏，又能让老年人有参与感。

3）应急预案：要做好应急预案，充分准备好氧气瓶、急救包、家属联络表等，以防发生紧急情况。

（3）会议活动结束后的整理工作：

1）物资整理：活动结束后，组织者要带领团队的工作人员对活动物资进行整理和清点，注意不要遗漏物品和资料，对于比较贵重的物品要小心保存，可以重复利用的物品要整理好，以便下次类似的活动使用。

2）活动总结：活动总结可以采取书面总结的方式，也可以采用团队讨论的方式，目的是总结活动中的经验和不足，以便以后的活动可以持续改进。

（4）会议活动礼仪的意义：

1）提升个人形象：良好会议礼仪展示个人修养和专业素养，提升个人形象和影响力。

2）促进团队合作：规范的礼仪行为营造积极的沟通氛围，促进团队合作，提高会议效率。

3）增强沟通效果：礼仪规范化沟通流程，减少误解，提升沟通效率，达成会议目标。

4. 总结与反思

回顾整个学习过程，总结会议活动礼仪的核心原则和应用要点。分享在模拟场景中的收获和遇到的问题，共同思考解决方案。

任务评价

从参与积极性、适老化活动设计能力、现场应变表现及反思改进能力四个维度进行评价，重点考核对老年群体特殊需求的把握程度、活动组织的专业性和人文关怀的体现水平（表 3–4）。

表 3–4　任务评分标准（满分 100 分）

评分项目	评分标准
参与度（20 分）	16 ~ 20 分：全程主动参与讨论，积极发表关于活动不成功原因及改进办法的见解，主动承担分配的任务，表现出高度的积极性。 10 ~ 15 分：能参与讨论和相关工作，但主动性欠佳，多在他人引导下发表看法，完成任务较为被动。 0 ~ 9 分：参与度低，很少发言，对分配的任务敷衍了事，甚至不愿参与。
会议活动礼仪掌握（40 分）	32 ~ 40 分：全面掌握适老化活动设计要点，流程安排科学合理，应急预案完善，活动结束后，能妥善整理物资并做好总结。 20 ~ 31 分：基本掌握会议活动礼仪，筹备、议程制订及结束整理等环节无重大失误，但细节考虑不够周全。 0 ~ 19 分：活动设计存在明显缺陷，不符合老年人需求
模拟场景表现（30 分）	24 ~ 30 分：模拟场景中，能根据老年人的反应及时调整活动安排，互动环节能调动老年人积极性，活动效果良好。 15 ~ 23 分：能完成模拟场景中的基本活动流程，但处理问题不够灵活，活动效果一般。 0 ~ 14 分：在模拟场景中表现不佳，无法解决有效问题。
总结反思能力（10 分）	8 ~ 10 分：全面总结活动中的成功经验和存在的不足，提出具体可行的改进措施。 5 ~ 7 分：能总结活动的主要情况，指出部分问题，但分析不够深入，改进措施较为笼统。 0 ~ 4 分：总结内容空洞，未能分析活动中的问题，也未提出有效的改进措施。

【练习题】

扫码查看参考答案。

A1 型题

1. 组织老年人集体会议时，首要考虑因素是（　　）。

A. 会议时长

B. 参与者的健康状况和行动能力

C. 会议主题的新颖性

D. 茶歇食品种类

E. 会场的地址

2. 在策划一场老年人健康知识讲座时，最不适宜的安排是（　　）。

A. 使用大字 PPT 和清晰配图

B. 全程站立讲解 60 分钟

C. 预留 10 分钟问答互动环节

D. 提前发放纸质材料

E. 会场中有专门人员引导老年人入座

3. 举办老年会议活动应将全程时间控制在（　　）分钟以内。

A.30

B.60

C.90

D.120

E.180

4. 以下有关照护员着装规范不正确的是（　　）。

A. 照护员在工作时应穿着本岗位的工作服，工装色彩柔和，避免黑白对比

B. 保持工作服的清洁，扣子整齐不缺，裤脚在鞋跟以上平脚面处

C. 女士裙装裤装要在膝盖以下

D. 下雨天可以穿拖鞋、雨鞋上班

E. 佩戴姓名牌，字体适当放大

5. 会议期间有老年人需要如厕，服务人员应如何引导？（　　）

A. 指示卫生间方向后继续主持会议

B. 安排其他参会老年人陪同前往

C. 由工作人员搀扶至卫生间门口

D. 建议老年人会议结束后再去

E. 为保护老年人安全，让老年人开着门如厕

A2 型题

1. 为提高养老院老年人们的健康意识，某养老院决定举办一次健康知识宣讲，照护员小李作为举办这次活动的负责人，以下哪个做法不利于提高老年人的会议参与度？（　　）

A. 宣讲全程尽量使用通俗易懂的话语

B. 安排互动环节

C. 提供纪念小礼品

D. 增加小组讨论

E. 单向专家宣讲

2. 为丰富老年人文化娱乐活动，某社区举办了戏曲表演，前去观看的李奶奶因没有选到合适的座位而恼怒不已，作为在这次活动中提供服务的小王，根据“黄金四步”原则安抚李奶奶的情绪，以下哪个是正确的步骤？（ ）

A. 接纳情绪，提供选项，复述要求，后续跟进

B. 复述要求，接纳情绪，提供选项，后续跟进

C. 接纳情绪，复述要求，后续跟进，提供选项

D. 复述要求，提供选项，接纳情绪，后续跟进

E. 接纳情绪，复述要求，提供选向，后续跟进

3. 重阳节已至，某养老院以“金秋菊韵·孝暖重阳”为主题举办庆祝晚会，在这次晚会现场，照护员小张哪项行为不符合老年人服务规范？（ ）

A. 为行动不便的老年人提前安排靠近出口的座位

B. 活动期间多观察活动现场老人的情况，以提供更好的服务

C. 音响设备声音开大些，以防老年人听不见

D. 活动开始前调节空调温度以防老人着凉

E. 提供大字版会议材料或辅助阅读设备

4. 某养老院举办座谈会，邀请 20 位高龄长者参与。李爷爷（78 岁）需拄拐行走。作为活动组织者，要保障会议安全，针对李爷爷的情况，会前准备最应优先采取的措施是（ ）。

A. 安排志愿者一对一陪同，提前告知活动流程

B. 在会议室入口铺设防滑地毯，移除通道障碍物

C. 准备急救箱，并与最近医院建立应急联络

D. 为每位老人佩戴姓名牌，标注健康状况

E. 准备轮椅等辅助设备

5. 社区老年活动中心组织健康讲座，半数参与者听力较弱。王爷爷今年 85 岁，活动过程中抱怨“听不清台上讲话”，为优化现场沟通效果，你认为最有效的服务措施是（ ）。

A. 发放文字版讲义，让老人自行阅读

B. 使用无线麦克风，并安排手语翻译

C. 提供助听设备，同步字幕投屏

D. 缩短讲座时间，增加休息环节

E. 让演讲者增大说话音量简答题

简答题

1. 简述老年会议活动的前期准备流程。

2. 列举3条保障老年人会议安全的注意事项。

案例分析题

某养老院计划组织一场“回忆往事”主题座谈会，参与者包括10名失能老年人（需轮椅）、5名轻度认知障碍老年人和8名健康老年人。会议中，一名老年人突然情绪激动哭泣，另一名老年人因听不清发言多次打断会议。

[问题]：

作为工作人员，请提出应对措施并说明理由。

点燃思考

设计一场针对阿尔茨海默病老年人的“感官刺激主题活动会”活动方案，要求：包含2种适老化活动形式；说明如何评估活动效果。

项目四

老年服务从业人员照护服务礼仪

扫码获取
数字资源

学习目标

素质目标

1. 培养老年服务从业人员的职业素养，增强服务意识，提升对老年人的尊重与关怀，确保在居家生活、社区服务和养老机构照护中严格遵守规范，提供安全、专业、人性化的服务。

2. 培养良好的沟通能力和同理心，能够在居家生活、社区服务和养老机构照护中与老年人及其家属有效沟通，理解老年人的需求和情感，体现人文关怀，营造温馨、和谐的照护环境。

知识目标

1. 掌握居家、社区、养老机构等不同场景下的照护服务礼仪规范。

2. 理解在三种养老模式下，老年服务从业人员应具备的职业道德。

3. 了解居家养老、社区养老、机构养老三种养老模式。

能力目标

1. 能够运用居家生活照护规范，提升居家养老中老年服务从业人员的职业形象和相关礼仪技能。

2. 能够运用社区服务照护规范，提升社区养老中心老年服务从业人员的职业形象和相关礼仪技能。

3. 能够运用养老机构照护规范，提升机构养老中老年服务从业人员的职业形象和相关礼仪技能。

知识导图（图4-1）

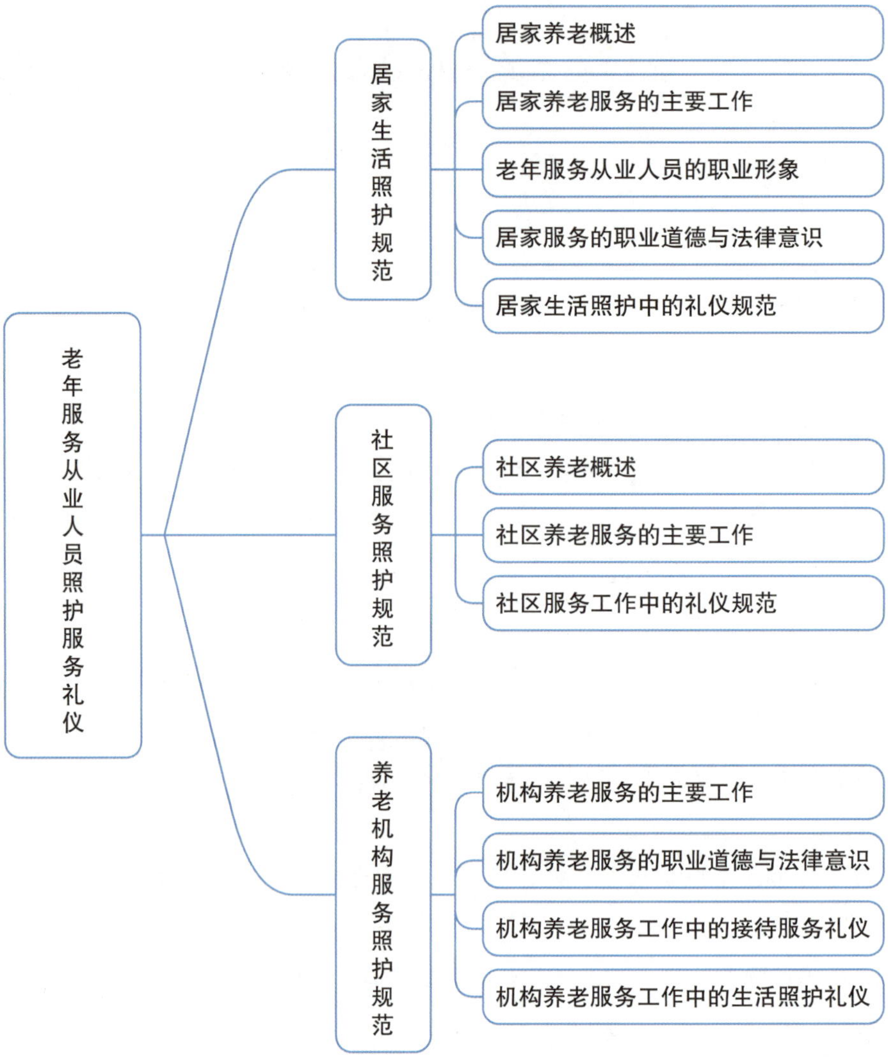

图 4-1　知识导图

课赛证对接

本项目采用“理论 + 实践”深度融合的培养模式，全面赋能老年服务从业人员掌握照护服务礼仪规范与操作技能。通过高度还原的真实场景模拟和深度案例分析，系统提升照护员在居家、社区、机构等多场景下的综合服务能力。课程设计与赛事考核紧密结合，既注重理论知识的扎实掌握，又强调实践操作的高效运用，确保照护员能够灵活应对老年人多样化需求，为其在养老服务领域的职业发展提供强有力的专业支撑和实践保障，助力其成长为高素质、专业化的老年服务人才。

任务一　居家生活照护规范

扫码获取
数字资源

案例导入

王大爷，78 岁，退休大学教授，有长期高血压病史，日常生活基本自理，老伴 2 年前去世，子女均在外地工作。半年前王教授因心脏病发作接受了冠状动脉支架植入手术，目前居住在某小区 2 号楼 105 室。王教授性格内向，经历了心脏病发作后，变得有些抑郁，对参加活动的兴趣减少，不愿外出。子女因不能陪伴在身边，对其较为担心，故要求社区康养中心每日上门提供必要协助。社区居家照护员小周，负责为王教授提供居家照护服务。

任务描述

请结合居家生活照护规范，思考小周在服务过程中如何通过上门服务礼仪规范与王教授建立信任关系？

知识殿堂

扫码查看课件。

居家生活照护，不仅仅是生活上的照料，更是心灵上的慰藉。这不仅关乎老年人的生活质量，更体现了照护员的专业素养与人文关怀。照护员在提供服务时，不仅需要具备扎实的照护技能，还需严格遵守服务礼仪规范，尊重老年人的生活习惯与人格尊严，从而为老年人打造一个温馨舒适的港湾，让他们在熟悉的环境中，感受到家的温暖与幸福。

一、居家养老概述

居家养老是一种以家庭为核心、社区为依托、专业服务为支撑的社会化养老模式，旨在为居住在家的老年人提供全方位、多层次的服务支持。其服务内容涵盖生活照料、医疗护理、精神慰藉、紧急救助等多个方面。

目前，我国居家养老的现状呈现出需求快速增长、政策支持力度加大、服务模式不断创新等特点。随着居家养老服务的不断优化与完善，这一模式既满足了老年人在熟悉环境中安享晚年的需求，又通过社会化和专业化的服务弥补了家庭照护能力的不足，成为应对人口老龄化的重要途径。

拓展阅读

《“十四五”国家老龄事业发展和养老服务体系规划》节选——完善家庭养老支持政策体系

将家庭照护员纳入养老照护员职业技能培训等范围，支持有关机构、行业协会开发公益课程并利用互联网平台等免费开放，依托基层群众性自治组织等提供指导，帮助老年人家庭成员提高照护能力。支持有条件的地区对分散供养特困人员中的高龄、失能、残疾老年人家庭实施居家适老化改造，配备辅助器具和防走失装置等设施设备。探索设立独生子女父母护理假制度。探索开展失能老年人家庭照护员“喘息服务”。

二、居家养老服务的主要工作

居家养老服务是以老年人的需求为核心，提供全方位、多层次的服务，旨在帮助老年人安享晚年，提高生活质量。其主要工作内容包括以下几个方面。

（一）生活照料服务

生活照料服务是居家养老服务的基础，可以帮助老年人解决日常生活中的基本需求，保障其生活质量和尊严。主要包括以下内容。

1. 助餐服务，包括协助订餐、上门送餐、上门烹饪等。

2. 助浴服务，包括上门助浴、协助前往老年人助浴点进行身体清洁等。

3. 助洁服务，包括洗漱、理发、剃须、剪指（趾）甲等身体助洁，居家清洁、衣物洗涤、物品整理等普通助洁。

4. 助行服务，包括协助行走、陪同外出等。

5. 助医服务，包括陪同就医、治疗陪伴等。

6. 助急服务，包括紧急呼叫受理、紧急转介等。

（二）基础照护服务

基础照护服务针对生活自理能力较弱的老年人，提供专业的护理服务，帮助其维持基本生活功能，预防并发症的发生。主要包括以下内容。

1. 生活照护，包括协助穿（脱）衣、饮食照护、睡眠照护等。

2. 排泄护理，包括排尿护理、排便护理、排气护理等。

3. 护理协助，包括为老年人进行保暖和物理降温，协助和指导翻身、拍背、压疮预防等。

4. 用药照护，包括用药提醒、用药指导及不良反应观察等。

5. 康复护理，包括康复评估、计划制订、康复训练指导、康复辅助器具使用等。

（三）健康管理服务

健康管理服务关注老年人的身心健康，通过信息采集、监测、咨询和干预等手段，帮助老年人预防疾病、延缓衰老，提高健康水平。主要包括以下内容。

1. 信息采集

包括老年人体检信息、既往疾病史等健康信息采集、建立老年人健康档案。

2. 健康监测

包括对老年人的体温、体重、血压、呼吸、心率、血糖等进行常规生理指数监测。

3. 健康咨询

包括为老年人提供防跌倒、疾病预防、膳食营养、康复保健等的指导。

4. 健康干预

包括制订服务方案，为老年人的生活起居、慢性病调理等提供干预服务。

（四）探访关爱服务

探访关爱服务旨在为老年人提供情感支持和安全保障，通过定期探访和应急处置，及时了解老年人的需求和状况，预防意外事件的发生。主要包括以下内容。

1. 上门探访

包括了解老年人的健康状况、精神状况、安全情况、卫生状况、居住环境、服务需求等。

2. 应急处置

包括接受与协助老年人的电话呼叫、紧急求助等。

（五）精神慰藉服务

精神慰藉服务关注老年人的心理健康，通过陪伴支持、情绪疏导和心理慰藉等方式，帮助老年人排解孤独、焦虑等负面情绪，保持积极乐观的心态。主要包括以下内容。

1. 陪伴支持

定期协助有意愿的老年人外出活动或前往服务机构参加集体活动等。

2. 情绪疏导

与老年人进行谈心、交流，耐心倾听老年人的诉说。

3. 心理慰藉

通过心理健康教育、心理干预手段调整老年人心理状态。

（六）委托代办服务

委托代办服务旨在帮助老年人解决生活中的实际困难，通过代购、代办、代缴等方式，减轻老年人的生活负担，提高生活便利性。主要包括以下内容。

1. 代购

包括购买日常生活用品、订车票、预约车辆等。

2. 代办

包括取送信函、文件和物品，申请法律援助、救助服务等。

3. 代缴

包括缴纳水、电、气、通信费等日常费用。

（七）家庭生活环境适老化改造服务

家庭生活环境适老化改造服务旨在为老年人创造安全、舒适、便利的居家环境，通过环境评估、基础改造和专项改造，降低老年人发生意外的风险，提高生活质量。主要包括以下内容。

1. 环境评估

包括评估老年人家庭生活环境和改造需求，依据评估结果确定改造方案。

2. 基础改造

包括防滑、防摔、防走失等物理环境改造及相关设备与用品配置。

3. 专项改造

包括为满足不同老年人和不同居住环境要求的物理环境改造，以及健康监测、安防、报警、远程控制等智能家居产品的配置安装和使用指导。

拓展阅读

居家社区养老：让“夕阳红”更美更从容

近年来，我国人口老龄化程度持续加深，养老服务需求日益增长。为满足大多数老年人“垂暮不离亲，养老不离家”的愿望，国家高度重视居家和社区养老服务发展，出台了一系列政策措施，推动居家和社区养老服务体系建设，让老年人在熟悉的环境中安享晚年。

1. 政策支持，为居家社区养老保驾护航

民政部、财政部组织实施了居家和社区基本养老服务提升行动项目，指导各级民政部门不断提升居家和社区养老服务水平，满足老年人多样化、个性化的就近就便养老服务需求。2025 年政府工作报告更是明确提出，“推进社区支持的居家养老，强化失能老年人照护，加大对老年助餐服务、康复辅助器具购置和租赁支持力度，扩大普惠养老服务，推动农村养老服务发展”。

2. 多元服务，满足老年人多样化需求

各地积极探索创新，形成了各具特色的居家和社区养老服务模式。

（1）“嵌入式”养老：将养老服务设施嵌入社区，为老年人提供日间照料、康复护理、文化娱乐等服务，打造“15 分钟养老服务圈”。

（2）“智慧养老”：利用互联网、物联网等技术，为老年人提供远程医疗、紧急呼叫、智能家居等服务，让养老服务更便捷、更智能。

（3）“互助养老”：鼓励低龄老年人为高龄老年人提供服务，建立互助养老志愿服务队伍，营造邻里互助、守望相助的良好氛围。

3. 展望未来，构建老年友好型社会

提升居家和社区养老服务水平，是积极应对人口老龄化的重要举措，也是构建老年友好型社会的必然要求。未来，需要政府、社会、家庭共同努力，不断完善政策体系，加大资金投入，加强人才队伍建设，推动居家和社区养老服务高质量发展，让每一位老年人都能老有所养、老有所依、老有所乐、老有所安。

各地积极探索创新居家和社区养老服务模式，例如，北京市推出“养老驿站”，上海市打造“社区嵌入式养老”，广州市推广“时间银行”等。相信在各方共同努力下，居家和社区养老服务将迎来更加美好的明天，让“夕阳红”更美更从容！

三、老年服务从业人员的职业形象

在居家养老生活照护规范中，照护员的职业形象是体现专业性和人文关怀的重要窗口，直接影响老年人的信任感和服务质量。居家照护员的职业形象应该满足以下要求。

（一）外在职业形象

1. 仪容、仪表规范

（1）干净清爽：头发梳理整齐，女士宜化淡妆，保持自然清爽，避免浓妆或夸张发型；男士不留过长胡须。

（2）手部护理：保持指甲修剪整齐，不涂艳丽指甲油，避免佩戴首饰（如戒指、手链）。

（3）体味管理：注意个人卫生，保持清新无异味。因老年人易敏感也不要使用刺激性香水。

2. 着装规范

（1）整洁统一：照护员提供居家服务时应穿着工作制服，保持衣物干净、无褶皱，避免过于随意或花哨的装饰。

（2）标识清晰：照护员提供居家服务时应佩戴工牌或岗位标识，便于老年人及家属识别身份。

（3）防护用品：照护员需要根据服务场景佩戴口罩、手套、鞋套等防护用具，确保卫生安全。

3. 仪态与举止规范

（1）姿态端正：照护员与老年人交谈时应保持适当距离，身体微微前倾以示关注，避免弯腰驼背、抖腿等随意动作。

（2）亲和友善：照护员应保持自然微笑，眼神温和，与老年人保持适度目光接触，避免出现冷漠或急躁等消极的表情。

（3）动作轻柔：照护员在为居家老年人服务时，动作要轻柔稳健，体现对老年人的尊重和关怀。

（二）内在职业素养

1. 服务态度

照护员应以尊重与耐心的态度对待老年人，平等倾听他们的需求，避免催促或抱怨。同时，照护员应具备同理心，理解老年人因身体机能衰退可能产生的情绪波动，包容其重复性需求。此外，照护员应主动关怀老年人，定期询问他们的感受，并密切观察其身体和心理状态的变化，以确保他们得到全面地照顾和支持。

2. 沟通技巧

照护员在与老年人沟通时，应使用清晰、简洁的普通话或当地方言，语速适中，音量适宜，尤其对听力障碍者需特别调整。同时，照护员应注重礼貌用语，多使用“请”“谢谢”“您”等敬语，避免命令式口吻，以体现尊重与关怀。此外，照护员应运用鼓励性语言传递温暖与支持，营造和谐的沟通氛围。

3. 专业能力

照护员应熟练掌握基础护理技能，如协助翻身、喂食、用药指导等，并严格按照操作规范执行，确保老年人的安全和舒适。同时，照护员须具备较强的应急能力，熟悉突发疾病或意外的应急处理流程，能够迅速采取正确措施应对紧急情况。此外，照护员应具备丰富的知识储备，了解老年人常见疾病护理的注意事项，以便提供科学、专业的照护服务，保障老年人的身心健康。

四、居家服务的职业道德与法律意识

（一）职业道德

1. 遵纪守法、文明执业。

2. 守时守信、尽心尽责。

3. 热情和蔼、善解人意。

4. 善于沟通、不与人谈论是非。

（二）法律意识

1. 规范服务意识

在服务过程中，始终将老年人的安全与权益放在首位，杜绝任何可能侵犯老年人人身安全或财产安全的行为。严格按照服务规范和流程操作，确保服务内容合法、合理、合规，避免因疏忽或不当行为引发法律纠纷。

2. 维权意识

在提供服务的同时，注重自我保护，维护自身合法权益。例如，在服务过程中注意留存相关证据，如家庭监控录像、录音或书面记录等，以备在发生争议时作为依据。同时，了解相关法律法规，明确自身权利与义务，做到依法执业、依法维权。

五、居家生活照护中的礼仪规范

（一）上门服务礼仪

1. 预约准备

（1）在服务前，照护员应主动与老年人或家属进行电话沟通，确认上门时间、具体服务内容及相关注意事项。电话沟通时，照护员语气应保持温和、平稳，表达清晰明了，给老年人及家属留下良好的第一印象。

（2）提前了解老年人的基本情况，包括身体状况、生活习惯、性格特点等，以便根据老年人的需求提供更加贴心和个性化的服务。例如，若老年人行动不便，可提前做好服务计划；若老年人性格内向，可调整沟通方式，使其感到舒适。

（3）出发前，仔细检查并准备好所需物品，如工作证、服务工具、清洁用品等，确保物品齐全、干净整洁，以体现专业性和对服务的重视。同时，可根据老年人的特殊情况，额外准备一些可能用到的物品，以备不时之需。

2. 上门服务

（1）敲门问候：照护员到达后应先敲门，敲门力度适中，并且语气温和地自报家门，如“您好，我是XX养老服务中心的照护员小王，请问现在方便进来吗？”

（2）进门礼仪：在得到老年人或家属明确允许后，轻轻推门进入房间，动作要轻缓，避免发出过大声响。进门后随手关门，确保室内温度适宜，同时保护老年人隐私。

（3）招呼礼仪：进门后，应先向老年人问好，使用敬语称呼老年人，如“张阿姨，您好！今天感觉怎么样？”如果家中有其他人在场，也要礼貌地与他们打招呼。此外，照护员应该主动提出换鞋或穿鞋套，并说明原因，如“张阿姨，为了保持您的地板干净，我先穿个鞋套，谢谢您的理解！”

（4）沟通礼仪：与老年人沟通时，照护员应保持亲切自然的态度，语速适中，音量以老年人能听清为宜。耐心倾听老年人的诉求，适时点头回应，并用温暖的语言表达关心，避免打断老年人说话，让老年人感受到被重视和尊重。

（5）服务操作：在进行各项服务操作前，照护员应先向老年人清晰解释操作目的和步骤，如“张阿姨，接下来我帮您测量一下血压，这样可以更好地了解您的健康状况，您看可以吗？”征得老年人同意后，再开始操作。在服务过程中，照护员应动作轻柔细致，注意保护老年人隐私，同时观察老年人身体和情绪的变化，一旦出现异常情况，应停止操作并按照应急处置办法采取相应措施。

（6）服务结束：服务结束后，照护员要仔细整理好物品，确保环境整洁。主动询问老年人是否还有其他需求，如“张阿姨，今天的服务已经完成了，您还有什么需要我帮忙的吗？”与老年人道别时，语气温暖，如“张阿姨，您好好休息，我明天再来看您。如果有任何需要，随时联系我！”离开时轻声关门。

3. 注意事项

（1）在上门服务的过程中，照护员应尊重老年人的生活习惯和信仰，避免触犯禁忌。

（2）在没有经过老年人或家属同意的情况下，照护员不得随意翻动老年人物品。

（3）注意保护老年人隐私，不泄露老年人个人信息。

（二）生活照料礼仪

1. 饮食照料

（1）进餐前：在进餐前，照护员应协助老年人洗手，准备舒适的进餐环境。

（2）进餐时：在进餐的过程中，照护员应该根据老年人的饮食习惯和身体状况，提供合适的食物和餐具；确保老年人进食速度适中，不强迫进食；同时注意观察老年人进食情况，防止噎食。

（3）进餐后：进餐后，照护员协助老年人漱口，清理餐具，整理餐桌，并且协助老年人保持坐位或抬高床头 30 分钟左右，避免在此时给老年人翻身、叩背，以免引起不适或呕吐误吸。

2. 清洁卫生

（1）个人卫生：照护员协助老年人洗脸、刷牙、梳头、洗澡等，注意水温适宜，动作轻柔。

（2）环境卫生：保持老年人居住环境整洁卫生，根据老年人需求定期打扫房间，清洗衣物被褥。

（3）穿衣打扮：根据天气变化和老年人喜好，协助老年人选择合适的衣物。帮助老年人穿衣时，注意动作轻柔，尊重老年人意愿。

3. 睡眠照料

（1）睡前照料：睡前，照护员协助老年人进行洗漱、更衣、用热水泡脚，并且为老年人布置安静舒适的睡眠环境，保持房间安静、温湿度适宜。指导老年人不进食、不饮茶、不看影响睡眠的电视电影，可以根据老年人的兴趣爱好做一些有助于睡眠的活动，比如阅读轻松的书籍、听舒缓的音乐或进行简单的放松练习。

（2）夜间巡视：夜间，照护员应每 1 ~ 2 小时巡视一次，动作轻缓避免打扰老年人休息。巡视时注意为老年人盖好被子、调整睡姿避免压迫，若老年人醒来，轻声安抚助其重新入睡，体现细致关怀。

（3）清晨唤醒：清晨，照护员应拉开部分窗帘让自然光进入房间，用温和的语气轻声问候，并给予老年人充足的清醒时间，避免催促。

4. 排泄照料

（1）保护隐私：操作时照护员应拉上窗帘或屏风，避免他人看到；尽量减少暴露老年人的身体部位，用毛巾或衣物遮挡。

（2）语言文明：照护员要使用温和、尊重的语言与老年人沟通，避免使用敏感词汇；在老年人感到尴尬时，照护员应用轻松的语气缓解其情绪。

（3）动作轻柔：操作时动作轻柔，避免用力过猛或速度过快；注意观察老年人的反应，及时调整力度和方式。

（4）心理关怀：关注老年人的心理状态，及时给予安慰和鼓励；对于失禁老年人，避免责备或表现出不耐烦。

（三）突发事件的应对礼仪

1. 老年人突发疾病

（1）照护员应保持冷静，评估病情，立即拨打急救电话，并通知老年人家属。在拨打急救电话时照护员应清晰、准确地描述老年人的病情、年龄、性别、症状、所在地址等信息。如“您好，这里是XX小区XX号楼，有一位XX岁老年人突发胸痛，伴有呼吸困难，请求急救。”

（2）根据老年人病情，采取必要的急救措施，如心肺复苏、止血包扎等。

（3）全程陪伴并轻声安抚老年人，待救护人员到达后，照护员与急救人员详细交接病情和处理经过，必要时，可协助家属办理相关手续，提供支持。

2. 老年人走失

（1）立即组织人员寻找，并通知老年人家属和社区工作人员。

（2）准确记录老年人走失时的衣着特征、携带物品等细节。

（3）调取监控录像，了解老年人走失路线。

（4）发布寻人启事，扩大寻找范围。

3. 其他突发事件

如火灾、地震等，应按照应急预案，迅速组织老年人撤离到安全地带，并拨打报警电话。

任务实施

运用上门服务礼仪规范与王教授建立信任关系。

1. 预约准备

在服务开始前，照护员小周需要做好充分的预约准备。这是建立信任的第一步，也是给老年人和家属留下良好印象的关键。

（1）电话沟通：小周应主动与王教授或其子女进行电话沟通，确认上门时间、服务内容及注意事项。电话中，小周的语气要温和、平稳，表达清晰明了。如“您好，我是社区康养中心的照护员小周，请问明天上午10点方便上门为您提供服务吗？我们会协助您测量血压、整理房间，您看还有其他需要吗？”

（2）了解基本情况：小周需要提前了解王教授的身体状况、生活习惯和性格特点。如王教授性格内向，喜欢安静，小周可以调整沟通方式，避免过度热情。同时，王教授有高血压和心脏病史，小周需特别关注他的身体状况。

（3）准备物品：小周出发前应检查并准备好所需物品，如血压计、清洁工具、工作证等。还可以根据王教授的特殊情况，准备一些书籍或书法工具，以备他感兴趣时使用。

2. 上门服务

（1）敲门问候：小周到达王教授家后，先轻轻敲门，力度适中，语气温和地自报家门：“您好，我是社区康养中心的照护员小周，请问现在方便进来吗？”

（2）进门礼仪：在得到王教授的允许后，小周应轻轻推门进入，动作轻缓，避免发出过大声响。进门后随手关门，确保室内温度适宜，同时保护老年人隐私。

（3）招呼礼仪：小周进门后，应先向王教授问好，使用敬语，如“王教授，您好！今天感觉怎么样？”如果家中有其他人在场，小周也应礼貌地打招呼。此外，小周应主动提出换鞋或穿鞋套：“王教授，为了保持您的地板干净，我先穿个鞋套，谢谢您的理解！”

（4）沟通礼仪：小周与王教授沟通时，应保持语速适中，音量以老年人能听清为宜。耐心倾听王教授的诉求，适时点头回应，并用温暖的语言表达关心。沟通时要避免打断老年人说话，让老年人感受到被重视和尊重。

（5）服务操作：在进行服务操作前，小周应先向王教授解释操作目的和步骤，如“王教授，接下来我帮您测量一下血压，这样可以更好地了解您的健康状况，您看可以吗？”征得同意后，小周再开始操作。在服务过程中，小周应动作轻柔细致，注意保护老年人隐私，同时观察王教授的身体和情绪变化。

（6）服务结束：服务结束后，小周应仔细整理好物品，确保环境整洁。主动询问王教授是否还有其他需求，如“王教授，今天的服务已经完成了，您还有什么需要我帮忙的吗？”与王教授道别时，语气要温暖，如“王教授，您好好休息，我明天再来看您。如果有任何需要，随时联系我！”离开时轻声关门。

3. 总结与反思

通过以上步骤，小周可以逐步与王教授建立信任关系。在实际服务中，照护员需要做到以下几点。

（1）主动沟通：了解老年人的需求和喜好，提供个性化服务。

（2）尊重选择：给予老年人充分的选择权，避免过度干预。

（3）关注细节：从敲门到离开，每一个细节都要体现对老年人的尊重和关怀。

（4）灵活调整：根据老年人的反馈，及时调整服务方式，真正做到“以人为本”。

任务评价

从上门服务中的主动参与程度、对服务流程的规范掌握情况、模拟场景中的实际应对能力以及服务后的总结反思水平等角度，重点考核运用上门服务礼仪规范与老年人建立信任关系的综合素养（表 4–1）。

表 4-1 任务评分标准（满分 100 分）

评分项目	评分标准
参与度（20 分）	16 ～ 20 分：全程积极主动，主动询问老年人需求，耐心倾听并回应，展现出高度的服务热情和责任感。 10 ～ 15 分：能完成基本沟通，但主动性稍弱，需老年人或家属引导话题。 0 ～ 9 分：参与度低，沟通被动，需多次提醒才能进入服务状态。
上门服务流程掌握（40 分）	32 ～ 40 分：预约时精准确认信息、备齐个性化物品；上门后敲门、进门、招呼、沟通、操作、道别等环节无疏漏，完全符合礼仪规范。 20 ～ 31 分：基本掌握流程，但偶有疏忽，如沟通不够自然或动作稍显生硬。 0 ～ 19 分：流程执行混乱，如未敲门直接进入、语气生硬、未关注老年人需求等。
模拟场景表现（30 分）	24 ～ 30 分：在模拟服务场景中，能灵活应对老年人需求，运用合适的沟通技巧，有效建立信任关系。 15 ～ 23 分：能完成模拟服务，但应对突发情况较生硬，信任建立效果一般。 0 ～ 14 分：模拟场景中礼仪执行生硬，无法理解老年人的潜在需求，导致信任关系受阻。
总结反思能力（10 分）	8 ～ 10 分：全面总结服务过程，深入分析成功与不足，提出具体改进措施。 5 ～ 7 分：能总结主要内容，但分析不够深入，改进措施较笼统。 0 ～ 4 分：总结敷衍，缺乏具体分析和改进意愿。

【练习题】

扫码查看参考答案。

A1 型题

1. 居家养老服务的核心目标是（　　）。

A. 提供医疗服务

B. 满足老年人的全方位需求

C. 提供娱乐活动

D. 提供经济支持

E. 提供法律咨询

2. 照护员在上门服务时，敲门问候的正确方式是（　　）。

A. 用力敲门，语气急促

B. 轻轻敲门，语气温和地自报家门

C. 不敲门，直接推门进入

D. 敲门后不等回应直接进入

E. 敲门后大声喊叫

3. 照护员在进行服务操作前，应如何与老年人沟通？（　　）

A. 直接开始操作，无须解释

B. 简单告知操作内容

C. 清晰解释操作目的和步骤，征得同意

D. 让家属解释操作内容

E. 忽略老年人意见，直接操作

4. 照护员在服务结束后，应如何与老年人道别？（　　）

A. 直接离开，无须道别

B. 简单说“再见”

C. 语气温暖，主动询问需求

D. 让家属代为道别

E. 催促老年人休息

5. 照护员在夜间巡视时，应如何操作？（　　）

A. 每 4 小时巡视一次

B. 每 1 ~ 2 小时轻手轻脚巡视一次

C. 不巡视，等待老年人呼叫

D. 巡视时大声询问老年人需求

E. 巡视时开灯检查

A2 型题

1. 王教授性格内向，喜欢安静，照护员小周在安排活动时应如何做？（　　）

A. 安排大量集体活动

B. 尊重王教授的喜好，提供安静的环境

C. 强迫王教授参加活动

D. 忽略王教授的需求

E. 减少与王教授的沟通

2. 王教授有高血压病史，照护员小周在服务过程中应特别注意什么？（　　）

A. 忽略血压监测

B. 定期监测血压，关注身体状况

C. 强迫王教授参加剧烈运动

D. 减少与王教授的沟通

E. 不关注王教授的情绪变化

3. 王教授因心脏病发作后变得有些抑郁，照护员小周应如何提供精神慰藉？（　　）

A. 忽略王教授的情绪

B. 强迫王教授参加活动

C. 耐心倾听，提供情绪疏导

D. 减少与王教授的沟通

E. 不关注王教授的心理状态

4. 王教授喜欢读书和写书法，照护员小周应如何安排他的下午时间？（　　）

A. 安排集体活动

B. 提供安静的书房，让他自由支配时间

C. 强迫王教授参加手工课

D. 忽略王教授的兴趣

E. 减少与王教授的沟通

5. 王教授突发胸痛，照护员小周应如何应对？（　　）

A. 忽略症状，等待家属处理

B. 立即拨打急救电话，采取必要急救措施

C. 不通知家属，自行处理

D. 强迫王教授继续活动

E. 不关注王教授的身体状况

任务二　社区服务照护规范

扫码获取数字资源

案例导入

张大爷，79岁，退休大学教授，高血压病10年。半年前因突发脑出血导致左侧肢体偏瘫，肢体活动受限，生活不能完全自理，入住田园社区进行康养。近期，照护员小王注意到张教授呈现出明显的情绪低落状态，日常生活中神情倦怠，无精打采，参加活动的兴趣减少。据张教授本人反馈，近半个月来存在夜间频繁惊醒，存在就医抵触情绪。

任务描述

请结合社区服务照护规范，分析小王在服务过程中如何通过礼仪规范与张教授建立信任关系？

知识殿堂

扫码查看课件。

随着人口老龄化的加剧，老年社区服务照护的重要性日益凸显。在关注老年人生活质量与健康福祉的当下，老年社区服务照护不仅要求专业细致的服务技能，更需要融入尊重与关爱的规范礼仪。良好的规范礼仪不仅能够提升老年人的幸福感与尊严感，也是构建温馨和谐社区照护环境的关键。

一、社区养老概述

社区养老是指以家庭为核心，以社区为依托，整合社区内的各种资源，为居家的老年人提供生活照料、医疗保健、精神慰藉、文化娱乐等多方面服务的养老模式。

二、社区养老服务的主要工作

社区养老服务是通过政府扶持、社会参与、市场运作，逐步建立以家庭养老为核心，以社区服务为依托，以专业化服务为依靠，向居家老年人提供生活照料、医疗保健、精神慰藉、文化娱乐等的一种服务。社区养老服务的主要内容如下。

（一）生活照料服务

社区工作人员为老年人提供日常生活的照料，帮助老年人买菜、做饭、洗澡、清理卫生等，为老年人购买生活用品或开展捐赠活动。

（二）医疗保健服务

1. 预防保健服务

社区根据老年人的需求制订有针对性的预防方案，预防方案应简明扼要、通俗易懂，便于老年人掌握预防老年病的基本知识并进行基础性的防治。

2. 医疗协助服务

社区应遵照医嘱及时提醒老年人按时服药或陪同就医，协助开展医疗辅助性工作。

3. 健康咨询服务

社区通过电话、网络、会议或老年学校授课等方式为老年人提供预防保健、康复护理，以及老年期营养、心理健康等知识教育。

（三）健康服务

社区工作人员为老年人建立健康档案，并定期进行体检，给体弱多病的老年人提供医疗救助服务。

（四）精神服务

社区工作人员对老年人进行心理健康教育，关注并缓解老年人的孤独、焦虑等情绪问题，提升老年人的心理健康水平。陪老年人聊天、读书、散步或参加体育活动，丰富老年人的精神生活。

（五）法律服务

社区为老年人免费开展法律咨询和法律援助。

（六）日间照料

早上社区工作人员将老年人接到日间照料中心，组织他们开展文体活动，并负责老年人的午餐、休息和安全，晚上将老年人送回家。

三、社区服务工作中的礼仪规范

（一）日托或短时全托服务礼仪

社区养老服务中的日托是指白天在社区居家养老服务中心生活，晚上回家休息的服务方式；短时全托则是指老年人在社区养老服务中心进行短期居住，时间通常从几天到几个月不等，享受全方位的照护服务，这种服务方式灵活，且专业性强。

1. 日常生活基础照护礼仪

（1）老年生活照料中的礼仪规范：

1）情境：刘奶奶，78 岁，居住在幸福社区日托照护中心，右侧肢体活动不灵。现在刘奶奶坐在沙发上看电视，晚上九点多了刘奶奶需要上床睡觉。请照护员小马为刘奶奶布置睡眠环境，协助刘奶奶上床睡觉。

2）操作程序如下（表 4–2）：

表 4–2　操作程序

操作时刻	操作程序	操作中的礼仪规范	图片展示
操作前	准备工作	环境准备：环境温湿度适宜，安静整洁。	
		照护员准备：衣帽整洁，无长指甲，洗手。	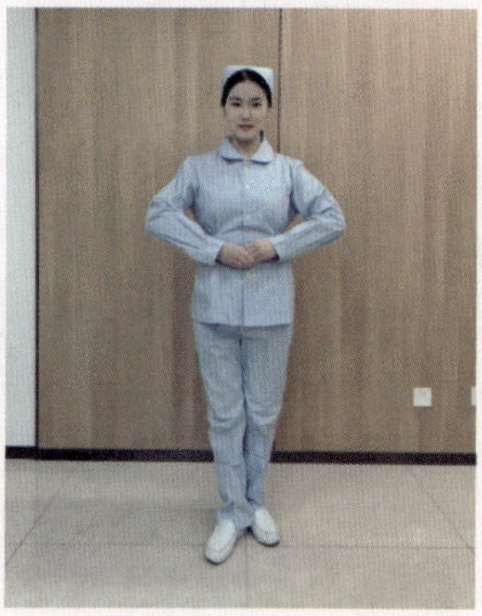
		物品准备：为刘奶奶备好被褥和枕头，用物均可使用，携用物至刘奶奶房间。	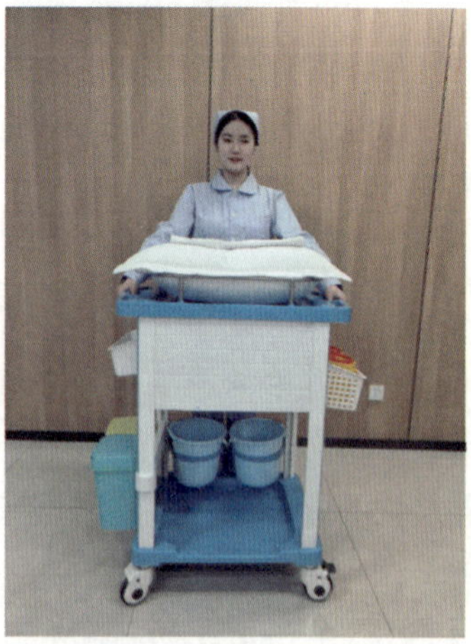

续表

操作时刻	操作程序	操作中的礼仪规范	图片展示
操作中及操作后	沟通工作	①轻轻地敲房门："奶奶您好，请问我可以进来吗？" ②"奶奶您好，我是照护员小马，我先核对一下您的腕带信息好吗？现在已经是晚上九点多了，我们该上床休息了，早睡早起对身体好。可以吗？"取得刘奶奶的同意。 ③"奶奶，我帮您调节好最舒适的温湿度了，舒适的环境有助于您入睡。您需要去卫生间方便吗？还有其他的需要吗？" ④"奶奶，我去帮您把窗帘拉上，并帮您把床铺整理好，请您稍等。"关闭门窗，拉好窗帘。	 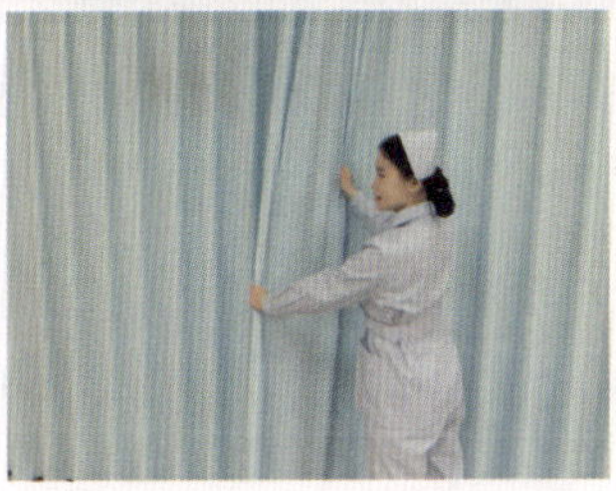
	协助睡眠	①"奶奶，一切都已经帮您准备好了，我现在协助您上床休息好吗？" ②"奶奶，我们到床旁了，现在协助您躺下。您先坐在床边，我帮您把鞋脱了。我扶着您，您先把左腿放在床上，我协助您把右腿放在床上，不着急。" ③"奶奶，您现在感觉如何？我协助您向床里面移动，如果您感到不舒服请及时告诉我好吗？"向里侧移动老年人肩部、臀部和膝关节，在移动老年人的过程中避免拖、拉、拽，避免伤害老年人的皮肤。 ④协助老年人取舒适的体位。"奶奶，您觉得这个姿势可以吗？" ⑤"奶奶，您还有其他的需要吗？呼叫器放在您的枕边，如果有需要您可以呼叫我，我也会定时过来看您，您休息吧，晚安。" ⑥拉起床挡，清除床旁至卫生间的障碍物。调节房间光线，开启地灯，关闭大灯。	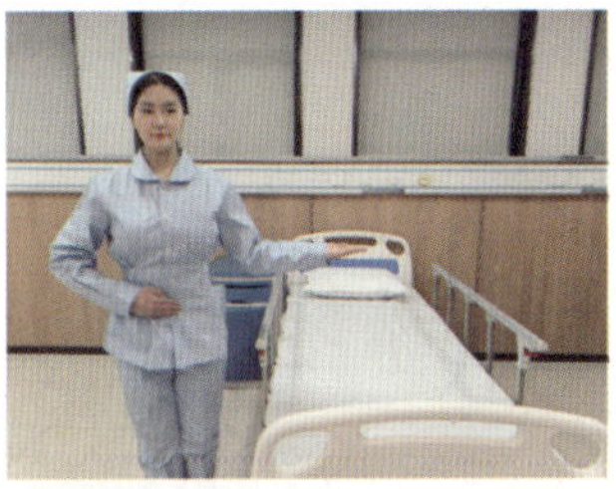 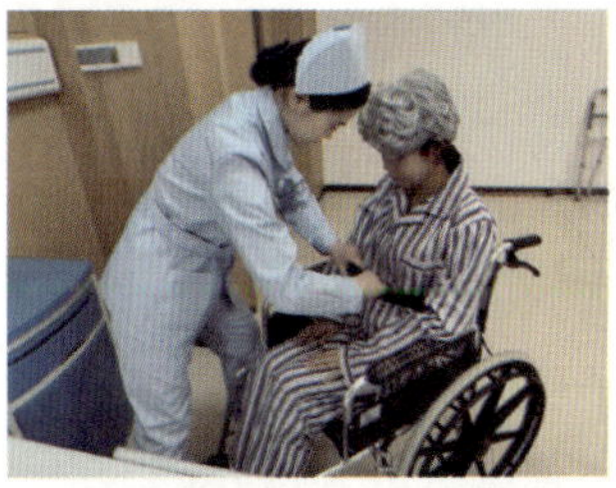 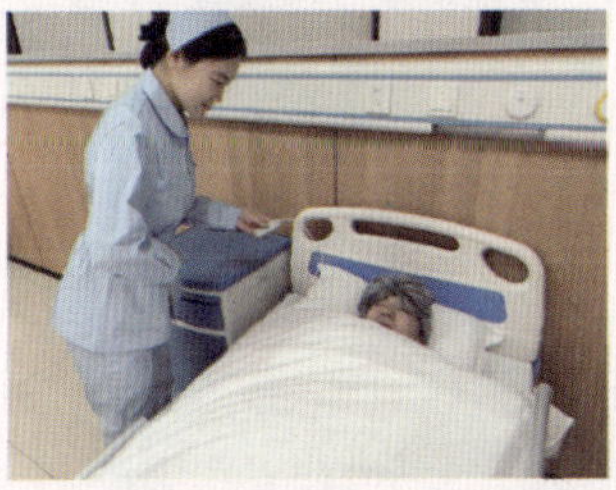 

续表

操作时刻	操作程序	操作中的礼仪规范	图片展示
操作中及操作后	关门退出	照护员轻步退出房间，轻手关门。	

（2）老年康复照护中的礼仪规范：

1）情境：王奶奶，74 岁，左侧偏瘫，居住在阳光社区。现病情稳定，能协助坐立，请照护员小李将老年人从床上扶起转移到轮椅上，进行转弯、上下坡、进出电梯等操作。

2）操作程序（表 4–3）：

表 4–3　操作程序

操作时刻	操作程序	操作中的礼仪规范	图片展示
操作前	准备工作	环境准备：环境整洁宽敞，地面无障碍物、无水渍。	
		照护员准备：衣帽整洁，无长指甲，洗手。	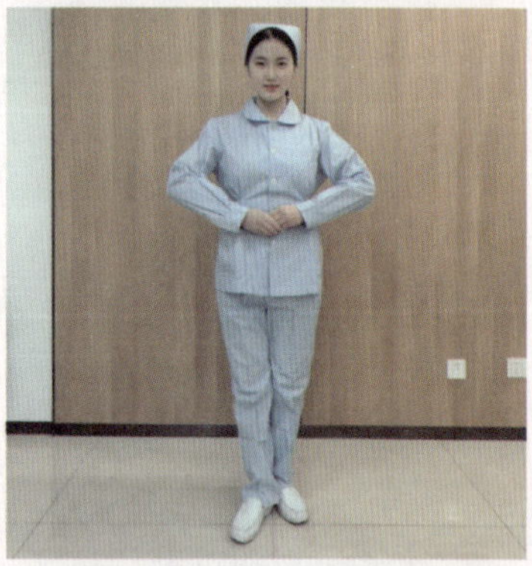
		用物准备：轮椅、两个软枕、一条小毛毯、水杯、纸巾。检查轮椅性能完好无损，可以使用。注意：当照护员帮助老年人转移时，因照护员的腿要踏入轮椅的空隙处，需要撤掉架腿布，对于能自由移动坐轮椅的老年人，为了使用安全，需要撤掉架腿布。	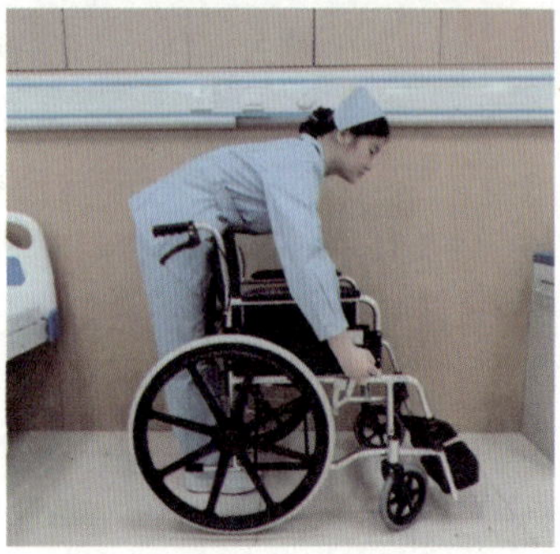

续表

操作时刻	操作程序	操作中的礼仪规范	图片展示
	评估、解释沟通	“奶奶，早上好，我是照护员小李，我先核对一下您的腕带信息好吗？早上医生查房说您的身体情况挺好的，今天天气不错，带您出去遛遛弯可以吗？您用右手跟我握握手可以吗，恢复得很好。”取得配合，“您先休息一下，我帮您准备轮椅。”	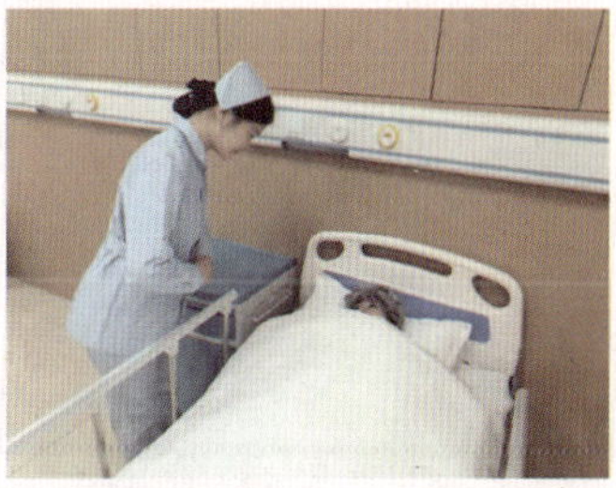
		推轮椅携用物至老年人房间，轮椅与床边呈 30° ～45° 角，固定轮椅。	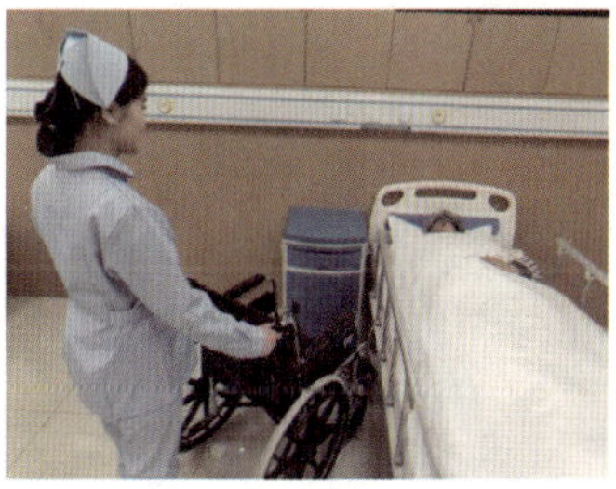
操作中及操作后	床位转移	“奶奶，轮椅已经为您准备好了，您的衣服也已经穿好了，我协助您坐起来好吗？” 方法一：从健侧坐起。 ①准备体位：老年人先采取健侧卧位，即右侧卧位，患侧腿（左腿）与健侧腿（右腿）交叉。 ②支撑起身：老年人用健侧前臂（右臂）支撑体重，头、颈部和躯干向上弯曲。 ③移动患腿：用健侧腿（右腿）将患侧腿（左腿）移到床边。 ④坐起调整：改用健侧手（右手）支撑，伸直肘部，使躯干直立，完成床边坐起动作，并调整坐姿。 方法二：从患侧坐起 ①准备体位：老年人先采取患侧卧位，即左侧卧位。 ②手臂支撑：用健侧手（右手）将患侧手臂（左手臂）放在胸前提供支撑点。 ③腿部移动：头、颈部和躯干向上弯曲，健侧腿（右腿）跨在患侧腿（左腿）上，在健侧腿的帮助下，将双侧腿放在床沿下。 ④坐起并调整：健侧上肢（右臂）跨胸放置，支撑在床面上，老年人坐直并调整姿势。 照护员左手放在老年人右颈肩部，右手放在老年人左髋部。“奶奶，我们慢慢坐起来，您坐稳了，我为您整理一下衣服。”	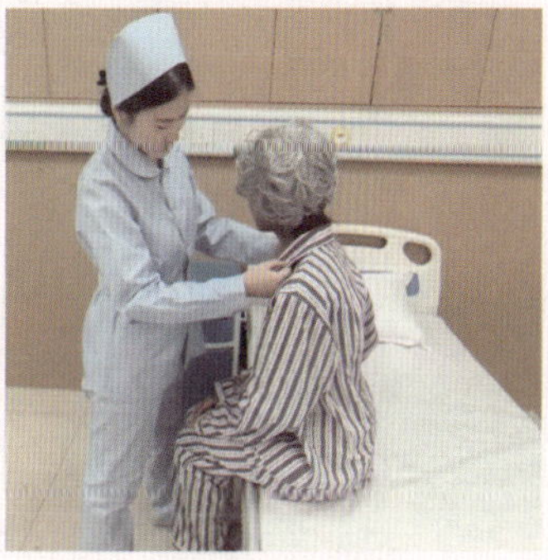

续表

操作时刻	操作程序	操作中的礼仪规范	图片展示
操作中及操作后	轮椅转移	协助老年人站立、转移。“奶奶，请您双手交叉环抱住我的颈肩部，我的膝盖抵住您的膝盖，身体向前靠，我环抱着您的腰部，我们慢慢站起来，您放心，我会保护好您的。”	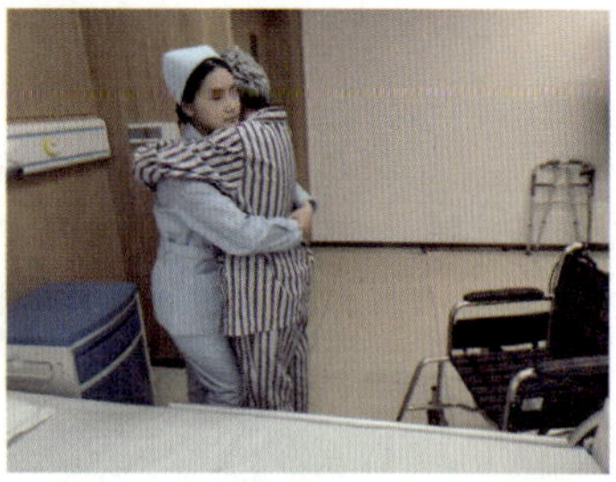
		“奶奶，您要站稳，我们再慢慢向轮椅方向移动，然后慢慢地坐在轮椅上。”	
		“奶奶，我协助您调整一下坐姿，要坐稳了，为您后背垫一个小软枕，系好安全带，脚要放于脚踏板上。最近天气变凉了，我为您准备好一条小毛毯，以免着凉。还为您准备了一个软枕放在胸腹前，双手放在软枕上会更舒适些。”	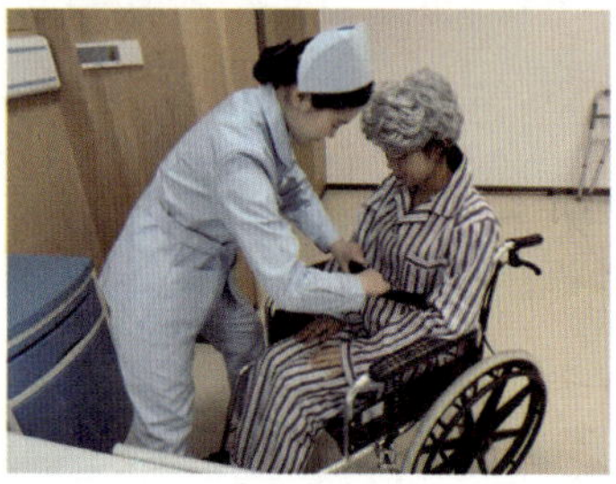
		“奶奶，请您坐稳，我们现在要出门了。奶奶，您放心，我还为您准备了水杯与纸巾，如果有需要您一定要及时和我说。”	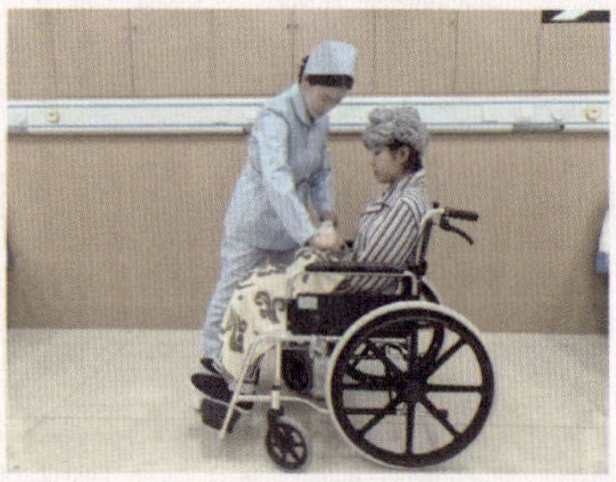
	转运	上坡：“奶奶，我们即将上坡，请您身体向后靠，扶好扶手，请您不要紧张害怕。”	
		下坡：“我们将要下坡，采用倒退下坡，请您扶好扶手，我们慢慢下坡。如果您感觉不舒服，请及时告诉我。”	

续表

操作时刻	操作程序	操作中的礼仪规范	图片展示
操作中及操作后	转运	进电梯："奶奶，我们要进电梯了，请您扶好扶手，采用倒退进电梯。"	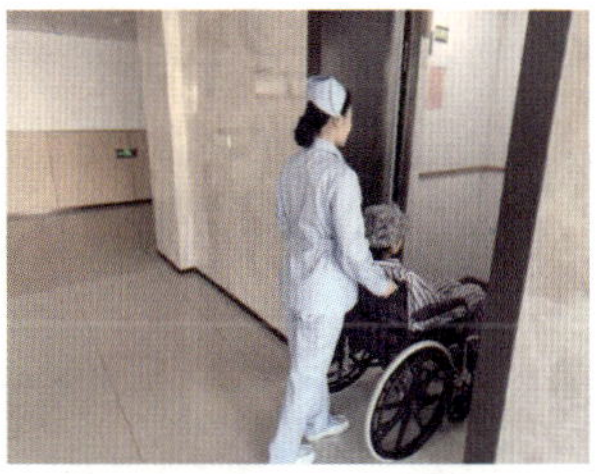
		出电梯"请您扶好扶手，我们要出电梯了，为了安全起见，采用倒退出电梯。"	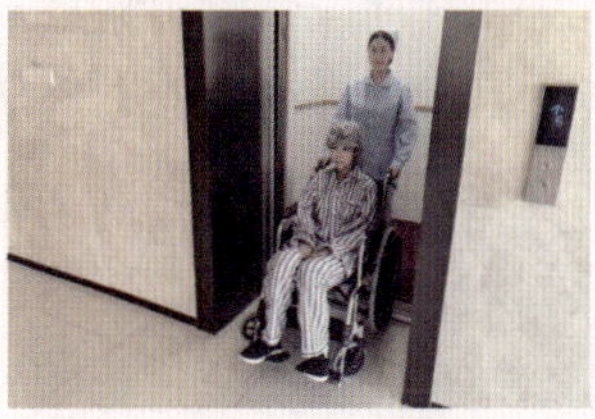
	结束询问	"奶奶，我们出来半小时了，要不我们回房休息吧。今天您出去玩开心吗？坐轮椅感觉怎么样呢？以后天气好的时候再带您出去遛弯，您看可以吗。您先休息一会儿吧。"	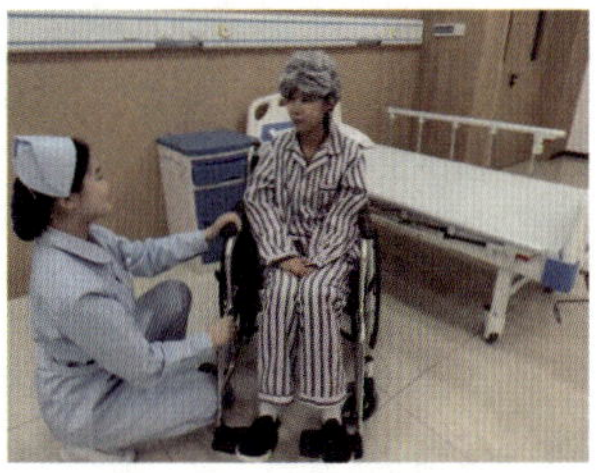

知识延伸

1. 日常生活照料服务的注意事项

（1）"七知道"：知道每位照护对象的姓名、个人生活照料内容、照料重点、个人爱好、所患疾病情况、家庭情况和心理情况。

（2）"六洁"：皮肤、口腔、头发、手足、指（趾）甲、阴部清洁。

（3）"五关心"：关心老年人的饮食、卫生、安全、睡眠、排泄。

（4）"四无"：无压疮、无坠床、无烫伤、无跌伤。

（5）"照料操作前中后"：操作前准备充分，表情自如，动作轻稳，解释到位，沟通有效；操作中态度和蔼，关怀体贴，保护隐私，个性化护理；操作后嘱咐安慰，关怀鼓励，尊重老年人，深表谢意。

2. 日常生活照料服务的心理关怀

（1）真挚：用坦诚的态度与对方交往，让对方感受到你的真诚与友好。

（2）接纳：服务对象大部分缺乏安全感，希望得到别人的关怀和接纳，需以爱心去体谅和接纳他们。

（3）尊重：服务对象常感无用，容易产生自卑感，应给予尊重和支持，增强其自爱和自尊心。

（4）主动：服务对象大多被动，缺乏自信心，对人有戒心。应主动接触他们，给予关心。

（5）耐心：服务对象会有一些不愉快的生活体验和情绪要表达和发泄，需要耐心聆听并及时处理。

（6）个体性：每个服务对象都是独立个体，有不同的特质和需要，除基本态度和技巧之外，还需要顺应情况，做出合宜的行为和回应。

2. 精神慰藉

（1）尊重与理解：在提供服务时，应始终尊重老年人的人格尊严，不嘲笑、不指责，同时严格保护其个人隐私，不泄露个人信息。根据老年人需求与其交谈，及时掌握其心理变化，耐心倾听其诉说，给予积极地回应和关注。

（2）沟通与陪伴：使用恰当的称谓，以老年人感兴趣的话题为切入点，引导其倾诉，同时做好谈话记录。在交流过程中，应保持态度诚恳，语速适中，避免使用复杂或专业的术语，确保老年人能够理解。根据老年人的起居习惯和兴趣爱好，合理安排陪伴时间，开展适宜的陪伴活动，如读书读报、观看视频节目、散步健身等，让老年人感受到温暖与关怀。

（3）心理健康管理：定期对老年人进行心理评估，及时发现并解决心理问题。对于存在心理困扰的老年人，应提供专业的心理辅导或转介至专业机构进行处理。

（4）专业与敬业：必要时可转介服务，由具有资质的组织提供专业的服务。

3. 助医服务

（1）陪诊准备：提前了解老年人的病情和就医需求，协助其准备好病历、医保卡等相关材料。根据医院要求，合理安排就医时间，避免老年人长时间等待。

（2）就医陪同：在就医过程中，服务人员应全程陪同，确保老年人的安全。协助老年人与医生沟通，准确传达病情和就医需求。

（3）检查与治疗协助：在进行各项检查时，服务人员应协助老年人完成检查前的准备工作，如更换检查服、摆放体位等。在治疗过程中，服务人员应关注老年人的身体状况，及时与医护人员沟通，确保治疗顺利进行。

（4）药物管理：协助老年人取药，并仔细核对药物名称、剂量和用法。向老年人说明药物的作用和不良反应，提醒其按时服药。

（二）社区活动组织礼仪

1. 活动前准备

（1）通知与邀请：通过社区固定的宣传栏或老年人及其家属常用的微信群、QQ 群、公众号等平台发布活动信息（时间、地点、内容），动员老年人积极参加。避免仅用微信或网络通知，确保信息简洁清晰，字号放大。

（2）场地布置：确保场地安全（防滑、无障碍通道）、光线充足，座椅舒适且摆放整齐。提供靠垫、扶手椅；预留轮椅、拐杖停放区。

（3）物资准备：准备急救包、温水、老花镜、放大版活动手册等老年人常用物品。避免提供刺激性饮品（如浓茶、咖啡）；食物需软烂易咀嚼。

2. 活动中礼仪

（1）迎接和引导：

1）迎接：

面带微笑：放松面部肌肉，嘴角微微上扬，嘴唇变成弧形。

迎接用语："您好""欢迎您""请进""您请坐"。

称呼用语："爷爷""奶奶""叔叔""阿姨"，可加上尊称，如"您"或"您老"。

介绍用语："您好，我是某某某"。

鞠躬：迎接老年人时不需要深鞠躬，也不需要三鞠躬。行礼时，立正站好，保持身体端正，面向老年人，以腰部为轴，整个肩部向前倾 15°以上，45° ~ 60°比较合适。注意要与被行礼的老年人保持两三步远的距离，以免碰到对方。同时可以说"您好""欢迎"之类的问候语。

握手：上身稍前倾，面带微笑，右手伸向对方，与对方掌心相握，眼睛平视对方，热情友好，专注自然。老年人到来和离开的时候，都可以和老年人握手以表示欢迎和告别。注意在老年人到来的时候主动伸手，表示对老年人参与活动的热烈欢迎。活动结束时，一般不主动伸手和老年人握手，否则，会让老年人觉得你过于急切地想结束本次活动。迎接老年人时，若和多位老年人握手，注意不要顾此失彼，顺序上可以根据自己位置的远近，由近及远，不要跳跃。如果人太多，可以点头致意表示欢迎。

2）引导：

距离：人多的时候，要注意相互礼让，距离适当。人不多的时候，根据和服务对象的接触时间和熟悉程度选择相应的接触距离。多次接触的服务对象，接触距离可以保持在个人区域的 0.5 ~ 1.5 米；出于照顾的需要和安全的考虑，可以将接触距离缩小到 0.5 米之内的密切区域。

手势：表示指引的手势一般有五种，即直臂式、横摆式、双臂横摆式、曲臂式和斜臂式。要规避不恰当、不礼貌的手势，注意在任何情况下，不要用拇指指着自己或用食指指点他人。切忌手势语太大，高不过耳，低不过腰，80 厘米为最宽。

（2）人员安排：

1）签到登记：准备好活动的签到登记表，指导老年人在相应位置填上自己的姓名、联系方式和家庭住址等信息，供老年服务从业人员记录参与人次以及日后开展活动时通知和联络。

2）座位安排：根据活动的内容和形式，将座位安排成主席式、圆桌式、环绕式、散座式等。将年纪大的老年人和行动不便的老年人安排在不易被打扰的位置。若有老年人特别告知有频繁上厕所的需要，安排座位时将其安排在方便出入的位置。

3）接待等候的老年人：在活动正式开始前，为了防止老年人觉得无聊，也要给予一定的关照。

征询用语："我能为您做什么吗？""您有什么需要我为您服务的吗？"

歉意用语："抱歉""让您久等了""打扰了"。

安排茶水：考虑到老年人的不同身体状况，比较稳妥的做法是准备温度适宜的白开水，如果是开水，一定要叮嘱老年人注意安全以防烫伤。将水杯双手递到对方手中。

（3）开展活动：

1）营造氛围：对于初次参加或不常参加活动的老年人，为了防止他们过于拘谨造成活动参与度不高，可以通过破冰小游戏消除他们的陌生感，拉近他们的距离。

2）推进协调：

说服老年人配合工作时：“我们这样做也是为您的安全着想，麻烦您支持我们的工作。”

老年人愿意配合工作时：“感谢您的理解和支持，我们会更加努力，争取把服务做更好。”

与老年人产生分歧时：“确实抱歉，您这个要求我们确实没有办法达到，您的心情我也能理解，但是确实没有办法，您的意见我会记录下来的。”

3）现场控制：由于活动现场参与人数多，事务繁杂，活动前期准备不足造成的现场物品的缺漏，活动现场分工不明确导致现场混乱，以及对现场突发事件的处理缺乏一定的准备和技巧，都可能导致现场活动不能顺利开展。老年服务从业人员要有充分的准备和预案，分工明确。准备好急救药箱，防患于未然。

3. 活动后礼仪

（1）送别礼仪：叮嘱老年人慢走，协助老年人整理物品，送至安全区域（如楼梯口、电梯）。

（2）反馈收集：通过口头或简单问卷收集意见，重点关注活动舒适度与改进建议。

（三）医疗保健服务礼仪

1. 服务前准备

（1）环境布置：确保诊疗区域干净整洁、光线柔和，座椅稳固舒适，配备无障碍设施（扶手、坡道等）。避免强光直射或噪声干扰；检查地面防滑，急救设备（AED、氧气瓶）备齐。

（2）沟通技巧：提前通过电话或纸质通知告知服务内容、时间及需携带物品（病历、药品等）。避免使用短信或复杂电子通知；语言简洁，重点重复说明。

（3）物资准备：备齐血压计、血糖仪等基础设备，消毒用品、老花镜、放大版健康手册及温水。设备需提前校准；药品标签字体放大，避免误服。

2. 服务中礼仪

（1）称呼与态度：使用尊称（如“张阿姨”“李叔叔”），态度温和，保持微笑和眼神交流。避免直呼姓名或使用“老人家”等笼统称呼；不因重复询问表现不耐烦。

（2）沟通技巧：语速放缓，用简单易懂的语言解释检查步骤或用药说明；多使用肢体语言辅助。避免专业术语（如“皮下注射”改为“打小针”）；对听力障碍者贴近耳侧清晰复述。

（3）隐私保护：诊疗时拉帘或屏风遮挡；健康信息仅限必要人员知晓，不公开讨论病情。避免在公共区域询问病史或家庭状况；资料记录后及时收纳。

3. 医疗操作礼仪

（1）检查与治疗：操作前说明流程（如“接下来要量血压，袖子卷起来会有点紧”），动作轻柔。避免突然触碰老年人身体；冬季提前捂热听诊器等器械。

（2）用药指导：详细说明药物用法（时间、剂量），用大字标注或图画辅助记忆。避免使用“饭前”等模糊表述，改为“早饭前 30 分钟”；提醒禁忌食物。

（3）情绪安抚：对紧张的老年人耐心鼓励（如“放松，很快就好了”），治疗中询问感受。抽血、注射时可通过聊天转移注意力；不夸大病情严重性。

4. 服务后礼仪

（1）送别与叮嘱：搀扶老年人起身，口头重复注意事项（如“药每天吃 1 次，饭后服用”）。重要事项需提供纸质备忘单；对独居老年人联系家属二次告知。

（2）反馈收集：主动询问服务满意度，重点了解操作舒适度、沟通清晰度等。避免复杂问卷；采用“是 / 否”或表情符号简化回答形式。

5. 特殊情况处理

（1）突发急症：立即启动急救流程，疏散人群保持通风，联系家属并拨打 120，专人记录事件经过。禁止非专业人员擅自用药；急救时避免移动疑似骨折患者。

（2）抵触情绪：对拒绝检查的老年人，耐心解释必要性，不强行操作；必要时联系家属共同沟通。尊重老年人自主权，签署知情同意书前确保充分理解。

（3）认知障碍关怀：对失智老年人使用固定称呼，配合家属用熟悉物品（照片、音乐）安抚情绪。避免纠正其错误记忆；操作时保持动作稳定，减少环境刺激。

拓展阅读

格西王姆：高原上的“养老女儿”，守望幸福夕阳红

在海拔近 3 000 米的川西北高原马尔康市老年养护院，90 后藏族姑娘格西王姆用 16 年的坚守，为 61 位老人点亮了温暖的“夕阳红”。从一名普通护工成长为全国人大代表，她以爱心、耐心和责任心，成为老人们心中“像女儿又像妈妈”的贴心人。

6 岁时因泥石流失去双亲的格西王姆，在党和政府的关怀下长大，回报社会的信念深植于心。她熟悉每位老人的健康状况和生活习惯：拉着骨病缠身的泽郎斯基晒太阳，为听力衰退的老年人俯身倾听“摆龙门阵”，带着全院跳经络操，为老年人涂指甲油……在她看来，“心理陪伴与物质照料同样重要”。老人们视她如亲女，甚至在她赴京参会时打来电话：“北京缺钱吗？我这里有！”

履职全国人大代表期间，她积极推动养老护理员培训、护工待遇提升，促成养护院与藏医院联合开设门诊，并吸引“00 后”新鲜血液加入。2024 年全国两会“代表通道”上，她动情地说：“他们像我的父母，又像我的孩子。”

从泥石流中重生的孤儿，到高原养老事业的“守望者”，格西王姆用“守”诠释坚守，用“望”托举期望。她的故事，正是新时代青年扎根基层、践行使命的生动注脚。

任务实施

运用社区日常生活服务礼仪规范与张教授建立信任关系。

1. 准备工作

在服务开始前，照护员小王需要做好充分的准备工作。这是建立信任的第一步，也是给老年

人留下良好印象的关键。

（1）了解基本情况：小王需要提前了解张教授的身体状况、生活习惯和性格特点以及最近情绪波动的原因。同时，张教授有高血压史，小王需特别关注他的身体状况。

（2）准备物品：小王应检查并准备好所需物品，如被褥、枕头等。还可以根据张教授的特殊情况，准备一些书籍或书法工具，以备他感兴趣时使用。

（3）照护员准备：照护员须衣帽整洁，无长指甲，穿着干净。一个人的外貌是与老年人建立良好关系最重要的一步。

2. 协助老年人进行休息

（1）敲门问候：小王到达病室门口，轻轻地敲房门力度适中，语气温和地自报家门："爷爷您好，我是社区康养中心的照护员小王，请问我可以进来吗？""我先核对一下您的腕带信息好吗？现在已经是晚上九点多了，我们该上床休息了，早睡早起对身体好。可以吗？"取得张教授的同意。

（2）睡前准备工作：小王用温和的语气对张教授说："爷爷，我帮您调节好最舒适的温湿度了，舒适的环境有助于您入睡。您需要去卫生间方便吗？还有其他的需要吗？我去帮您把窗帘拉上，并帮您把床铺整理好，请您稍等。"关闭门窗，拉好窗帘同时保护老年人隐私。操作过程中要体现对老年人的关心和爱护。

（3）协助老年人睡眠：小王需协助张教授坐在床边，帮他把鞋脱了，协助上床，动作应温柔，在移动老年人的过程中避免拖、拉、拽，避免伤害老年人的皮肤。移动过程中密切观察老年人的身体以及情绪变化，告知老年人感到不舒服请及时告诉我。整个过程要做到真正地关爱老年人，让人文关怀落实到操作的整个环节。

（4）沟通礼仪：小王与张教授沟通时，应保持语速适中，音量以老年人能听清为宜。耐心倾听张教授的诉求，适时点头回应，并用温暖的语言表达关心。

（5）服务结束：服务结束后，小王应仔细整理好物品，确保环境整洁。轻步退出房间；轻手关门。

3. 总结与反思

通过以上步骤，小王可以逐步与张教授建立信任关系。在实际服务中，照护员需要做到以下几点。

（1）真挚诚恳：用坦诚的态度与对方交往，让对方感受到你的真诚与友好。

（2）尊重选择：应给予老年人尊重和支持，增强其自爱和自尊心。

（3）主动关心：服务对象大多被动，缺乏自信心，对人有戒心。应主动接触他们，给予关心。

（4）灵活调整：每个服务对象都是独立个体，有不同的特质和需要，除基本态度和技巧之外，还需要顺应情况，做出合宜的行为和回应。

任务评价

从模拟照护老人过程中的参与表现，对社区服务礼仪的掌握程度，模拟场景实操应对，以及总结反思深度等维度进行评价，重点考核对社区服务礼仪的实际运用（表 4–4）。

表 4-4　任务评分标准（满分 100 分）

评分项目	评分标准
参与度（20 分）	16 ～ 20 分：全程保持高度参与，主动观察并满足老年人需求，主动提供超出基础服务的关怀，服务过程中展现出真诚的关怀和积极的态度。 10 ～ 15 分：能完成基本服务流程，但主动互动较少，需要老年人主动提出需求，服务热情度一般。 0 ～ 9 分：服务过程被动，缺乏主动沟通和观察，对老年人的反馈无反应，参与意愿低。
社区服务流程掌握（40 分）	32 ～ 40 分：准备工作充分，全面了解老年人的身体、生活、性格及情绪情况，备齐所需物品且贴合其特殊需求，自身衣帽整洁；服务中敲门问候、睡前准备、协助睡眠、沟通及结束整理等环节无疏漏，完全符合礼仪规范。 20 ～ 31 分：基本掌握流程，核心环节无明显错误，但细节有偏差。 0 ～ 19 分：流程执行混乱，多个环节不符合规范。
模拟场景表现（30 分）	24 ～ 30 分：能根据老年人实际情况灵活调整服务方式，服务后让老年人感受到真诚关怀，全程保持专业、细致的服务态度。 15 ～ 23 分：能完成模拟服务，但应对突发情况较生硬，人文关怀有体现，但不够深入。 0 ～ 14 分：模拟场景中礼仪执行生硬，无法理解老年人的潜在需求，服务过程中表现出不专业或敷衍的态度。
总结反思能力（10 分）	8 ～ 10 分：总结全面深入，能准确分析服务中的优缺点，提出具体改进方案 5 ～ 7 分：能总结大致服务流程，指出部分问题，但改进措施模糊缺乏针对性。 0 ～ 4 分：总结流于形式，缺乏实质性内容。

【练习题】

扫码查看参考答案。

A1 型题

1. 照护员首次入户拜访独居老年人时，正确的礼仪是（　　）。

A. 直接推门进入检查环境

B. 大声敲门后立即自我介绍

C. 轻敲三下门并温和问候：“您好，我是社区照护员小王。”

D. 通过窗户观察老年人状态再决定是否进入

E. 连续按门铃直至老年人开门

2. 协助老年人进食时，以下哪项行为不符合礼仪规范？（　　）

A. 询问老年人对食物温度的偏好

B. 用纸巾轻拭老年人嘴角残留食物

C. 催促老年人加快进食速度

D. 将餐具摆放在老年人易取用的位置

E. 用自己的筷子喂老年人

3. 面对听力障碍老年人，服务人员应优先采取哪种沟通方式？（　　）

A. 贴近老年人耳旁高声喊话

B. 使用写字板或手势辅助交流

C. 让家属代为传达所有信息

D. 减少沟通以节省时间

E. 用夸张口型缓慢重复话语

4. 以下哪项属于老年社区服务礼仪中的禁忌行为？（　　）

A. 当众整理老年人的衣物

B. 搀扶时以手臂支撑老年人肘部

C. 为坐轮椅老年人蹲下对话

D. 离开时轻关房门

E. 未经允许翻看老年人私人物品

5. 老年人赠送自制食品表达感谢时，服务人员应（　　）。

A. 立即接受并当面食用

B. 委婉拒绝："我们有规定不能收。"

C. 转赠给其他老年人分享

D. 带回家避免老年人尴尬

E. 收下后转交上级处理

A2 型题

1. 一位老年人因尿失禁弄脏衣物，情绪激动哭泣。服务人员应如何回应？（　　）

A. 安慰："这是正常现象，别难过了。"

B. 当众快速清理并更换衣物

C. 带至单独房间处理，轻声说："我帮您换干净衣服，好吗？"

D. 立即联系家属要求接回

E. 说别哭了，我马上处理完就走

2. 老年人坚持用方言沟通，服务人员听不懂，恰当的做法是（　　）。

A. 假装听懂并随意回应

B. 请家属实时翻译

C. 用普通话缓慢重复："奶奶，我慢慢说，您也慢慢讲。"

D. 推荐使用手机翻译软件

E. 用手势比画并微笑点头

3. 集体活动中，一位老年人反复打断他人发言，服务人员应（　　）。

A. 严肃批评其行为

B. 引导至休息室单独安抚

C. 提高音量压制老年人声音

D. 微笑递上茶水并轻拍手背示意倾听

E. 暂停活动并让老年人开始发言

4. 老年人因记忆混淆指责服务人员偷窃物品，恰当回应是（　　）。

A. 当众自证清白并检查随身物品

B. 安抚情绪并协助共同寻找

C. 要求家属到场处理纠纷

D. 记录投诉并报告上级

E. 反驳您记错了，我根本没拿

案例分析题

李爷爷，退休教授，70岁，居住在幸福社区。照护员小张在帮李爷爷洗澡时，感叹："您身上这味儿可真大，多久没洗澡了？"李爷爷愤怒投诉，家属要求道歉。

［问题］：

1. 指出小张违反的2项礼仪规范。

2. 列出3句替代性表达以缓解尴尬。

3. 如何重建老年人信任？

任务三　养老机构服务照护规范

扫码获取
数字资源

案例导入

早晨7点，阳光洒进某养老机构老年人的房间。新入职的照护员小林拿着血压计匆匆推门而入："李奶奶，量血压了！"床上的老年人被突然的声响惊醒，慌乱中碰倒了床头柜的水杯。小林见状直接掀开老年人的被子，抓住她颤抖的手臂开始操作仪器。李奶奶皱眉缩了缩身子："小姑娘，我还没穿外套……"

同一时间，隔壁房间传来轻柔的叩门声。资深照护员张敏在门外等待五秒后轻声问道："王爷爷，您醒了吗？现在是晨间护理时间。"得到回应后，她将轮椅调整到老年人习惯的45°斜角，弯腰时自然地用左手护住老年人后腰，右手托住臂弯："您慢慢来，我们先披上您最喜欢的藏青色开衫好吗？"老年人笑着指了指窗边的老花镜，张敏会意地取来帮他架在耳后。

任务描述

请结合养老机构服务照护规范分析两位照护员的服务过程，哪些细节体现了照护礼仪的差异？

知识殿堂

扫码查看课件。

机构养老是指老年人通过入住专业养老机构，获得持续性、系统化生活照料与健康管理的社会化养老模式。其核心是由专业团队依托规范化设施，为长者提供涵盖日常生活协助、医疗护理、康复保健、精神慰藉等综合服务，以弥补家庭养老资源不足的问题，满足高龄、失能或特殊需求老年群体的照料要求。

一、机构养老服务的主要工作

机构养老服务的工作主要围绕老年人的日常生活需求、健康护理、心理关怀和社会交往等方面展开，具体包括以下几个方面。

1. 生活照料

（1）饮食服务：提供营养均衡、符合老年人口味和健康需求的餐饮服务，包括定时定量供餐、特殊饮食需求的定制等。

（2）起居护理：协助老年人完成日常起居活动，如穿衣、洗漱、如厕、洗澡等，确保其生活自理能力得到支持。

（3）清洁服务：保持老年人居住环境和个人卫生的清洁，定期打扫房间、更换床上用品、协助老年人进行个人卫生护理等。

2. 医疗保健

（1）基础医疗护理：提供日常健康监测，如测量体温、血压、血糖等，协助老年人按时服药，处理常见疾病和突发状况。

（2）康复护理：针对失能或半失能老年人，提供康复训练服务，帮助其恢复或维持身体功能，提高生活自理能力。

（3）健康管理：建立老年人健康档案，定期组织体检，根据健康状况制定个性化的护理计划。

3. 心理关怀

（1）情感支持：关注老年人的心理状态，通过日常交流、陪伴等方式，缓解其孤独感和焦虑情绪。

（2）文化娱乐活动：组织丰富多样的文化娱乐活动，如唱歌、跳舞、书法、手工制作等，丰富老年人的精神生活。

（3）心理疏导：针对情绪低落或心理问题严重的老年人，提供专业的心理疏导服务，必要时协助其寻求心理医生的帮助。

4. 社会交往

（1）社交活动组织：定期组织老年人参加集体活动，如节日庆祝、生日会、户外郊游等，促进老年人之间的交流与互动。

（2）志愿者服务：引入志愿者团队，为老年人提供陪伴、服务和交流机会，拓宽他们的社交圈子。

（3）家属沟通：定期与老年人家属沟通，反馈老年人的生活和健康状况，促进家庭与机构之间的互动与合作。

5. 安全管理

（1）环境安全：确保养老机构的设施安全，如无障碍通道、防滑地面、紧急呼叫系统等，预防意外事故的发生。

（2）健康安全：严格遵守卫生和食品安全标准，防止传染病的传播和食品安全事故。

（3）应急处理：制订应急预案，对突发疾病、自然灾害等紧急情况进行快速响应和妥善处理，保障老年人的生命安全。

二、机构养老服务的职业道德与法律意识

（一）职业道德

机构养老服务的职业道德是保障老年人权益、提升服务质量的重要基础。根据《养老服务行业职业道德准则（试行）》和相关规范，养老服务人员应遵守以下职业道德要求。

1. 爱国守法

热爱祖国，遵守国家法律法规和机构规章制度，依法从业。

2. 尊老敬老

尊重老年人的尊严和权利，提供个性化服务，保护其隐私。

3. 诚实守信

诚信为本，杜绝虚假欺诈行为，树立良好的服务形象。

4. 敬业奉献

热爱本职工作，勤勉尽责，全心全意为老年人服务。

5. 廉洁自律

不接受老年人及其家属的馈赠，不谋取不当利益。

6. 团结协作

与同事互敬互让，通力合作，共同提升服务质量。

（二）法律意识

养老机构服务人员作为直接服务老年人的群体，其法律意识的强弱直接影响到老年人的权益保障和服务质量。

1. 保障老年人合法权益

照护员需严格遵守《中华人民共和国老年人权益保障法》，尊重老年人的人格尊严，保护其人身权、财产权、隐私权等合法权益。

2. 遵守服务协议与规范

照护员需严格按照协议约定提供服务，包括生活照料、康复护理、精神慰藉等。同时，应熟悉并遵守机构的服务标准和工作流程。

3. 安全与应急管理

照护员须具备安全意识，严格遵守消防安全、食品安全、医疗卫生等法律法规。照护员应具备应对突发事件的能力，掌握急救技能。

4. 职业资格与培训

照护员应具备相应的职业资格，定期参加职业道德教育和业务培训。

5. 法律风险防范

照护员需了解常见的法律风险点，如老年人意外伤害、医疗纠纷等，并掌握防范措施。

6. 信息保护与隐私

照护员在工作中需严格保护老年人的个人信息和隐私，不得泄露或滥用其个人信息。

7. 依法处理纠纷

在工作中遇到纠纷时，照护员应依法依规处理，不得采取过激行为。

三、机构养老服务工作中的接待服务礼仪

（一）接待准备

1. 环境准备

（1）接待区域：保持接待区域整洁、舒适，光线明亮，温度适宜（18 ~ 22 ℃），无噪声干扰。

（2）物品准备：准备好老年人基本信息表、入住申请单、健康评估表、风险告知书等文件，以及体温计、血压计、老花镜、温开水、一次性水杯、纸巾等。

（3）宣传资料：备有养老机构或医院的宣传手册，介绍机构环境、服务内容、收费标准、入住流程等。

2. 人员准备

（1）仪容仪表：接待人员需着装得体、整洁，仪容端庄，精神饱满，佩戴工作牌。

（2）语言与态度：保持微笑，态度热情、耐心、细致，语言文明、语气温和、礼貌文雅。

（3）专业知识：熟悉机构或医院的环境、设施、服务内容及入院流程，能够准确解答老年人及家属的咨询。

（二）接待流程及礼仪

1. 迎接与问候

（1）主动迎接：当老年人及其家属到达时，主动上前迎接，面带微笑，热情问候，如“您好，欢迎光临安馨颐养院，我是接待员 ××，请问有什么可以帮到您？”

（2）引导就座：礼貌地引导老年人及其家属到接待区就座，为老年人提供舒适的座椅，必要时主动搀扶。

（3）递水服务：为老年人及其家属递上温开水，双手递送，并说：“请喝水，慢慢说。”

2. 咨询与解答

（1）倾听需求：认真倾听老年人及其家属的需求和问题，保持目光接触，不打断对方，表现

出专注和关心。

（2）详细解答：针对老年人及其家属的咨询，耐心、细致地解答，内容包括养老机构的基本情况、服务内容、收费标准、入住条件、所需证件（如身份证、体检报告等）、生活用品准备；入住流程、作息时间、探望要求等。

（3）避免专业术语：尽量使用通俗易懂的语言，避免使用过多的专业术语，确保老年人及其家属能够理解。

3. 信息登记与评估

（1）协助登记：帮助老年人及其家属填写入住申请表，内容包括老年人的基本信息、家庭成员情况、健康状况、既往病史等。

（2）健康评估：引导老年人进行健康评估，评估内容包括身体机能、生活自理能力等，评估过程应温馨、耐心。

（3）信息核对：仔细核对填写的信息，确保准确无误，并录入电脑系统。

4. 签订协议

向家属详细介绍入住协议书、风险告知书等内容，确保家属充分理解并同意；在确认家属理解后，协助家属签订相关协议；引导家属到收费窗口缴纳相关费用，告知缴费流程及注意事项。

5. 入住引导与安置

（1）物品准备：根据老年人的需求，提前准备好房间及生活用品，确保房间整洁、舒适。

（2）引导入住：由接待员护送老年人进入房间，详细介绍房间设施、物品使用方法，并办理物品清单签收。

（3）介绍环境：向老年人及其家属介绍楼层服务员、同房老年人，帮助老年人建立良好的人际关系。

（4）了解需求：与家属沟通老年人的生活习惯、性格、爱好等，为后续服务提供参考。

四、机构养老服务工作中的生活照护礼仪

（一）身体清洁和环境卫生照护礼仪

1. 身体的清洁

（1）尊重隐私：在进行身体清洁前，需先与老年人沟通，告知清洁的目的和过程，确保老年人知情并同意。尊重老年人的个人隐私，避免在公共场合或他人面前暴露老年人的身体。如需在房间内进行清洁，应拉上窗帘或关闭房门，确保私密性。对于无法自理的老年人，清洁过程中需用毛巾或浴巾遮挡身体，仅暴露正在清洁的部位，避免不必要的身体暴露。

（2）温和沟通：用温和、亲切的语言与老年人交流，避免使用命令式或生硬的语气。例如，可以说“奶奶，现在我帮您洗洗脚，会很舒服的”，而不是“该洗脚了”。在清洁过程中，注意观察老年人的表情和反应，若老年人表现出不适或抗拒，应立即暂停并询问原因，根据老年人的意愿调整清洁方式或暂停清洁。

（3）轻柔操作：清洁动作要轻柔，避免用力过猛导致老年人皮肤受损。例如，为老年人洗脸时，用柔软的毛巾轻轻擦拭，避免用力搓揉；为老年人洗头时，动作要轻柔，避免抓伤头皮。对于身体虚弱或有皮肤问题的老年人，需特别小心，使用温和无刺激的清洁用品，避免使用含有酒

精或香精的产品，以免引起皮肤过敏或干燥。

（4）注意保暖：清洁过程中要注意保持室内温度适宜，避免老年人受凉。如在冬季为老年人洗头或洗澡时，可提前将房间温度调高，并准备好保暖的毛巾和衣物。清洁完成后，及时为老年人擦干身体，穿上干净、保暖的衣物，避免老年人着凉感冒。

（5）个性化服务：尊重老年人的个人习惯和偏好，如有的老年人习惯使用某种品牌的洗发水或沐浴露，应尽量满足其需求。对于有特殊需求的老年人，如长期卧床的老年人，需定期为其进行全身清洁，包括背部、臀部等不易清洁的部位，防止皮肤压疮的发生。

2. 环境的清洁

（1）尊重老年人的作息和习惯：在进入老年人房间进行清洁前，需先敲门并告知老年人："您好，我是××，现在方便进来打扫房间吗？"得到老年人允许后方可进入。注意老年人的作息时间，避免在老年人休息或用餐时进行清洁工作，以免打扰老年人。如果老年人正在房间内活动，需提前告知清洁计划，例如："奶奶，我一会儿会进来打扫房间，您先坐一会儿，我尽量轻一点，不打扰您。"

（2）保持安静与轻柔操作：清洁过程中尽量保持安静，避免大声喧哗或使用高噪音的清洁工具。如需使用吸尘器等设备，应选择低噪音模式，并在老年人休息时间外进行操作。动作轻柔，避免用力拖动家具或物品，以免发出刺耳的声响，影响老年人的情绪和休息。

（3）注重隐私保护：在清洁老年人房间时，注意保护老年人的个人隐私，避免触碰老年人的私人物品，如信件、照片、日记等。如需移动物品，需提前告知老年人并征得其同意。对于老年人的个人空间，如衣柜、抽屉等，除非老年人主动要求帮忙整理，否则不要随意翻动。

（4）营造温馨舒适的环境：清洁过程中，注意保持房间的整洁和美观，物品摆放整齐，床铺整理平整，窗帘和窗户清洁明亮。定期通风换气，保持室内空气清新，避免异味。可根据老年人的喜好，适当摆放一些绿植或香薰，营造温馨舒适的氛围。清洁完成后，检查房间的整体环境，确保没有遗漏的角落，并向老年人确认是否满意，如"奶奶，房间已经打扫好了，您看看还有什么需要我帮忙的吗？"

（5）公共区域的清洁礼仪：在清洁公共区域（如走廊、活动室、餐厅等）时，注意避开老年人活动高峰期，避免影响老年人的正常活动。使用清洁工具时，注意避让老年人，避免与老年人发生碰撞。例如，在拖地时，可提前放置"小心地滑"的警示牌，并提醒老年人注意脚下安全。定期对公共区域进行消毒，保持环境的卫生和安全，但需注意消毒剂的使用浓度和方法，避免对老年人造成刺激或不适。

（6）垃圾处理与分类：及时清理房间内的垃圾，避免垃圾堆积产生异味。在清理垃圾时，注意分类处理，如可回收物、厨余垃圾、有害垃圾等，符合环保要求。对于老年人房间内的垃圾，需注意隐私保护，避免翻看垃圾内容。清理完成后，将垃圾袋扎紧并带出房间，确保房间内无异味。

课堂讨论

在为老年人提供身体清洁和环境清洁服务时，如何在尊重隐私和满足个性化需求之间找到平衡？

（二）基本生活服务礼仪

1. 饮食照顾

（1）尊重饮食习惯：了解每位老年人的饮食偏好、禁忌和特殊需求，如低盐、低糖、清淡等，尽量满足个性化需求。在提供餐食时，轻声询问老年人是否需要调整食物位置或餐具，如“奶奶，您需要我帮您把盘子挪近一点吗？”尊重老年人的进食速度，避免催促，耐心等待老年人完成进食。

（2）确保进食安全：确保食物温度适中，避免过热或过冷，喂食前先试温度。对于咀嚼或吞咽困难的老年人，将食物切小或制成糊状，避免噎食。喂食时观察吞咽情况，确保完全咽下后再喂下一口。协助老年人采取舒适进食姿势，卧床老年人抬高床头至30° ~ 45°，防止呛咳或误吸。进食中密切关注表情和反应，发现呛咳或呼吸困难，立即停止进食并急救。

2. 排泄照顾

（1）尊重隐私：在协助老年人排泄时，确保环境私密，避免他人进入或围观。使用屏风或窗帘遮挡，为老年人提供独立的空间。对于需要使用尿布或尿壶的老年人，操作时动作轻柔，避免尴尬。

（2）清洁卫生：在协助老年人排便后，及时清理排泄物，保持环境清洁无异味。使用温水为老年人清洁身体，避免使用刺激性清洁用品。定期更换尿布或检查尿袋，确保老年人舒适。

3. 睡眠照顾

（1）尊重作息习惯：了解每位老年人的作息时间，尽量避免打扰其正常睡眠。对于早睡早起的老年人，提前准备床铺，确保房间安静、黑暗。对于夜间易醒的老年人，提供夜灯或助眠设备，减少其不安感。

（2）睡前准备：协助老年人进行睡前准备，如泡脚、更换睡衣等，帮助其放松身心。确保房间温度适宜，通风良好，避免过冷或过热。提供舒适的床上用品，定期更换床单、被罩，保持清洁。

（3）夜间照顾：夜间巡查时，动作轻缓，避免打扰老年人休息。如需检查老年人的睡眠情况，可轻声询问或通过微弱的灯光观察。提供夜间如厕服务时，确保地面干燥、无障碍物，必要时协助老年人使用助行器或轮椅。对于有睡眠障碍的老年人，及时观察并记录情况，必要时联系医护人员。

（三）精神慰藉服务礼仪

1. 情感支持

老年人需要感受到被关心、被尊重和被爱。他们可能因为与子女分离、伴侣离世或身体功能衰退而感到孤独和无助。情感支持是精神慰藉的核心内容。

（1）倾听与陪伴：耐心倾听老年人的倾诉，不打断、不评判，让他们感受到被重视。陪伴是最简单却最有效的支持方式，哪怕只是静静地坐在一旁，也能给予老年人安全感，如“奶奶，您今天想和我说说心里话吗？我一直在这里陪着您。”

（2）尊重与理解：尊重老年人的感受和想法，避免轻视或忽视他们的意见。理解他们的过去经历和情感需求，给予充分的同理心，如“爷爷，我明白您对过去的事情很怀念，能和我分享一下那些美好的回忆吗？”

（3）情感表达：鼓励老年人表达自己的情感，无论是快乐、悲伤还是愤怒，都应给予接纳和支持。帮助他们找到合适的情感宣泄方式，如写日记、绘画或与他人交流。

2. 社交互动

老年人需要与他人保持社交联系，以避免孤独感和社交隔离。社交互动不仅能丰富他们的生活，还能提升心理健康。

（1）组织社交活动：定期组织适合老年人的社交活动，如茶话会、生日会、手工制作、文艺表演等，鼓励他们参与。活动应注重趣味性和互动性，避免过于复杂或竞争性强的项目，如“今天下午我们有个手工活动，大家一起做些小饰品，您感兴趣吗？”

（2）促进同伴交流：鼓励老年人与其他老年人交流，分享生活经验和兴趣爱好。为他们创造交流的机会，如安排共同用餐、组织兴趣小组等，如“隔壁房间的李奶奶也喜欢书法，你们可以一起交流一下。”

（3）家属参与：鼓励家属定期探望，参与养老机构的活动。为家属和老年人提供交流的空间和机会，帮助他们保持紧密的亲情联系，如“明天是家属探望日，可以提前准备一些想和家人分享的事情哦。”

3. 自我价值感

老年人需要感受到自己的价值和意义，尤其是在身体功能衰退后，这种需求更为强烈。

（1）参与决策：在涉及老年人生活的决策中，充分听取他们的意见和建议，让他们参与其中。例如，关于房间布置、活动安排或饮食选择，都可以让他们发表看法，如“我们正在考虑增加一些新的活动，您有什么建议吗？”

（2）发挥特长：鼓励老年人发挥自己的特长和技能，如教书法、唱歌、讲故事等。通过这些活动，让他们感受到自己的价值和被需要，如“爷爷，您书法写得那么好，可以教教其他老年人吗？”

（3）肯定与鼓励：对老年人的每一个小成就给予肯定和鼓励，让他们感受到自己的努力被认可。即使是简单的手工或日常小事，也值得表扬，如“奶奶，您做的手工真漂亮，大家都很喜欢呢！”

4. 文化娱乐

文化娱乐活动是丰富老年人精神生活的重要方式，能够提升他们的生活乐趣和心理满足感。

（1）多样化活动安排：提供多样化的文化娱乐活动，如看电影、听音乐、读书、下棋、健身操等。根据老年人的兴趣和身体状况，灵活调整活动内容，如“今天下午我们安排了电影放映，放一部您喜欢的老电影，您来不来呀？”

（2）个性化服务：尊重老年人的个人兴趣爱好，为他们提供个性化的娱乐选择。例如，为喜欢音乐的老年人提供乐器演奏的机会，为喜欢阅读的老年人提供丰富的书籍，如“我知道您喜欢京剧，我们这里有京剧光盘，您随时可以来听。”

（3）节日庆祝：重视传统节日和特殊日子，组织庆祝活动，让老年人感受到浓厚的文化氛围和节日的温暖，如“下周就是中秋节了，我们准备了月饼和灯笼，大家一起过节。”

5. 心理慰藉

老年人可能会因为身体疾病、孤独或对未来的担忧而产生焦虑、抑郁等情绪。心理慰藉是帮助他们缓解负面情绪的重要方式。

（1）情绪观察与疏导：关注老年人的情绪变化，及时发现异常。对于情绪低落或焦虑的老年人，主动关心并提供心理疏导，必要时联系专业心理医生，如“爷爷，我注意到您最近情绪不太好，是不是有什么烦心事？和我说说，或许我能帮到您。”

（2）积极心态引导：鼓励老年人保持积极乐观的心态，通过分享快乐的事情、讲述励志故事等方式，帮助他们调整情绪，如“奶奶，您看今天阳光多好啊，我们出去晒晒太阳，心情也会变好。”

课堂讨论

在精神慰藉服务中，家属的参与对老年人的心理健康和生活质量有何影响？

任务实施

1. 分析与讨论

（1）分组讨论：学生进行小组，每组分配案例中的一个场景（小林或张敏的服务过程）；分析照护员的行为，找出哪些细节体现了照护礼仪的差异，并讨论原因。

（2）小组汇报：每组一名代表汇报讨论结果，总结照护礼仪的关键点，如尊重隐私、个性化服务、细节关怀等。

2. 模拟与实践

（1）角色扮演：模拟小林和张敏的服务场景，体验不同行为对老年人的影响。

（2）互评与反馈：角色扮演结束后，进行互评，分享彼此的感受和建议。

3. 总结与反思

回顾整个学习过程，总结两位照护员在服务过程中照护礼仪的差异。

（1）小林的服务过程：

1）缺乏尊重与沟通：小林在进入房间时没有提前告知，直接推门而入，惊醒了李奶奶，没有尊重老年人的隐私和休息。

2）操作方式粗暴：小林在测量血压时，直接掀开被子，没有考虑到李奶奶的感受，也没有询问是否方便，缺乏对老年人身体和心理的关怀。

3）忽视个性化需求：李奶奶提出需要穿外套，但小林没有给予足够的重视，继续操作仪器，这体现了小林没有充分考虑老年人的个性化需求。

（2）张敏的服务过程：

1）尊重与沟通：张敏在进入房间前先轻声叩门并等待回应，体现了对老年人隐私和休息的尊重。

2）注重个性化需求：张敏根据王爷爷的习惯调整轮椅角度，并主动帮助他披上外套，充分考虑了老年人的个性化需求。

3）细节关怀：张敏在帮助王爷爷时，自然地用左手护住后腰，右手托住臂弯，这个细节体现了对老年人身体的保护和关怀。

任务评价

从学习过程中的表现、技能掌握情况、问题解决能力等维度进行评价，重点突出对老年服务礼仪原则运用的考核（表 4–5）。

表 4–5　任务评分标准（满分 100 分）

评分项目	评分标准
参与度（20 分）	16 ~ 20 分：积极参与小组讨论，主动发表观点，提出有价值的想法。 10 ~ 15 分：参与讨论，但发言较少，能跟上讨论节奏。 0 ~ 9 分：基本不参与讨论，需要他人多次督促。
接待流程的掌握（40 分）	32 ~ 40 分：能熟练运用所学接待流程的知识，服务方式灵活且人性化。 20 ~ 31 分：基本接待流程，但在实际运用中存在小瑕疵，如偶尔忽略老年人的个性化需求。 0 ~ 19 分：对接待流程理解不足，服务方式机械化，未能体现对老年人的尊重和关怀。
模拟场景表现（30 分）	24 ~ 30 分：在模拟场景中，能灵活运用所学知识，有效理解并回应老年人的需求，服务方式得体且专业。 15 ~ 23 分：在模拟场景中，能完成基本的服务，但服务流程不够流畅，需要一定时间理解老年人需求。 0 ~ 14 分：在模拟场景中，服务方式生硬，未能有效理解并回应老年人的需求。
总结反思能力（10 分）	8 ~ 10 分：能全面、深入地总结存在问题，分享成功与失败经验，并提出改进建议。 5 ~ 7 分：能总结主要内容，但分析不够深入，缺乏具体的改进措施。 0 ~ 4 分：总结内容空洞，未针对未出现问题进行有效反思。

【练习题】

扫码查看参考答案。

A1 型题

1. 机构养老服务中，接待区域的冬季温度应控制在（　　）。

A.14 ~ 18 ℃

B.16 ~ 20 ℃

C.18 ~ 22 ℃

D.20 ~ 24 ℃

E.22 ～ 26 ℃

2. 进行老年人排泄照护时，以下行为正确的是（　　）。

A. 在公共区域讨论排泄情况

B. 使用刺激性清洁剂清洁皮肤

C. 操作前用屏风遮挡保护隐私

D. 直接暴露老年人身体进行清洁

E. 快速完成操作以减少老年人尴尬

3. 根据职业道德要求，老年照护员不得（　　）。

A. 佩戴工作牌

B. 接受老年人家属的馈赠

C. 使用通俗易懂的语言

D. 定期参加职业培训

E. 与同事协作完成照护任务

4. 对孤独情绪低落的老年人，照护员进行疏导最合适的沟通方式是（　　）。

A. 直接建议“别多想”

B. 耐心倾听并陪伴

C. 与其他老年人比较

D. 回避情绪话题

E. 立即联系心理医生干预

5. 家属为感谢照护员赠送礼品，应如何回应（　　）。

A. 接受礼品并表示感谢

B. 婉拒并说明机构规定

C. 转赠给其他同事

D. 暂时保管日后归还

E. 接受后上交机构统一处理

A2 型题

1. 照护员在为老年人进行身体清洁时，未提前沟通直接开始操作，导致老年人感到不适并拒绝继续清洁。照护员的行为违背了养老机构服务照护规范中的哪一项要求？（　　）

A. 尊重隐私与知情同意

B. 提高清洁效率

C. 严格执行清洁流程

D. 确保环境整洁

E. 减少老年人等待时间

2. 养老机构接待员在接待老年人及其家属时，主动上前迎接，面带微笑，并引导老年人就座，随后递上温开水。接待员的行为体现了养老机构接待服务礼仪中的哪一项要求？（　　）

A. 快速完成接待流程

B. 尊重老年人的舒适与需求

C. 严格执行接待标准

D. 提高接待效率

E. 减少接待时间成本

3. 养老机构组织了一次手工制作活动，照护员鼓励老年人参与并发挥自己的特长，同时肯定他们的作品。照护员的行为体现了养老机构精神慰藉服务中的哪一项内容？（　　）

A. 提高老年人的动手能力

B. 增强老年人的自我价值感

C. 丰富老年人的娱乐活动

D. 促进老年人的社交互动

E. 增加机构活动多样性

4. 照护员在夜间巡查时，动作轻缓，避免打扰老年人休息，同时通过微弱的灯光观察老年人的睡眠情况。照护员的行为体现了养老机构睡眠照顾礼仪中的哪一项原则？

A. 尊重老年人的作息习惯

B. 提高巡查效率

C. 严格执行巡查流程

D. 确保老年人安全

E. 减少夜间照护工作量

5. 养老机构组织了一次中秋节庆祝活动，照护员为老年人准备了月饼和灯笼，并邀请他们一起参与。照护员的行为体现了养老机构文化娱乐服务中的哪一项内容？

A. 提高老年人的动手能力

B. 增强老年人的节日氛围感

C. 促进老年人的社交互动

D. 丰富老年人的精神生活

E. 增加机构节日活动收入

案例分析题

张奶奶因中风后行动不便入住某养老机构。照护员小王在协助其洗澡时，未提前沟通直接进入房间，并大声催促："快脱衣服，别耽误时间！"洗澡过程中，小王未使用屏风遮挡，导致其他老年人路过围观。张奶奶情绪崩溃，家属得知后投诉。

[问题]：

1. 小王在服务过程中违反了哪些礼仪规范？

2. 针对此案例，提出 3 条改进措施。

点燃思考

刘爷爷，75 岁，退休火车司机，独居于 XX 家园新村，丧偶 3 年，子女均在外地工作。刘爷爷喜好看电视、听音乐，喜食腌制食品和饮酒，性格开朗，喜欢与人交流。既往有高血压、Ⅱ型糖尿病 10 年病史，3 个月前因脑梗死住院治疗，现右侧肢体功能尚可，左侧肢体受限，生活大部分自理但出行不便，近期视力模糊、疲劳感明显，血压、血糖控制不佳。刘爷爷因担忧身体状况情绪低落，与子女通话时常发脾气，子女为此感到苦恼，现申请社区居家养老照护服务。

1. 作为社区居家养老服务中心的照护员，请根据刘爷爷的实际情况，结合居家生活照护规范，设计一份详细的照护方案。

2. 请设计一份适合张贴在养老机构或社区服务中心的居家照护服务礼仪海报，要求图文并茂、简洁明了。

项目五

老年服务从业人员沟通礼仪

扫码获取
数字资源

学习目标

素质目标

1. 树立尊重、关爱、耐心、同理心的服务理念，理解老年人的需求和感受。

2. 提升服务意识，增强职业认同感与责任感。

3. 培养敬业精神，树立正确的职业价值观，将沟通礼仪内化为自觉的职业行为。

4. 培养团队协作精神，在老年服务中能够与同事、家属等密切配合，共同为老年人营造良好的沟通环境。

知识目标

1. 掌握语言沟通的概念、各种语言沟通的技巧；掌握非语言沟通的概念、特点、应用技巧。

2. 理解常见语言沟通方式和注意事项，非语言沟通类型。

3. 了解非语言沟通作用。

技能目标

1. 能够熟练运用语言和非语言沟通技巧与老年人有效沟通。

2. 具备良好的语言表达能力，能够清晰、准确、生动地向老年人传达信息，同时能敏锐地察觉老年人语言背后的潜在需求。

3. 运用微笑、眼神交流等非语言沟通技巧，增强沟通亲和力，建立和谐的人际关系。

知识导图（图5-1）

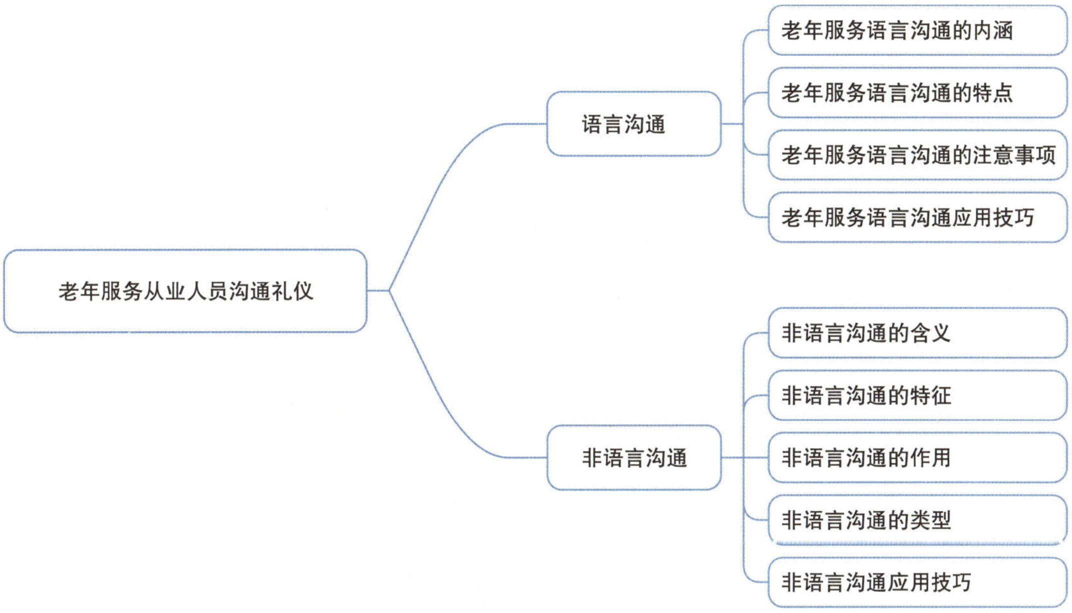

图 5-1　知识导图

课赛证对接

本项目重点考察照护员与老年人有效沟通的技巧，包括倾听、核实、提问、阐释以及非语言沟通（如肢体语言）的运用。往往通过模拟真实养老照护场景，观察照护员能否做到洞悉老年人沟通需求，与老年人有效沟通，从而为老年人解决实际照护问题。结合案例分析或情景模拟，评估照护员在处理老年人沟通难题时的应对技巧和实际效果。

任务一　语言沟通

扫码获取数字资源

案例导入

刘爷爷，85岁，因家庭照护困难，现入住某医养中心201房间2床。刘爷爷本科学历，高中教师退休，多次获得优秀教师称号；性格孤僻、急躁、易怒，喜欢看书，下象棋，饮食喜好咸菜和浓茶，育有一个女儿、一个儿子均在本地，老伴每天过来探望。10年前确诊高血压病，3个月前突发脑梗死。目前刘爷爷神志清楚，左侧偏瘫，右侧肢体能活动，卧床为主，大小便不能自理，大部分日常生活均需要照护员帮助，有悲观厌世情绪，不愿与人说话，也不想参加任何活动，晚上睡不着。

（本案例改编全国职业院校技能大赛老年护理与保健赛项赛题）

任务描述

如果你是照护员应该运用哪些语言沟通技巧为刘爷爷缓解不良情绪鼓励其参加老年活动呢？

知识殿堂

扫码查看课件。

当今社会，随着人口老龄化的加剧，老年服务行业的需求不断增加。老年服务不仅需要专业的照护技能，更需要良好的沟通能力。语言沟通是与老年人建立信任关系、满足其情感需求的重要手段。有效的语言沟通能够帮助老年人更好地表达自己，提升他们的生活质量，同时也为照护工作提供便利。

一、老年服务语言沟通的内涵

语言沟通是指借助口头语言或书面语言作为载体，在人与人之间传递信息、交流思想、表达情感的过程。在老年服务场景中，主要以口头语言沟通为主，照护员通过说话与老年人进行互动。例如，每天早上照护员向老年人问好："王爷爷，早上好呀！昨晚睡得怎么样？"这一简单的问候，就是通过口头语言传递关心，开启与老年人一天的交流。书面语言沟通在老年服务中也有应用，如给老年人发放健康知识手册、护理计划说明等，但相对口头语言使用频率较低。

二、老年服务语言沟通的特点

（一）以尊重为前提

尊重是老年服务沟通的前提，被尊重是老年人基本心理需求。老年人阅历丰富，渴望认可与尊重，这也是良好互动的基础。

沟通语言上，要尊重老年人的习惯、个性、能力和情感需求。老年照护员除在生活照料、医疗护理方面悉心照料外，还应关注老年人情感需求，让他们感受到被尊重与珍视。

（二）以宽容为原则

随着年龄增长，老年人语言表达常出现重复、迟缓等问题，这要求照护员需极具宽容度与耐心。例如养老院中，张奶奶常向照护员小王重复讲述儿时过年包饺子的情景，小王始终微笑倾听、积极回应，从未厌烦。这种态度让张奶奶有了倾诉渠道，也增进了彼此信任。

在老年服务中，照护员会面对不同性格老年人，言语上要容忍其不同意见，允许提问并坦诚探讨。对老年人指出的工作不足，要虚心感谢；若对方无理指责，需提醒不当处并冷静解释，消除误会。

语言沟通时，无论口头或书面，照护员用语都应体现宽容。要包容老年人的不良情绪，真诚化解情绪根源，理解接纳其表达特点，用心倾听，为老年人营造充满爱与尊重的生活环境。

（三）表达善意和赞美

在老年服务沟通中，语言交流的另外一个特点，就是要在言语中表达善意和赞美。老年人普遍敏感且缺乏自信，往往更加在意他人的态度和情感，在照护员善意的赞美中，老年人的自尊会得到极大的满足，从而感到更愉快。真诚的善意表达与赞美，能如春风般温暖老年人的心灵，增强他们的自我认同感和生活积极性，也可以增进彼此之间的信任和亲近感。

（四）强调换位思考

在与老年人进行语言沟通时，强调换位思考是最本质的要求，是选择语言内容和语气态度的基本起点，也是理解老年人的途径。老年照护员要站在老年人的立场考虑问题，通过换位思考，理解老年人的需求，才能知道如何与老年人说话，说什么话，只有这样，服务沟通才能做得越来越好。

三、老年服务语言沟通的注意事项

（一）合适的音调和语速

老年人在听力、理解力和记忆力方面有所减退，对语言信息的理解和反应速度有所降低。与老年人说话时，若要强调某事或提醒，照护员应放慢语速，吐字清晰，尽量与老年人的语速保持一致。不要催促老年人对话语进行理解，让老年人能够更为准确地理解沟通信息。例如，照护员小张每天早晨询问王奶奶身体状况，起初小张因忙碌语速快，王奶奶皱眉疑惑，难以回应。后来小张刻意放缓语速、温和交流，王奶奶不仅能清晰作答，还主动分享感受，两人互动变得自然温馨。

与老年人沟通可适当提高音量，尤其面对听力衰退老年人，但要注意控制音调。音调高易显得不耐烦，态度生硬。老年服务沟通中，应保持音调平稳和缓，与听力衰退老年人沟通，一般采用中音调和低音调更适合。

（二）善用尊称和敬语

语言沟通中，善用尊称和敬语对满足老年人情感需求至关重要。老年人在社交中往往更加注重他人对自己的称呼和语态，使用恰当的称谓和敬语可以表达对老年人的尊重和关心，而不当的称谓和不敬的语言会让老年人感到不快，进而影响沟通效果。例如，新来的照护员小赵对孙奶奶直呼“喂”，孙奶奶觉得不被尊重，心情低落，还拒绝配合后续服务。

在老年服务中，如“老大爷”“老大妈”“老人家”等以“老”字开头的称谓，一般被当作尊称，如果双方已经很熟悉，“大妈”“大爷”“叔叔”“阿姨”这样的称谓会更加亲切，更能传递温暖，营造融洽沟通氛围。例如，在社区老年活动中，工作人员热情地称呼“张大爷，您今天精神可真好！”这样亲切的话语往往能让老年人开心地回应，积极参与活动。然而，并非所有老年人都喜欢这样的称谓，部分心态年轻、注重形象的老年人，可能会觉得“老”字凸显年龄，他们更希望被视为活力满满、思想独立且热爱生活的个体。刚退休且积极参与社会活动、追求新知识的老年人，比起“老大爷”，他们或许更乐意听到“张老师”“李先生”这样的称呼，这能让他们感受到自身价值并未因年龄增长而减退。所以，照护员不能一概而论地使用称谓，而应通过细致入微地观察，尊重每位老年人的喜好。

（三）使用通俗易懂的语言

只有当信息准确传递且被理解，沟通才是有效的。因此照护员在与老年人交谈时，应当用通俗、准确、明晰的话语，避免复杂、生僻词汇及专业术语。例如，照护员小张在向患有高血压的陈爷爷讲解饮食注意事项时，讲到“要控制钠盐摄入，减少高饱和脂肪酸食物摄入，保证膳食纤维及优质蛋白质的充足供给。”陈爷爷没听懂，让小张说得直白点。小张解释：“少吃咸菜、肥肉和动物内脏，可以多吃新鲜蔬菜、粗粮、豆制品和鱼肉。”陈爷爷当即领会。

总之，照护员与老年人沟通时，应避免使用复杂的词汇和句子，注意简化语言结构，使用老年人易懂的语言。同时，为确保信息能够清晰、准确地传达给老年人，还要多解释和说明。

（四）避免老年人忌讳的话题

老年人面临着身体机能的退化、疾病的困扰，同时心理上开始产生失落感、孤独感，变得敏感，失去自信心。因此，老年人对于交谈的话题会有更多地避讳，尤其是涉及健康、疾病、死亡等敏感话题。例如，养老院的赵奶奶感冒咳嗽多日，询问照护员自己病情，照护员夸大其词道：“这咳嗽可不得了，好多老年人拖成肺炎，最后没救回来，你得小心！”本就担心的赵奶奶，吓得整晚失眠，精神高度紧张，病情加重。所以，与老年人交流时，我们应该特别注重言辞选择和表达方式的恰当性。

照护员与老年人沟通频繁，在语言沟通中选择合适的话题至关重要。不要轻易否定老年人能力，他们忌讳被当作无用之人，而是希望自身阅历能帮到年轻人。同时，多数老年人恐惧死亡，面对疾病易消极逃避，照护员除非特殊情况，应避免提及死亡话题，多传递信心与希望。

（五）表达清晰、内容具体且强调重复

老年人因听力、记忆力、思维力和理解力都有不同程度的减退，照护员沟通时应做到表达清晰、具体，用词准确无误，避免语义模糊致误会。必要时重复关键信息，适时解释，有利于老年人听清楚并记忆和理解。例如，照护员小张给赵爷爷发药，每次都清晰告知：“赵爷爷，这是今天的药。白色小药片早上 8 点吃 1 片，降压用；黄色胶囊三餐前半小时吃 1 粒，保护胃黏膜；棕色药丸睡前吃 1 粒，降血脂。一定要按时间、剂量吃，别记错。”说完，小张再次重复关键信息，还指着药盒说明。在小张耐心沟通下，赵爷爷每次都能准确服药，身体状况稳定。同样，如果老年人在沟通时用语模糊，照护员一定让对方再重复，做好确认，避免误解。

（六）以建议说服替代批评责备

老年人拥有丰富的人生阅历，长期的生活和工作，已经形成了自己的处世哲学和固定的思维模式和观念，不易接受他人意见，对批评更是抵触，所以照护员在否定老年人行为想法时，建议说服比批评责备更合适。例如，张爷爷爱囤旧纸箱、饮料瓶，导致房间杂乱，同屋李爷爷不满，向照护员小赵投诉。小赵首次劝说，语气强硬，让张爷爷扔掉“没用的东西”，结果张爷爷当场反驳，沟通失败。之后，小赵换了方式。整理房间时，先夸赞张爷爷节俭，让张爷爷展露笑容，接着委婉提醒旧物积灰、易绊倒，提议先整理出不太需要的物品，日后要用再找。这次，张爷爷认可并同意清理，房间得以整洁。与老年人沟通，先赞美，再商量提建议，能让老年人感受到被尊重，更愿意接受。

拓展阅读

秀才买柴

有一个秀才去买柴，他对卖柴的人说："荷薪者过来！"卖柴的人听不懂"荷薪者（担柴的人）"三个字，但是听得懂"过来"两个字，于是把柴担到秀才前面。秀才问他："其价如何？"卖柴的人听不太懂这句话，但是听得懂"价"这个字，于是就告诉秀才价钱。秀才接着说："外实而内虚，烟多而焰少，请损之（你的木材外表是干的，里头却是湿的，燃烧起来，会浓烟多而火焰小，请减些价钱吧）。"卖柴的人因为听不懂秀才的话，于是担着柴就走了。

四、老年服务语言沟通应用技巧

（一）倾听

1. 倾听的概念

倾听是指全神贯注地接收和感受对方在交谈时发出的全部信息（包括语言的和非语言的），并做出全面的理解。它是有效沟通的重要组成部分，旨在实现思想一致和情感畅通。倾听有狭义和广义之分。狭义的倾听指的是通过听觉器官接收言语信息，通过思维过程实现认知和理解的全过程。广义的倾听还包括文字交流等多种方式。倾听不仅是一个生理过程，还是一种积极的、有意义的听觉与心理活动。倾听者必须思考、接收、理解倾诉者传递的信息，并作出反馈。倾听不仅要用耳朵听，还需要全身心地感受倾诉者表达的言语信息和非言语信息。

2. 倾听的作用

（1）有效获取信息、增进理解：倾听是照护员获取老年人信息的最直接、最有效的方式。信息来源分为直接信息和间接信息。直接信息由老年人直接表述，像时间、地点、事件等，此类信息简单明了，易获取。间接信息则是老年人未明说或有所掩饰的，需照护员理解分析，比如老年人表达不满，经耐心倾听、仔细分析发现可能是老年人寻求关心或发泄情绪。总之，照护员用心倾听，能有效获取老年人信息，了解其所思、所想、所感、所求，增加对老年人的理解，提供更有针对性的服务。

（2）赢得信任、提供支持：信任对老年人至关重要，是其精神健康的基石。与老年人沟通时，耐心倾听能让他们感受到尊重与重视，获得情感支持和理解，激发他们的倾诉欲望，缓解心中压抑，消除心理障碍，促进老年人心理健康。

（3）有助于观察非语言信息：与老年人沟通时，照护员需细心捕捉其表情、眼神、手势、姿势等非言语信息，这有助于理解老年人内心体验与思维模式，理解其感受，让照护员在倾听中获取更具体和更真实的内容。

3. 倾听的层次

不同情况下，个体选择听的方式不同。在某些场合可能专心致志，而另外一些场合可能会心不在焉。与老年人沟通中，很多人觉得老年人唠叨、啰唆、总是重复相同的事或话语，所以照护员在听这类老年人倾诉时可能会心不在焉，敷衍了事，但遇到自己喜欢的老年人时，通常会认真专心地倾听。倾听可以分为 5 个层次。

（1）听而不闻：心不在焉。

（2）应付地听：虚与委蛇。

（3）选择地听：各取所好。

（4）专注地听：全盘接受。

（5）同理心听：换位思考、感同身受，级别最高。

与老年人沟通中，如果照护员不会耐心、有效地倾听，往往容易错失良机、产生误解和冲突，甚至不能及时发现问题导致危机等。所以，照护员应学会深层次的倾听，有效的倾听能够及时掌握老年人的状况，满足老年人合理需求。

4. 倾听的步骤

倾听是一个复杂的心理过程，包括五个步骤（图 5–2）。

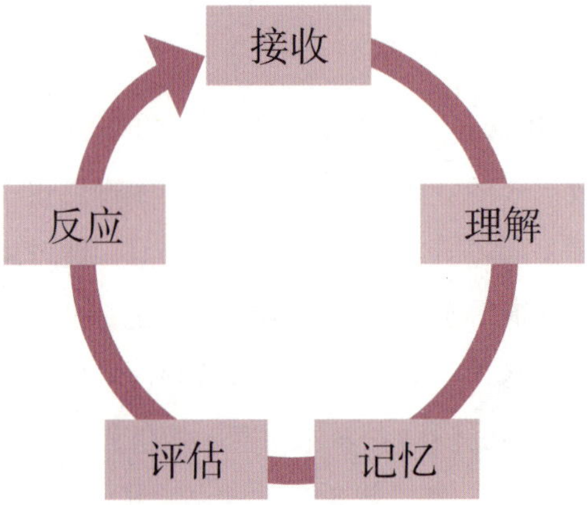

图 5–2　倾听的步骤

（1）接收信息：与老年人交谈，接收信息务必准确。照护员倾听时需耐心、细心且全神贯注，不仅要关注口头语言信息，也要关注非语言信息。比如，有的老年人谈及过往经历，时而神采飞扬，时而黯然落泪，照护员应能理解并判断不同经历对老年人的影响。

（2）理解信息：理解信息要准确，不仅要把握老年人语言表达的意义和心理状态，关注其意见、想法，还要关注其情绪状态。正确理解老年人的信息不只包括老年人的原话，还要领悟老年人的言外之意。这需要照护员耐心倾听，捕捉更深层次的意图和情感，把相关信息与老年人的生平结合起来，避免误解和断章取义。

（3）记忆信息：照护员要把接收并理解的与老年人沟通的信息留存于脑海一段时间。这并非简单的信息复制，而是动态、复杂且高度个性化的过程，需对信息处理、组合并重新构建。在为老年人服务时，照护员应将听到的信息结合老年人经历和事件，深入分析并记忆所听，这个过程不仅要用脑思考，更要用心感受。

（4）评估信息：是判断说话者内心意图，是照护员与老年人沟通时的关键能力。照护员不仅要理解、记住老年人话语的表面意思，还需推测背后隐藏的含义。比如，依据老年人讲述人生经历时的语言及非语言信息，评估其内心想法与感受，了解老年人对过往经历的态度，明确他们渴望改变、保留的事物，以及满意、失望、自豪之处，这对于提供贴心的个性化服务至关重要。

（5）反应：倾听时说话者会依据倾听者的反应来判断信息是否被正确理解接受，从而调整表达方式或内容，确保信息有效传递。对于照护员而言，倾听老年人诉说极为重要，须感同身受并及时恰当回应。选择老年人认同的话题切入后，照护员要用语言或其他方式积极反馈，如微笑、点头表示赞成，展露笑容表示感兴趣，用“嗯”“哦”“后来怎么样了呢”等鼓励对方继续，且在对方话未说完前不打断。这种专注态度能让老年人敞开心扉，实现沟通目的，拉近与老年人的距离，便于开展后续服务。

5. 倾听的技巧

（1）明确目的：善于挖掘老年人传递信息的价值和意义，排除外界干扰，如关闭手机，营造良好交谈环境。

（2）距离恰当：与老年人保持合适的距离，增进沟通的亲密感，让老年人感受到被重视和关心。

（3）目光接触：用柔和的目光注视对方并面带微笑，体现对话题的兴趣，让老年人觉得被关心和尊重。

（4）姿势投入：面向老年人，姿势舒适放松，上半身稍向其倾斜，表情适度，手势和动作不宜过多过大。

（5）及时反馈：关注老年人的语言和非语言行为，适时用语言或非语言方式给予恰当、正确的反馈，如用“嗯”“哦”或点头、微笑等回应。

（6）慎重判断：倾听时保持慎重，不过早下结论或批评，给予老年人足够的时间和空间表达自己。

（7）充分尊重：保持耐心，等老年人诉说完再阐述自己的观点，非必要时不随意插话或打断话题。

（8）综合信息：综合解释、重申和阐释老年人所说的内容，寻找谈话主题，理解话语背后的真实意图、暗示和言外之意。

课堂讨论

一位老年人在讲述自己年轻时的工作经历时，突然情绪低落，声音哽咽。照护员在倾听过程中，应如何运用倾听步骤和技巧，来准确理解老年人情绪变化的原因，并给予恰当回应？

（二）核实

核实是照护员在与老年人交谈时，为确保信息准确采取的核对技巧，体现高度负责的精神，属于反馈机制，常用的方法有重述和澄清。

1. 重述

原封不动地重复老年人说过的话，着重复述易出错的关键内容，不做任何判断，以确定自己的理解是否正确。

2. 澄清

把老年人提到的模糊、片面、易误解的信息核实清楚，也包括照护员想获取更多信息。核实时语速要慢，便于老年人理解、纠正和补充。

（三）提问

提问是收集和核对信息的重要方式，也是维持交谈围绕主题进行的基本手段。有效的提问能让老年照护员获取更多准确资料。

1. 提问的方式

（1）开放式提问：问题回答无范围限制，老年人可自由作答，照护员借此了解其想法、情感和行为。优点是资料多且真实，缺点是耗时久，适合双方都做好准备时使用。

（2）闭合式提问：将问题限定在特定范围，老年人回答选择性小，甚至能用“是”“否”等简单作答。缺点是限制老年人表达，照护员者难获额外信息。

2. 提问的注意事项

（1）选准时机：不随意打断对方讲话，提问前先表达歉意并询问是否可以提问，如说“抱歉，我能问一个问题吗？”

（2）问题恰当：选择合适的问题，分次提问，一次不宜过多，否则老年人感到应接不暇、难以回答或反感。

（3）遵循原则：一是中心性原则，提问围绕交谈主要目的；二是温暖性原则，询问时关心老年人感受。

（4）避免误导：照护员不要过多地引导或暗示，否则难以获取真实材料。如“你现在是不是有……的感觉呀”这类引导性问题。

（四）阐释

阐释是在与老年人沟通时，依据其陈述给出新见解与解释，以帮助老年人找到更好地应对所遇问题的技巧。

1. 阐释的运用

在与老年人沟通时，阐释技巧的运用有着关键意义，主要体现在以下四种情况。

（1）解答疑问：借助阐释，消除老年人心中的顾虑与误会，让他们对问题的理解更为透彻。

（2）实施照顾：向老年人解释照顾的目的、方法及注意事项，促使他们充分了解并配合。

（3）提出看法：根据老年人陈述的内容，阐释看法和解释，协助他们更好地面对和处理问题。

（4）提出建议：针对老年人存在的问题，给出合理建议与指导，尊重他们的决定权。

2. 阐释的注意事项

照护员运用阐释与老年人沟通时，应注意以下情况。

（1）寻求基本信息：全面掌握老年人的谈话内容，包括语言和非语言的信息。

（2）理解叙述：挖掘话语背后情感，把握言外之意。

（3）简明阐述：将自己理解的观点、意见用简明扼要的语言阐释给对方，使对方容易理解和接受。

（4）委婉表达：委婉的口气向对方表明你的观点和想法并非绝对正确，给老年人选择空间。

（5）传达关切和尊重：整个阐释过程应让老年人感受到关切、诚恳与尊重，帮助老年人解决问题。

（五）沉默

沉默是交流时倾听者暂不言语回应的交谈技巧，能传达默认、关注、同情，也可委婉表达抵抗、拒绝，在老年沟通中运用得当效果显著。

1. 沉默的作用

（1）传递同情，无声陪伴让老年人感受理解与关怀。

（2）给予老年人思考、回忆空间，助其梳理表达想法。

（3）缓和老年人激动情绪，避免冲动行为。

（4）让照护员冷静思考、观察，调整沟通策略。

（5）含蓄表达对老年人意见的默许、保留或不认可。

2. 运用沉默技巧的时机

（1）老年人愤怒、哭泣时，沉默并辅以肢体动作，助其宣泄情绪。

（2）老年人回答问题迟疑，耐心等待，不催促。

（3）不认同老年人意见，用沉默避免冲突，留反思空间。

3. 打破沉默的方法

（1）转换话题：难推进时，切换轻松日常话题。

（2）续接话题：老年人中断讲话，鼓励其继续。

（3）引导话题：借提问引导老年人倾诉感受困扰。

（4）直接提问：老年人久不言语，直接询问想法。

（5）适时发问：适时提问，打破沉默，促进理解。

（六）共情

共情，即同理心，指能够体会他人情绪，理解其立场与感受，站在对方视角思考和应对。与老年人沟通时，照护员需从老年人角度理解其真实感受，这对深入了解老年人、准确掌握信息极为关键。比如老年人因身体机能衰退，行动逐渐不便，日常活动受到诸多限制，可能会因此变得烦躁、消沉，甚至抗拒康复训练。这时，照护员若能耐心地说："我明白您现在心里着急又难受，身体的变化让您做很多事都不顺心，换作是我，也会不好受。"这样的共情表达，能让老年人感受到被理解，从而舒缓情绪。一旦老年人体会到这份理解，就更愿意与照护员交流，也更有可能积极配合后续的康复及照护安排。

拓展阅读

用青春守护夕阳红

上海市第一社会福利院的赵琼琼，这位"95后"自2016年7月投身工作以来，始终在岗位上默默耕耘，以热忱之心悉心照料身边老年人。在老年服务中，沟通成为她连接老年人心灵的桥梁。

年近百岁的陈阿婆曾长期失眠、情绪低落且不愿交流。赵琼琼耐心询问，引导陈阿婆说出因子女看望频率降低而产生的焦虑。她一边舒缓老年人情绪，一边联系家属叮嘱加强沟通，帮助陈阿婆走出困扰。赵琼琼深知，懂老年人、爱老年人，才能成为他们的贴心人。

面对患有阿尔茨海默病伴精神障碍的孙阿婆，赵琼琼也曾遭遇过激行为，但她割舍不下与老年人的感情。她积极请教、查阅资料，总结出一套有效沟通“小窍门”：日常注重观察、勤于交流，把握老年人身心变化，避免刺激，及时舒缓、安慰，适时给予鼓励。当孙阿婆主动询问请假后的她时，这份信任与牵挂让赵琼琼深受触动。

赵琼琼认为养老护理不仅是工作，更是科学。为提升业务水平，她积极参加培训，学习老年心理护理等知识。凭借努力，她获得诸多荣誉。她常说，青年职工要以学促进，厚积薄发，发扬孺子牛精神，在平凡岗位发光发热。

任务实施

1. 情境设定

假设你是夕阳红医养中心照护刘爷爷的小李，刘爷爷入住第 3 天，你到 201 房间准备为刘爷爷进行日常护理。

2. 问题引入（PBL 教学法）

刘爷爷情绪低落、不愿交流，照护员应该运用哪些语言沟通技巧为刘爷爷缓解不良情绪鼓励其参加老年活动呢？

3. 语言沟通技巧示范与讲解（情境教学法）

（1）运用尊重和关心的语言开启对话：小李面带微笑，轻声说道：“刘爷爷，早上好呀！我是今天照顾您的小李，您昨晚睡得怎么样？”温和的语气和亲切的问候是与老年人建立初步联系的关键，这样的开场可以让刘爷爷感受到照护员的友善，逐渐放下防备，为后续沟通奠定信任基础。

（2）结合兴趣爱好展开话题引导表达：小李注意到刘爷爷床边放着一本书，便说道：“刘爷爷，我看您很喜欢看书呀。我听说您以前是高中老师，那您肯定对各种书籍都有独到的见解。您最近看的这本书怎么样，能和我讲讲吗？”每个人都对自己熟悉和热爱的事物有表达欲，通过这种方式可以让刘爷爷参与到对话中来，打破沉默，同时也能让他感受到被尊重和理解。

（3）面对负面情绪，保持耐心与包容：刘爷爷皱着眉头，不耐烦地说：“我不想说话，你别管我。”小李并没有离开，而是坐在床边的椅子上，温柔地说：“刘爷爷，我知道您可能心里有些烦心事，不想说话也没关系。我就坐在这儿陪您，等您想聊了，随时叫我就行。”当老年人表现出负面情绪时，照护员不能急于求成或被情绪影响。

（4）引导回忆，增强自信与价值感：过了一会儿，刘爷爷情绪稍微缓和，小李接着说：“刘爷爷，我听说您以前获得过很多优秀教师称号，那您在教育生涯中一定有很多难忘的故事吧。您带过的学生里，有没有特别让您骄傲的呢？”引导老年人回忆过去的成就，能让他们重新感受到自己的价值。

（5）关注细节，体现关怀：在帮刘爷爷洗漱时，小李说："刘爷爷，我知道您喜欢喝浓茶，等会儿洗漱完，我给您泡上一杯，您肯定会感觉神清气爽。不过，您平时爱吃的咸菜，虽然味道好，但对血压不太好，咱们以后还是稍微少吃点，您觉得可以吗？"关注老年人的饮食喜好和健康需求，在满足他们喜好的同时，委婉地提出健康建议。

（6）鼓励参与，融入集体生活：小李兴奋地说："刘爷爷，今天下午咱们医养中心有个象棋比赛，我知道您象棋下得特别好。您要不要去参加，和其他爷爷们切磋切磋，说不定还能交到新朋友呢！"根据刘爷爷对象棋的爱好，鼓励他参加活动，帮助他融入集体生活。

4. 总结与反思

回顾整个学习过程，总结语言沟通技巧在帮助刘爷爷敞开心扉的重要性和应用要点。分享在模拟场景中的收获和遇到的问题，共同思考解决方案。

任务评价

从学习过程中的表现、技能掌握情况、问题解决能力等维度进行考核，重点突出对语言沟通技巧的运用（表 5-1）。

表 5-1　任务评分标准（满分 100 分）

评分项目	评分标准
参与度（20 分）	16 ~ 20 分：积极参与小组讨论，主动发表观点，提出有价值的想法
	10 ~ 15 分：参与讨论，但发言较少，能跟上讨论节奏
	0 ~ 9 分：基本不参与讨论，需要他人多次督促
语言沟通技巧掌握（40 分）	32 ~ 40 分：用词恰当，表达清晰，语速适中，语调温和，能让老年人易于理解
	20 ~ 31 分：基本掌握语言沟通技巧，但在用词、语速、语调等方面存在小瑕疵，如偶尔用词不当、语速过快或过慢等
	0 ~ 19 分：语言沟通技巧生疏，频繁出现用词不当、表达不清等问题，影响与老年人的有效沟通
模拟场景表现（30 分）	24 ~ 30 分：在模拟场景中，能灵活运用语言沟通技巧，如倾听、反馈、引导等，有效理解并回应老年人的需求
	15 ~ 23 分：在模拟场景中，能完成基本的语言沟通，但技巧运用不够流畅，需要一定时间理解老年人需求
	0 ~ 14 分：在模拟场景中，语言沟通障碍明显，难以有效理解并回应老年人的需求

续表

评分项目	评分标准
总结反思能力（10 分）	8 ～ 10 分：能全面、深入地总结在老年服务中语言沟通技巧的运用情况，分享模拟场景中的成功与失败经验，并提出针对性地改进建议 5 ～ 7 分：能总结主要内容，但对语言沟通技巧的运用情况分析不够深入，缺乏具体的改进措施 0 ～ 4 分：总结内容空洞，未针对老年服务中的语言沟通技巧进行有效反思

【练习题】

扫码查看参考答案。

A1 型题

1. 在老年服务场景中，语言沟通主要以什么形式为主？（　　）

A. 书面语言沟通

B. 肢体语言沟通

C. 口头语言沟通

D. 表情语言沟通

E. 以上都不对

2. 与听力衰退的老年人沟通时，哪种音调更合适？（　　）

A. 高音调

B. 中音调和低音调

C. 忽高忽低的音调

D. 非常高的音调

E. 极低的音调

3. 在与老年服务对象沟通时，下列哪种称呼较为合适？（　　）

A. 老头、老太太

B. 喂，那位老年人

C. 老张、老李

D. 张爷爷、李奶奶

E. 老张头、老李婆子

4. 在与老年人沟通的过程中，倾听的哪个层次代表了最高级别的倾听？（　　）

A. 听而不闻

B. 应付地听

C. 选择地听

D. 专注地听

E. 同理心听

5. 以下哪项不属于提问技巧中的注意事项？（　　）

A. 选择合适时机提问

B. 问题提得越多越好

C. 遵循中心性和温暖性原则

D. 避免误导性提问

E. 提出恰当的问题

A2 型题

1. 张爷爷在养老院里经常和其他老年人讲自己年轻时的战斗经历，每次讲的内容都差不多，新来的照护员小李听了几次后，不耐烦地说："张爷爷，您都说过好多遍了，别再说了。"小李的做法违背了老年服务语言沟通的什么特点？（　　）

A. 以尊重为前提

B. 以宽容为原则

C. 表达善意和赞美

D. 强调换位思考

E. 合适的音调和语速

2. 李奶奶在养老院参加手工活动时，总是跟不上其他老年人的进度，显得有些沮丧。照护员小刘的以下哪种做法最能帮助李奶奶重拾信心？（　　）

A. 对李奶奶说："您看别人都做得那么快，您要加油啊。"

B. 直接帮李奶奶完成手工，让她不用那么费劲儿

C. 走到李奶奶身边，轻声说："李奶奶，我看到您很努力在做，这个手工步骤有点复杂，咱们慢慢做，我在旁边给您搭把手，您看您这部分做得就很细致呢。"

D. 对李奶奶说："您要是做不好就算了，别勉强自己。"

E. 把李奶奶拉到一边，不让她继续参加活动，以免影响其他人

3. 李爷爷在与照护员小赵交谈时，情绪激动地讲述自己过去的经历，小赵应该（　　）。

A. 中途打断李爷爷，说自己还有事

B. 面无表情，不做任何回应

C. 一边听一边玩手机

D. 用点头、微笑等方式鼓励李爷爷继续讲，并适当给予情感反应

E. 转移话题，说别的事情

4. 照护员在向患有糖尿病的张奶奶说明饮食要求时，说"平时做菜少放盐，少吃糖果、糕点这些甜的东西"，而不是说"要控制碳水化合物和钠盐的摄入量"。这种做法体现了语言沟通注意事项中的（　　）。

A. 合适的音调和语速

B. 善用尊称和敬语

C. 使用通俗易懂的语言

D. 避免老年人忌讳的话题

E. 表达清晰、内容具体且强调重复

5. 照护员小张为了全面了解陈奶奶的日常活动情况，在陈奶奶刚坐下时就接连问道："陈奶奶，您早上一般几点起床呀？起床后会去散步吗？散步多久呢？中午睡不睡觉？晚上几点睡呀？"陈奶奶听后皱起眉头，说："你一下子问这么多，我都记不清该回答哪个了。"小张的做法违反了提问注意事项中的（　　）。

A. 选准时机

B. 问题恰当

C. 遵循中心性原则

D. 避免误导

E. 遵循温暖性原则

思考题：

1. 在老年服务中，语言沟通的主要特点有哪些？

2. 在老年服务中，语言沟通的应用技巧有哪些？

任务二　非语言沟通

扫码获取数字资源

案例导入

白爷爷，78 岁，高血压病史 15 年，退休中学教师，与老伴同住，喜欢养花，经济状况良好。1 年前因突发"脑血栓"住院治疗后出院。目前右侧偏瘫，右肘、腕、手指关节稍有屈曲畸形，但能进行轻微伸屈活动。意识清楚但语言沟通障碍，能领会意思，多用表情、摇头等表达意愿。常因老伴不能及时理解他需求得不到满足而发脾气，有时拒绝服药。其老伴通过智能手机预约照护员为其提供帮助。

（本案例改编自全国职业院校技能大赛"健康养老照护"赛项赛题）

任务描述

如果你是照护员应该运用哪些非语言沟通技巧更好地帮助白爷爷表达自己的意愿和需求呢？

知识殿堂

扫码查看课件。

一、非语言沟通的含义

非语言沟通是人际沟通的重要方式之一，是借助非语言符号，如仪表、服饰、面部表情、音调、肢体动作、触摸、空间、色彩、绘画、音乐、舞蹈、图像和装饰等非自然语言为载体所进行的信息传递。日常交往中人们往往会发现，一个人的手势、表情、眼神、笑声等都可以传情达意，有时非语言沟通能起到语言文字所不能替代的作用。因此，非语言沟通是语言沟通的自然流露和重要补充，能使沟通信息的含义更明确和圆满，同时它也是一种人与人之间的心理沟通，是人们的情绪和情感、态度和兴趣的相互交流和感应。

二、非语言沟通的特征

1. 普遍性

非语言沟通的普遍性是指非语言沟通在人类交流中广泛存在。非语言沟通的运用极其广泛，即使在语言差异较大的环境中，同样可以通过非语言信息了解对方的想法和感觉，从而实现有效沟通。随着实践活动的发展、社会的进步和人际交往范围的扩大，人们的非语言沟通能力也不断得到丰富和发展。在任何文化和社会环境中，人们都会运用非语言行为来表达情感、态度和意图。例如，微笑这个表情在全球大多数地方都用于表达友善、愉悦等积极情绪；而哭泣普遍被认为是悲伤或者痛苦的体现。

在日常交流场景里也很常见，无论是在家庭中成员之间的互动，像父母和孩子通过眼神、拥抱来传达爱意；还是在工作场合同事之间用点头表示认同、用手势来示意等，非语言沟通无处不在。

2. 真实性

非语言沟通的真实性是指非语言行为往往更能真实地反映一个人的内在情感、态度和想法。这是因为在语言沟通中，人们可以控制词语的选择，控制自己说的话，而非语言行为更多是一种身体对外界刺激的本能反应，很难有意识地控制和伪装，往往比语言沟通更能真实地反馈个体的情绪状态。例如，当一个人感到紧张时，可能会不自觉地出现脸红、出汗、手抖，或者频繁地眨眼等反应。这些生理反应是由人体的自主神经系统控制的，很难像语言一样受意识的完全操控。

再比如，在交流过程中，真正感兴趣的人会身体前倾，眼神专注地看着对方，而不感兴趣的人可能会不自觉地看向别处，或者身体向后靠，这些姿势和眼神的变化往往会泄露他们真实的情绪状态。

3. 规范性

非语言沟通的规范性是指在不同的社会环境、文化背景和交流场景中，人们的非语言行为需要遵循一定的标准、规则和习惯，以确保沟通的有效性和恰当性。主要包括肢体语言规范、表情规范、空间距离规范等。例如，服务行业，站姿一般要求挺胸抬头、双脚微微分开、双手自然下垂或放在身前，这样会给人以专业、礼貌的印象。坐姿要求坐在椅子的三分之二处，背部挺直，不能瘫坐或跷二郎腿，这在商务洽谈或接待客户等场景很重要。

4. 差异性

不同文化背景下非语言沟通的方式和含义差别很大。不同的民族有不同的文化和风俗习惯，这决定了他们特有的非语言沟通符号。例如，人们通过握手、拥抱和亲吻来表达自己对他人的欢迎和爱。在某些国家，亲吻、碰鼻是一种礼节，是一种友好热情的表示，尤其是对女性而言；但在中国人们往往更习惯以握手的方式来表达同样的感情。此外，人们的年龄、性别、文化程度、职业岗位、价值导向等社会文化因素都对非语言沟通产生影响。不同的职业角色对非语言沟通方式有着更细微的规定，如年轻人喜欢相互拍肩膀以示友好，但如果用同样的方式向老年人表达友好就会显得缺乏礼貌。

5. 情境性

非语言沟通与沟通所处的情境有着密切的关系，情境决定了非语言信号的含义。同样的非语言符号在不同的情境中其含义也不尽相同。如一个挥手的动作，表达的是“再见”还是“你好”或者“不，不，这不行”，要结合当时的沟通情境和其他同时出现的沟通行为（如表情、眼神或语言）才能确定。在人们的沟通行为中，一个人的表情、眼神、动作、姿态往往因沟通情境的不同而具有多重含义，因此，非语言沟通离不开所处的文化、情境。如在不同的情境下，流泪既可表达悲痛、委屈，也可以表达幸福、感激等情感。

三、非语言沟通的作用

非语言符号可用来传递信息、沟通思想、交流感情等。在特定的场合，非语言符号可起到特殊的作用，具体有以下几种。

1. 表情达意

非语言沟通相对语言沟通来说，更能客观地表现沟通者的情感状况。在日常生活中，人们运用较多的非语言工具是目光语和手势语，这些非语言符号在很多情况下具有语言文字所不能替代的表情达意的作用。

比如眼神是传递信息十分有效的途径和方式，不同眼神起到不同作用。人际沟通中，目光语可以表现多种情感，根据情境，既可以表示情意绵绵，也可以表示横眉冷对等。目光语通常有以下作用：提供信息、调节互动、启发引导、告诫批评、表达关心。老年服务过程中，照护员对老年人投以关爱的目光，对肢体功能锻炼的老年人投以鼓励的目光。此时虽然没有语言行为，但更能使老年人感到愉快、得到鼓励。同样，老年人一个赞许的目光，也会使照护员感受到自身工作的价值，消除疲劳。

2. 修饰补充

在人际沟通中，人与人之间的交往大多是通过语言沟通和非言沟通进行的，尤其是面对面沟通，不可能只有声音的传播，而没有语气、表情的显露。非语言沟通可以起到修饰语言的作用，使语言的表达更准确、深刻。如果在沟通过程中融入更多的非语言沟通，就能使沟通过程达到声情并茂的效果。例如，演讲时，演讲者慷慨激昂地说“我们一定能成功”，同时配合有力的手势，如紧握拳头举向空中，眼神中透露出坚定的光芒，这些非语言行为就强化了语言中的信心和决心，让听众更能感受到那种强烈的信念。非语言沟通可以填补、增加、充实语言沟通时的某些不足、损失或欠缺。

3. 替代作用

替代作用指用非语言沟通代替语言沟通传递信息。人们通过发音器官或身体某部分所发出的非语言性声音而进行沟通，主要表现在人们说话时声调高低强弱和抑扬顿挫的掌握上或说话的停顿和沉默会产生言外之意的效果。如点头表示是，摇头表示否；怒目圆睁意味愤怒，喜笑颜开代表开心等。在老年服务工作中，当不同意老年人不合理的要求时，从业人员可以用摇头或摆手表示不同意。

在一定的场景中，即使对方没说话，人们也可从其表情上了解到相应的意思。当老年人不能听或说时，非语言符号常常代替语言来表达意思。这种替代是有条件的，即一定是在同样文化氛围或普遍被人们认同的规则下才能应用，否则容易引起误解。

四、非语言沟通的类型

（一）身体语言

1. 仪表服饰

仪表服饰作为非语言沟通符号，传递着穿戴者的多重信息。色彩的搭配与款式的选择，巧妙地映射出情绪与个性的韵味，愉悦时色彩鲜亮，沉稳时则趋于雅致。仪表服饰不仅是对自我形象的塑造，更是对交流对象的尊重和关怀。精心挑选的服饰不仅能提升个人魅力，而且促进沟通顺畅与和谐，提高沟通效率。

2. 肢体语言

（1）手势语言：手被称为人类最为灵巧且广泛运用的肢体器官，在非语言沟通中起着重要的作用。在交谈中，彼此目光往往会聚焦到对方手上。手部动作丰富多样，能够细腻地辅助并深化言语所传达的情感与意图。手势按功能与用途可划分为功能性手势和辅助性手势。功能性手势目的明确，主要是精准传达信息，比如为老年人指路时伸手指明方向；向老年人介绍物品时用手比画轮廓，都能帮助老年人准确接收信息。辅助性手势更多用来表达情感与态度。当我们高兴时常常挥舞双手，感到不满时可能会双手抱胸。这些手势就是人们内心世界的外在映射，人们的各种情绪或情感，都能通过手势的微妙变化体现得淋漓尽致（图 5–3）。

图 5–3　各类手势

课堂讨论

请大家讨论：在老年服务工作中，照护员常常使用的手势有哪些？并举例说明使用的场景。

（2）仪态语言：仪态作为人际交往中不可或缺的部分，包括站姿、坐姿、行姿、蹲姿、点头及鞠躬等一系列行为举止。一个人的仪态是否规范得体，不仅是其内在修养的直接体现，更是影响他人对其第一印象与后续评价的关键因素。不同体态如同无声的语言传递着不同的信息，对沟通效果有重要影响。例如标准的站立姿态挺拔而庄重，能够瞬间赢得老年人的信任与尊重，为后续的口头交流奠定基础，使言辞更具说服力与感染力，而耸肩驼背姿态、萎靡的站立方式则可能让人产生不信任感。

（3）触摸语言：触摸是一种细腻的非语言沟通方式，通过身体接触传递复杂信息与深厚情感，在增强信任、促进沟通等方面作用显著。像握手、拥抱、轻拍、抚摸等具体行为，都有着特定社交和情感意义。社交场合里，简单握手不仅是礼节，更能建立联系、表达尊重友好。触摸的力量在于能触动人心，引发情感共鸣与连接。

3. 表情语言

脸和眼睛是重要的非语言沟通载体，蕴含的情感比言语更丰富。面部表情是精妙的“语言”，能直接映射内心，每一点细微变化，都能展现真诚、兴奋、惊讶、恐惧、愤怒、厌恶等情绪。比如，真诚的表情短暂真挚，一般不超 5 秒，时间太长就可能引发对其真实性的怀疑。人紧张时，脸会红，肌肉也会不自主抽动。快乐和惊讶，会让眼睛闪烁，下巴放松。愤怒时，额头和眉头紧皱，下巴紧绷。伤心和恐惧，会让眼眸湿润。厌恶则会让嘴角紧闭，下巴微微下撇。在人际交往中，掌握面部表情这门艺术很关键。仔细观察、读懂表情，我们就能跨越言语界限，深入他人内心，增进理解与共鸣，让沟通更顺畅，拉近彼此距离，建立起真诚、和谐、深厚的人际关系。

（二）环境语言

1. 时间

时间作为非语言的表现形式，在人际交往中起重要作用。时间不仅作为一个简单的度量单位，更反映个体性格、观念及行为方式的一面镜子。通过观察沟通者对待时间的态度，洞察其内在特质，并据此调整沟通策略，促进有效沟通。我们应尊重他人的时间和安排，避免在不适宜的时机打扰他人，从而维持良好的人际关系和沟通氛围。

2. 空间距离

空间距离作为一种非语言的沟通方式，承载着丰富的信息，影响着沟通的效果。空间距离的划分不仅是物理上的远近，更是心理上的一种界限。它反映人与人之间关系的亲疏、信任程度及沟通的正式程度。霍尔提出了距离学的理论来阐述人际距离影响沟通的问题。他把人际距离划分为四种：亲密距离、个人距离、社交距离和公众距离。不同的空间距离对应不同的关系层次（表 5–2）。

表 5-2　空间距离类型

距离类型	距离范围	适用场景
亲密距离	0 ~ 0.45 米	适用于亲人、情侣、很熟的朋友，此距离可进行拥抱、耳语等亲密互动。如在为老年人进行身体检查、协助穿衣洗漱等操作，或给予安慰拥抱时。
个人距离	0.45 ~ 1.2 米	一般用于朋友、同事间日常交流，既能清晰沟通，又保持个人空间。如在养老机构中与老年人一对一地交流等。
社交距离	1.2 ~ 3.6 米	常用于正式社交场合或商务活动，体现正式感和社交礼仪。如社区组织的文艺活动中主持人与老年人互动，工作人员在介绍活动规则等情况时。
公众距离	3.6 米以上	适用于演讲者与听众、教师与学生等场合，便于信息的有效传递。如老年大学的课堂上，老师在讲台上讲课，或者大型老年文艺汇演中主持人在舞台上主持节目等。

3. 环境氛围

环境的布局、色彩和位置都会影响沟通效果。一个精心设计和布置的环境，不仅能为沟通双方创造一个舒适、放松的氛围，还能通过视觉、触觉等多种感官体验，影响人们的情绪和心理状态，进而促进沟通的顺利进行。例如养老机构洗漱间等公共区域的人性化设计，如扶手、防滑垫等，能够确保老年人行动时的安全，减少意外事故的发生。同时也体现了机构对老年人无微不至的关怀和尊重。

五、非语言沟通应用技巧

（一）身体语言应用技巧

1. 注意仪表和举止

有研究表明，84% 的人对另一个人的印象来自他的外表。随着年龄的增长，老年人的身体逐渐衰老，大都会产生焦虑、恐惧心理，在与老年人沟通时，照护员应有端庄的仪表、沉着稳重的言行举止可消除老年人的疑虑。尤其是在养老机构里，照护员在急、危、重症老年人面前采用娴熟的技术，表现出镇定、当机立断等非语言行为，更能取得老年人的信赖与配合。

2. 注意面部表情

照护员在与老年人沟通时应注意脸部的表情，这是肢体语言沟通技巧中最为丰富的源泉，照护员在服务时面带微笑，会让老年人产生愉快和安全感，进而拉近沟通距离。照护员应运用自己的面部表情，与老年人的情绪体验相一致，促进与老年人的沟通（图 5-4）。

图 5-4　面部表情（微笑）

3. 注意目光接触

照护员在与老年人交谈时，要注意与老年人进行目光接触，照护员热情地服务会给老年人带来安全感。另外，照护员也可以从老年人的表情中判断老年人的心理状态；还可以用目光观察老年人的手部、腿部语言及其他肢体语言，发现线索，发现问题并予以解决。

4. 注意自己的肢体语言

人的情绪是很容易被感染的。照护员的肢体语言，会潜移默化地影响老年人的情绪，因此，在老年服务工作中要运用正确的肢体语言，给老年人积极地暗示。

5. 适当适时地触摸

触摸是一种没有声音的语言，可以交流关心、理解等情感。在专业范围之内，审慎地、有选择地运用触摸对沟通交流具有促进作用。老年人由于长期患病，常出现焦虑、沮丧等心理，尤其是临终老年人，他们大多经历了否认、愤怒、抑郁、接受等复杂心理，精神极度脆弱，因此，心理支持要比生理上的诊疗更重要，实施非语言行为往往比语言更有效，照护员可握住老年人的手，细心而且耐心倾听其诉说，适时为老年人拉拉被子、理理头发，利用皮肤接触来满足老年人心理需求，用无声的交流表达对老年人的理解和关爱，使他们有安全感和亲切感（图 5-5）。

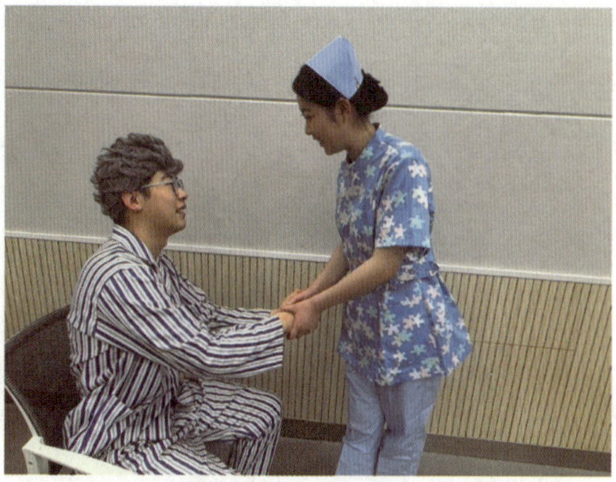

图 5-5　触摸语言

（二）环境语言应用技巧

1. 时间与空间的尊重

要守时守约，尊重时间，合理规划时间，从而体现对他人时间的尊重与珍视。根据文化背景和关系亲密度，保持恰当的人际距离，营造舒适的交流空间。

2. 环境氛围的营造

利用色彩、光线和布局创造和维护一个积极、舒适的交流环境，促进有效沟通。注意环境中的非语言线索，如温度、湿度、音乐和座位的安排等，都会影响人们的情绪和交流效果。根据不同交流情景和文化背景，灵活调整非语言沟通方式。持续学习非语言沟通知识和技巧，提高自身的沟通能力。通过灵活运用非语言沟通技巧，建立更加积极和谐的沟通氛围。

任务实施

1. 情境设定

照护员初次上门，白爷爷坐在客厅，老伴在一旁介绍情况，白爷爷表情有些紧张和期待。

2. 问题引入（PBL 教学法）

面对语言沟通障碍的白爷爷，如何开启有效的沟通？分组讨论，分享各自的初步想法。

3. 非语言沟通技巧示范与讲解（情境教学法）

（1）眼神交流：照护员走到白爷爷面前，微微蹲下，保持与白爷爷平视，面带微笑，用温和、友善的眼神看着白爷爷，轻声说："白爷爷，我是来照顾您的。"观察白爷爷的反应，讲解眼神交流传达尊重和关注的作用。

（2）肢体语言辅助：照护员在询问白爷爷是否想喝水时，做出端杯子喝水的动作，同时配合简单的话语"爷爷，喝水，渴不渴？"体会肢体语言在辅助沟通中的直观性。

（3）表情理解与回应：观察白爷爷的表情，当白爷爷皱眉、眼神焦急时，照护员关切地说："爷爷，您是不是有什么不舒服，还是有什么想和我说的？"识别不同表情代表的情绪和需求。

（4）触摸安抚：在白爷爷情绪烦躁时，照护员轻轻握住白爷爷的手，拍拍他的肩膀，给予安慰。体会触摸在传递温暖和安抚情绪方面的作用。

4. 模拟场景练习（情境教学法与 PBL 教学法结合）

（1）设定不同场景，如白爷爷想看电视、想出去晒太阳、身体不舒服等。分组扮演照护员和白爷爷，运用所学非语言沟通技巧进行模拟沟通。

（2）每组练习结束后，其他组学生进行点评，指出优点和不足，共同探讨改进方法。

5. 总结与反思（PBL 教学法）

回顾整个学习过程，总结非语言沟通技巧在帮助白爷爷表达意愿和需求中的重要性和应用要点。分享在模拟场景中的收获和遇到的问题，共同思考解决方案。

任务评价

从学习过程中的表现、技能掌握情况、问题解决能力等维度进行，重点突出对非语言沟通技巧运用的考核（表 5-3）。

表 5-3　任务评分标准（满分 100 分）

评分项目	评分标准
参与度（20 分）	16 ～ 20 分：积极参与小组讨论，主动发表观点，提出有价值的想法 10 ～ 15 分：参与讨论，但发言较少，能跟上讨论节奏 0 ～ 9 分：基本不参与讨论，需要他人多次督促
非语言沟通技巧掌握（40 分）	32 ～ 40 分：眼神交流自然、专注，能让老年人感受到尊重与关注；肢体语言准确、清晰，有效辅助沟通；能精准识别老年人表情并做出恰当回应；触摸安抚时机和方式得当 20 ～ 31 分：各项技巧基本能运用，但存在一些小瑕疵，如眼神偶尔游离、肢体语言稍显生硬等 0 ～ 19 分：技巧生疏，多次出现错误，难以有效沟通
模拟场景表现（30 分）	24 ～ 30 分：能根据老年人状态灵活运用多种非语言沟通技巧，迅速理解其需求并做出正确回应，沟通流畅 15 ～ 23 分：可以完成沟通，但过程较生硬，需要一定时间理解需求 0 ～ 14 分：无法有效完成沟通，频繁出现误解
总结反思能力（10 分）	8 ～ 10 分：能全面、深入地总结非语言沟通技巧要点，分享模拟场景中的收获与问题，并提出合理解决方案 5 ～ 7 分：能总结主要内容，但不够深入 0 ～ 4 分：总结内容空洞，缺乏思考

【练习题】

扫码查看参考答案。

A1 型题

1. 以下不属于非语言沟通载体的是（　　）。

A. 音调

B. 服饰

C. 文字

D. 面部表情

E. 肢体动作

2. 非语言沟通的特征不包括（　　）。

A. 普遍性

B. 随意性

C. 真实性

D. 规范性

E. 差异性

3. 在人际沟通中，能更真实反映一个人内在情感的是（　　）。

A. 语言沟通

B. 非语言沟通

C. 书面沟通

D. 电话沟通

E. 网络沟通

4. 下列属于非语言沟通中表情语言的是（　　）。

A. 握手

B. 坐姿

C. 眼神

D. 指路手势

E. 演讲时的停顿

5. 霍尔提出的人际距离中，适合与家人交流的是（　　）。

A. 亲密距离

B. 个人距离

C. 社交距离

D. 公共距离

E. 以上都不对

A2 型题

1. 小李是一名养老机构的照护员，在与一位刚入住的老年人交流时，老年人一直看向别处，身体向后靠。小李应该意识到（　　）。

A. 老年人对交流内容很感兴趣

B. 老年人可能不太舒服

C. 老年人对交流不感兴趣

D. 老年人只是习惯这样的姿势

E. 老年人在思考问题

2. 某社区组织老年活动，主持人在台上介绍活动规则，此时主持人与台下老年人之间的距离应该保持在（　　）。

A.0 ~ 45 厘米

B.45 ~ 120 厘米

C.120 ~ 360 厘米

D.360 厘米以上

E. 没有要求

3. 照护员小张在为一位老奶奶进行护理操作时，老人突然出现脸红、出汗、手抖的情况，小张应该（　　）。

A. 继续操作，不予理会

B. 询问老奶奶是否紧张，给予安慰

C. 加快操作速度

D. 叫其他同事来帮忙

E. 直接检查老年人身体状况

4. 小王是一名新入职的养老服务人员，在与老年人交流时，他总是频繁看手机，这可能会导致（　　）。

A. 老年人觉得小王很忙碌，很敬业

B. 增进与老年人之间的感情

C. 让老年人感受到被尊重

D. 老年人觉得小王不重视自己，影响沟通效果

E. 没有任何影响

5. 养老机构的工作人员在为老年人举办生日会时，将活动场地布置得温馨，色彩鲜艳，这主要运用了非语言沟通中的（　　）。

A. 身体语言技巧

B. 时间语言技巧

C. 空间距离技巧

D. 环境氛围营造技巧

E. 触摸语言技巧

思考题：

1. 人际交往的空间距离有哪几种？分别适用于哪些情况？

2. 非语言沟通的作用表现在哪些方面？

点燃思考

马婆婆，72 岁。高血压病 10 年，家住某小区 10–1–6 号，与老伴住在一起，性格开朗，喜好画画。神志清楚，右侧肢体肌力正常，左上肢能抬起至胸部，左下肢能抬离床面，卧床为主，活动出行依赖轮椅，进食进水需要协助。老人近来因疾病恢复慢，不能如以前一样画画，非常苦闷；女儿工作繁忙无法照顾母亲，通过智能手机与居家照护员预约上门为老人提供饮食照护。

思考：如果你是照护员，如何通过语言和非语言沟通缓解老年人的不良情绪？并写出马婆婆的照护计划。

项目六
老年服务有效沟通技巧

扫码获取
数字资源

学习目标

素质目标

1. 培养同理心、尊重意识与耐心细致度，树立爱老敬老观念，理解并接纳老年人。

2. 强化职业心理素质，增强社会责任感，保持对老年人需求的专业敏感度，树立真诚自信的职业服务形象。

3. 提升跨文化适应能力与团队协作精神，建立跨专业支持网络，有效协调照护资源。

知识目标

1. 掌握老年服务沟通的常见影响因素，老年人沟通冲突的处理技巧，老年服务有效沟通的原则与技巧。

2. 掌握电话网络沟通的基本方法及针对老年人特殊需求的沟通技巧。

3. 理解多元文化的概念，掌握不同文化背景下沟通方式的主要差异。

4. 深入理解求职沟通的关键要素，掌握不同求职场景下的沟通原则与话术。

5. 熟悉常见老年人沟通冲突产生的原因及类型，老年服务有效沟通的影响因素。

6. 熟悉常见电话网络沟通工具的基本操作知识。

7. 了解多元文化的概念及不同文化背景下沟通方式的主要差异。

能力目标

1. 能够针对不同老年人灵活运用沟通技巧，与老年人建立信任关系并化解沟通冲突，营造积极沟通氛围，进行有效沟通。

2. 能够运用电话网络、智能设备等现代技术优化沟通，熟练指导老年人使用相关工具，并解决其使用过程中遇到的问题，提升服务效率与老年人使用体验。

3. 具备识别并分析因文化差异导致的沟通障碍的能力，运用有效技巧跨越差异实现高效沟通。

4. 在团队合作中清晰、准确地表达对特殊群体照护的观点和建议，协同医疗、护理、康复等专业人员提供全面支持。

5. 在简历撰写、面试等求职环节中，能够运用沟通技巧清晰、有效地表达个人优势与职业匹配度，提升求职成功率，展现自信、真诚、积极的职业形象。

知识导图（图6-1）

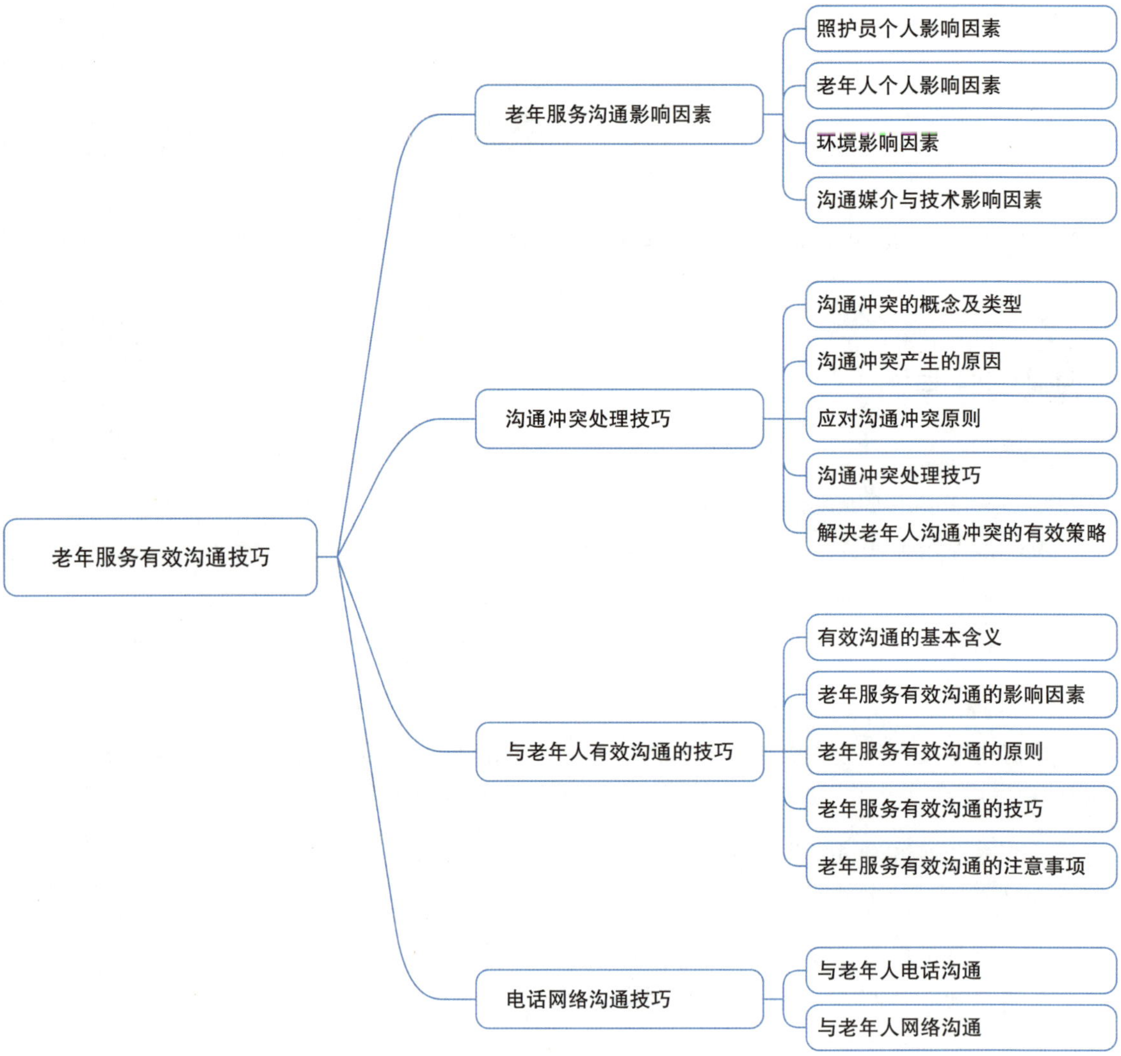
老年服务有效沟通技巧
老年服务沟通影响因素
照护员个人影响因素
老年人个人影响因素
环境影响因素
沟通媒介与技术影响因素
沟通冲突处理技巧
沟通冲突的概念及类型
沟通冲突产生的原因
应对沟通冲突原则
沟通冲突处理技巧
解决老年人沟通冲突的有效策略
与老年人有效沟通的技巧
有效沟通的基本含义
老年服务有效沟通的影响因素
老年服务有效沟通的原则
老年服务有效沟通的技巧
老年服务有效沟通的注意事项
电话网络沟通技巧
与老年人电话沟通
与老年人网络沟通

（续图）

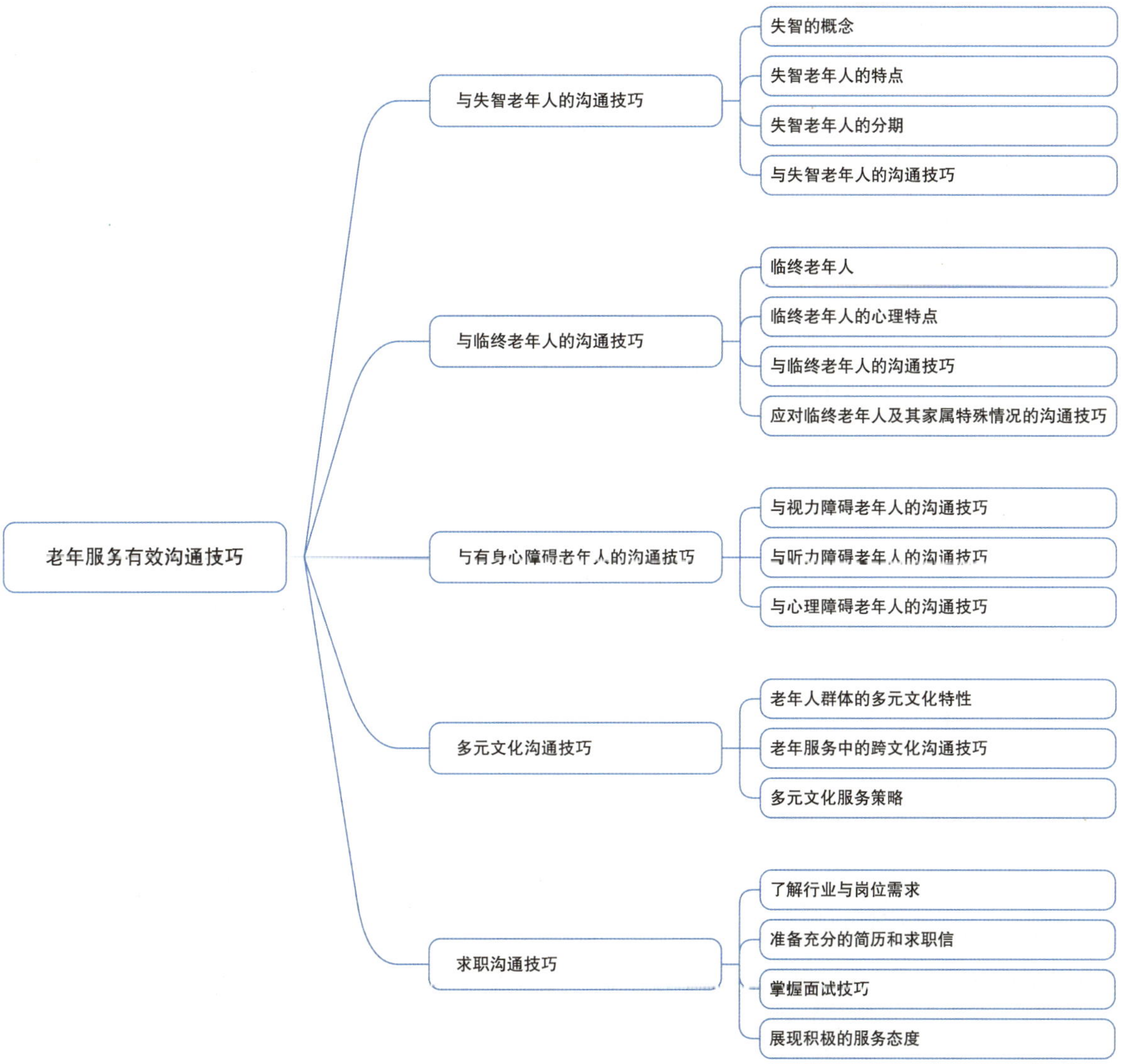

图 6-1　知识导图

课赛证对接

本项目旨在系统培养照护员的专业沟通能力，重点围绕老年人照护中的各类沟通场景展开。课程内容与“养老照护员”“心理咨询师”等职业资格标准对接，通过理论学习和实践训练相结合的方式，全面提升学员的沟通技能水平。对接职业竞赛标准，通过角色扮演、情景模拟等方式，重点考察学员在实际照护场景中识别需求、化解冲突、建立信任的专业表现，以及应对各类沟通难题的策略运用效果。

任务一　老年服务沟通影响因素

扫码获取
数字资源

案例导入

张爷爷，72 岁，退休前是中学教师，退休后因失去工作价值感，逐渐封闭自我。2 年前其老伴因病去世，子女定居国外，仅偶尔电话联系，入住养老院半年，常独自坐在窗边发呆，拒绝参与集体活动，饭量减少且夜间失眠。照护员发现他多次翻看旧相册，提到“活着没意思”。近期更因轻度肺炎抗拒服药，表示“治好了也没人在乎”。养老院评估其存在抑郁倾向，要求照护员在与其沟通中特别注意沟通技巧。

任务描述

1. 作为照护员，应如何针对张爷爷的情况进行个性化沟通？
2. 作为照护员，应如何应对其消极情绪，提高治疗依从性？

知识殿堂

扫码查看课件。

沟通是连接服务提供者与接受者的桥梁，而礼仪则是这一桥梁上的润滑剂，它们共同构成了高质量老年服务的基础。然而，在实际操作中，老年服务的沟通往往受到多种因素的影响，这些因素相互交织、共同作用，构成了复杂多变的沟通情境。为了提升老年服务质量，满足老年人的多样化需求，我们必须深入剖析这些影响因素，探索有效的沟通策略和礼仪规范。下面我们将从生理、心理、社会文化背景及沟通环境等多个维度出发，探讨老年服务沟通的影响因素及其应对策略，以期为广大服务提供者提供有益的参考和借鉴。

一、照护员个人影响因素

（一）照护员自身特质

1. 性格特征

外向与内向、耐心与急躁等。照护员的性格特征是其个人素质的重要组成部分，直接影响其与老年人沟通的效果。

（1）外向：外向型照护员通常充满活力，善于主动发起对话，他们往往能够迅速与老年人建立起友好关系，通过轻松愉快的交谈，深入了解老年人的需求和偏好。这种外向的性格特征有助于营造一个积极、活跃的服务氛围，使老年人感到被关注和重视。

（2）内向：内向型照护员虽然可能不擅长主动发起对话，但他们往往具备更强的倾听能力和同理心，能够更加细致地捕捉老年人的情感变化和需求细节。内向的照护员可以通过耐心倾听，给予老年人充分的表达空间，从而建立起深厚的信任关系。

（3）耐心：耐心是照护员与老年人沟通时不可或缺的性格特征。老年人的生理和心理状态可能使他们表达需求时显得缓慢或重复，而急躁的照护员可能会因此感到不耐烦，甚至产生抵触情绪，这将对沟通效果产生负面影响。相反，具备耐心的照护员能够始终保持平和的心态，给予老年人足够的时间来表达自己的需求，这种耐心和尊重将使老年人感到被理解和接纳。

2. 情绪管理能力

保持积极、稳定的情绪状态。情绪管理能力是衡量照护员专业素养的重要指标之一。在面对老年人时，照护员可能会遇到各种情绪问题，如焦虑、抑郁、烦躁等。具备良好的情绪管理能力，意味着照护员能够在面对这些情绪问题时保持冷静和专业，有效缓解老年人的焦虑或不满。

积极、稳定的情绪状态有助于照护员与老年人建立更加和谐的沟通关系。当照护员以积极的心态面对工作时，他们的言行举止将充满正能量，这种积极的氛围将感染到老年人，使他们感到更加安心和舒适。同时，稳定的情绪状态也意味着照护员能够在面对突发事件时保持冷静和理智，迅速做出正确的判断和决策，为老年人提供及时有效的帮助。

3. 专业知识与技能

对老年心理学、医学知识的了解程度。掌握老年心理学和医学知识是照护员提供高质量服务的基础。老年人由于生理和心理的特殊性，他们的需求和偏好往往与年轻人存在显著差异。了解老年心理学有助于照护员更好地理解老年人的行为和情感变化，从而提供更加贴心、专业的服务。例如，了解老年人常见的认知衰退现象，可以帮助照护员调整沟通方式，使用更加简单直接的语言与老年人交流，避免产生误解和冲突。

同时，掌握医学知识也是照护员必备的专业素养之一。老年人可能患有各种慢性疾病或急性病症，了解这些疾病的病因、症状和治疗方法，有助于照护员及时发现老年人的健康问题，并采取相应的照护措施。此外，医学知识还能帮助照护员更好地指导老年人进行健康管理和疾病预防，提高他们的生活质量。

（二）照护员的态度与观念

1. 尊重与同理心

尊重与同理心是照护员对待老年人的基本态度。尊重意味着照护员要承认并尊重老年人的个性和选择，给予他们充分的自主权。老年人由于生理和心理的特殊性，他们的行为和需求可能与年轻人存在显著差异。照护员应该尊重这些差异，避免以自己的标准来评判老年人。同时，尊重也意味着照护员要给予老年人足够的关注和关心，让他们感受到被重视和被关爱。

同理心则要求照护员能够站在老年人的角度思考问题，理解他们的需求和感受。老年人可能面临各种生理和心理挑战，如身体机能下降、认知能力衰退等。照护员应该具备同理心，能够设身处地地理解老年人的处境和感受，从而提供更加贴心、专业的服务。

2. 避免年龄认知偏差

年龄认知偏差是照护员在与老年人沟通时容易犯的错误。照护员可能会因为老年人的年龄而对他们产生刻板印象，如认为所有老年人都行动不便或记忆力差。这种刻板印象不仅会影响照护员对老年人的判断和决策，还可能导致歧视和偏见。

为了避免年龄认知偏差，照护员需要保持开放的心态和客观的判断力。他们应该认识到每个老年人都是独特的个体，拥有自己的生活经验和价值。照护员应该尊重老年人的个性和选择，避免以自己的标准来评判他们。同时，照护员还需要不断学习和了解老年人的生理和心理特点，以便更好地为他们提供服务。

3. 持续学习与成长

持续学习与成长是照护员不断提升自身专业素养的重要途径。随着社会的进步和老年人群体的变化，照护员需要不断学习新知识、新技能，以适应不断变化的服务需求。这包括最新的老年护理技术、心理健康干预方法等。

照护员应该保持对新知识的渴望和对新技能的探索精神。他们应该积极参加各种培训和学习活动，不断拓宽自己的知识面和技能领域。同时，照护员还需要将所学知识运用到实际工作中去，通过实践不断检验和完善自己的专业素养。

二、老年人个人影响因素

（一）生理变化

1. 听力、视力减退对沟通的影响

随着年龄的增长，老年人普遍面临听力下降（如老年性耳聋）和视力减退（如白内障、黄斑变性）的问题。这些生理变化直接影响到他们接收外界信息的能力，尤其是在面对面的交流中。听力障碍可能导致老年人误解对话内容，而视力不佳则可能使他们难以看清对方的表情和手势，从而错失非言语沟通的重要线索。

2. 言语不清或记忆减退的挑战

部分老年人因神经系统退化，可能出现言语表达不清或记忆力显著下降的情况。这不仅影响他们表达自己的需求和感受，也使得他人理解其意图变得困难。记忆减退还可能导致老年人重复提问或讲述同一件事，给照顾者带来压力。

3. 身体疼痛或疾病对情绪与沟通的影响

长期的身体疼痛或慢性疾病会极大地影响老年人的情绪状态，导致他们情绪低落、易怒或抑郁，进而影响其与他人沟通的方式和意愿。身体不适还可能限制老年人的行动能力，使得参与社交活动变得困难。

4. 失智老年人的特殊沟通

对于失智症（如阿尔茨海默病）患者，沟通的挑战更为复杂。他们可能经历语言能力的退化，混淆现实与幻想，甚至失去时间感和空间感。有效的沟通需要极高的耐心、同理心和适应性。

（二）心理特征

1. 孤独感、恐惧感与依赖心理

老年人因身体机能下降、社交圈子缩小、亲人离世等原因，容易感到孤独和恐惧。这种心理状态会促使他们更加依赖家人或照顾者，但同时也可能因过度依赖而产生内疚或不安。

2. 对衰老的认知与接受程度

老年人对衰老的认知和接受程度各不相同，有的老年人能够积极面对，视之为生命的一部分；而有的则可能因无法接受自己身体的变化而陷入消极情绪。这种心态直接影响到他们与他人的沟通态度和方式。

3. 过去经历对沟通偏好的塑造

每个人的成长背景和人生经历都会塑造其沟通偏好。老年人尤其如此，他们的过去经历（如职业、文化、家庭环境）往往深刻影响着他们如何表达自己的想法和感受，以及期待他人如何回应。

（三）社会角色转变

1. 从工作者到退休者的身份转换

退休标志着老年人从职业生涯向休闲生活的转变，这种身份转换往往伴随着角色认同的重建。对于长期投入工作的老年人来说，退休可能带来空虚感和失落感，影响他们的自我价值感和社交参与度。

2. 家庭地位变化对自我认同的影响

随着年龄的增长，老年人在家庭中的地位可能会发生变化，从决策者转变为被照顾者。这种地位的转变可能引发自尊心受损和自我价值感的下降。

3. 与社会脱节感及其沟通需求

老年人因身体条件限制、信息获取渠道有限或社交圈子缩小等原因，容易感到与社会脱节。这种脱节感不仅影响他们的心理健康，还可能导致沟通障碍，因为他们可能缺乏与当前社会话题相关的知识和兴趣。

通过上述分析，我们可以看到，理解并应对老年人个人影响因素对于提升老年服务质量至关重要。作为服务提供者，我们需要具备高度的同理心和专业知识，灵活调整沟通策略，以满足每位老年人的独特需求，促进他们的身心健康和社会参与。

课堂讨论

小李和小张是同一个社区服务中心的两名照护员，但是两位的性格截然不同：小李性格外向、热情洋溢，善于用幽默化解尴尬，与老年人沟通时能够迅速拉近距离；小张性格内向、沉稳细致，对待工作一丝不苟，在与老年人交流时，他更注重细节。

一天，社区里的王奶奶因为家中的水管漏水，急需帮助。小李得知后，第一时间赶到现场，用他的热情和幽默安抚了焦急的王奶奶，一边检修水管，一边与王奶奶聊起了家常，让原本紧张的氛围变得轻松愉快。王奶奶对小李的服务赞不绝口，觉得像是家里多了一个孝顺的孙子。

而另一边，小张则负责为李爷爷安排定期的血压监测和健康讲座。李爷爷是个沉默寡言的老年人，对外部世界显得有些防备。小张通过细致入微地观察，发现李爷爷对健康讲座的内容特别感兴趣，但从不主动提问。于是，小张在每次讲座后，都会主动找到李爷爷，用简短而精准的语言总结重点，并耐心解答李爷爷心中的疑惑。渐渐地，李爷爷对小张产生了信任，开始主动分享自己的健康状况，两人的关系也变得更加亲近。

虽然小李和小张都以各自的方式赢得了老年人的喜爱和信任，但他们的沟通风格在面对不同性格的老年人时，效果却有所不同。例如，对于喜欢热闹、需要情感支持的老年人，小李的活泼和直接更能满足他们的需求；而对于性格内向、更注重细节和隐私的老年人，小张的沉稳和细致则更加贴心。

讨论：作为照护员，如何培养自己的“性格适应性”，以更有效地满足不同老年人的沟通需求？如何根据老年人的性格和需求，灵活调整沟通策略？

三、环境影响因素

在老年服务领域，沟通的有效性不仅依赖于个人的沟通技巧和态度，还深受周围环境的影响。环境因素作为沟通背景的重要组成部分，直接或间接地塑造着沟通的氛围和效果。

（一）物理环境

物理环境是老年人日常生活和接受服务时最直接感受到的外部环境，其舒适度、安全性和便利性对沟通效果有着显著影响。

1. 空间布局

（1）光线：充足而柔和的自然光能够改善老年人的心情，增加视觉清晰度，有利于双方面部表情和肢体语言的传递，从而增强沟通效果。例如，某养老院在设计公共活动区时，采用了大面积的开窗设计，确保室内光线充足，同时安装了可调节亮度的灯具，以适应不同时间和天气条件下的光线需求。这一设计不仅提高了老年人的活动参与度，还使得工作人员在沟通时能更好地观察老年人的表情变化，及时调整沟通策略。

（2）噪声：过高的噪声水平会干扰老年人的听力，影响信息的接收和理解。某社区服务中心通过安装隔音材料、限制高噪音活动的时间段，以及使用低噪音的家具和设备，有效降低了室内噪声水平。此外，他们还设置了安静的阅读区和休息区，为老年人提供了一个宁静的交流环境，促进了深度沟通的发生。

（3）私密性：保护老年人的个人隐私是沟通中的基本原则。一家老年护理机构在咨询室和个人房间的设计上，采用了隔音门和窗帘，确保了老年人在与工作人员或家人沟通时的私密性。同时，他们还制订了严格的访客管理制度，避免未经许可的人员进入老年人居住区域，增强了老年人的安全感和信任感。

2. 设施设备的适老化设计

适老化设计是指根据老年人的生理特点，对设施设备进行改造和优化，以提高其使用的便捷性和安全性。例如，某养老社区在公共浴室安装了防滑地板、扶手和可调节高度的淋浴椅，不仅减少了老年人跌倒的风险，还便于工作人员在协助老年人洗澡时进行更有效的沟通，如提醒水温、询问舒适度等。

3. 沟通辅助工具的使用

针对视力或听力下降的老年人，使用沟通辅助工具是提升沟通效率的关键。一家老年医院为每位视力不佳的患者配备了放大镜，并在病房内安装了字幕显示屏，方便他们阅读医疗信息和观看教育视频。对于听力受损的老年人，医院则提供了助听器，并在重要通知时采用手语、文字提示等多种沟通方式，确保信息的准确传达。

（二）文化与环境差异

文化背景的不同影响着人们的沟通习惯、语言表达和价值观念，对于老年人而言，这种差异可能更加显著。

1. 不同地域、民族的文化习俗

我国地域辽阔，民族众多，各地的文化习俗差异显著。例如，在北方某城市的一家养老院，春节期间会组织包饺子、贴春联等传统活动，以适应本地老年人的文化习惯，促进情感交流。而在南方地区，养老院则可能更倾向于举办赏花灯、吃汤圆等活动，以庆祝佳节。这些活动不仅丰富了老年人的精神生活，还通过共同的文化体验加深了彼此间的理解和尊重。

2. 城乡差异对沟通方式的影响

城乡老年人因生活环境、教育水平和社会经历的不同，在沟通方式上也存在差异。城市老年人可能更倾向于使用智能手机、社交媒体等现代通信工具，而农村老年人则可能更依赖于面对面的交流和传统的信息传递方式。 家跨地域的老年服务机构，通过开设线上健康讲座和线下邻里互助小组，既满足了城市老年人对便捷信息获取的需求，又照顾到了农村老年人对社区归属感的渴望，有效促进了城乡老年人之间的沟通与融合。

3. 价值观的差异

价值观是影响老年人沟通态度和行为的深层次因素。对于注重家庭观念的老年人，服务机构会鼓励家庭成员的参与，共同制订照护计划，强化家庭支持网络，促进家庭内部的和谐沟通。

（三）组织氛围与团队支持

组织内部的文化氛围和团队支持机制对于提升老年服务质量至关重要，它们直接影响到工作人员的沟通意愿和能力。

1. 工作团队的协作与沟通文化

一个高效的工作团队需要建立在良好的协作与沟通文化之上。某养老服务机构通过定期举办团队建设活动和沟通技巧培训，增强了团队成员之间的信任与合作。他们鼓励开放式的沟通，无论是工作中的问题还是个人的困惑，都可以在团队会议上提出并讨论，这种氛围促进了信息的透明流通，减少了误解和冲突，提高了老年服务的整体效率和质量。

2. 管理层的支持与资源投入

管理层的支持和资源投入是构建良好组织氛围的基础。一家高端养老社区的管理层高度重视员工的职业发展，不仅提供了丰富的培训资源，还设立了奖励机制，表彰在沟通和服务方面表现突出的员工。此外，他们还投入资金引入了先进的沟通辅助技术和设备，如智能语音助手和远程医疗系统，为老年人提供更加个性化、高效的服务体验。

3. 应对紧急情况的沟通机制

面对紧急情况，如老年人突发疾病或自然灾害，有效的沟通机制是保障老年人安全的关键。某养老机构制订了详细的应急预案，包括紧急联系人名单、疏散路线图和定期举行的应急演练。在紧急情况下，工作人员能够迅速启动预案，通过广播、短信、电话等多种方式向老年人及其家属传达信息，确保信息的准确性和及时性，有效降低了紧急事件带来的风险和影响。

所以，环境因素在老年服务沟通中扮演着不可或缺的角色。通过优化物理环境、尊重文化与环境差异、构建积极的组织氛围与团队支持，可以显著提升沟通效果，为老年人提供更加贴心、高效的服务。

四、沟通媒介与技术影响因素

在探讨老年服务的沟通影响因素时，沟通媒介与技术因素无疑占据了举足轻重的地位。随着科技的飞速发展，传统沟通方式与现代技术正逐步融合，为老年人提供更加多元化、便捷化的沟通渠道。然而，这一过程也伴随着技术障碍与挑战，需要我们细致考量并采取措施予以应对。

（一）传统沟通方式与现代技术的融合

1. 面对面沟通的技巧与策略

面对面沟通作为最为直接和传统的沟通方式，在老年服务中依然占据核心地位。它不仅能够传递言语信息，还能通过表情、肢体语言等非言语元素传递情感，增强沟通效果。在老年服务中，工作人员需掌握一定的沟通技巧，如保持耐心、倾听老年人的需求、用简单易懂的语言表达等。此外，还可以利用现代技术辅助面对面沟通，如使用平板电脑展示图片或视频，帮助老年人更好地理解信息。

2. 电话、视频通话等远程沟通方式的应用

随着智能手机的普及，电话和视频通话成为老年人与亲友保持联系的重要渠道。这些远程沟通方式打破了地域限制，让老年人即使身处养老院也能感受到家人的关怀和温暖。工作人员可以指导老年人使用这些功能，帮助他们建立与家人的定期联系。

3. 利用社交媒体和数字平台增进互动

社交媒体和数字平台如微信、微博等，为老年人提供了更加丰富的社交体验。通过加入兴趣小组、参与线上活动等方式，老年人可以结识新朋友，拓宽社交圈子。同时，这些平台也是获取信息和分享生活点滴的重要渠道。

（二）技术障碍与适应

1. 老年人对新技术的接受程度

尽管现代技术为老年人提供了诸多便利，但他们对新技术的接受程度却因人而异。部分老年人因年龄、教育背景等因素，对新技术存在畏难情绪。因此，在老年服务中，我们需要耐心引导、逐步培养老年人对新技术的接受程度和使用熟练度。

2. 技术故障的处理与预防

技术故障是在使用现代技术过程中不可避免的问题。对于老年人而言，技术故障可能会带来挫败感和焦虑情绪。因此，我们需要建立完善的故障处理机制，确保在老年人遇到问题时能够迅速得到响应和解决。同时，通过定期维护和更新设备、提供用户友好的操作界面等方式，预防技术故障的发生。

3. 确保技术使用的无障碍性

为了确保老年人能够顺利使用现代技术，我们需要关注技术的无障碍性设计，这包括提供清晰的操作界面、支持语音输入和输出、提供多语言选项等。此外，我们还可以通过定制化的服务

方案，满足老年人个性化的技术需求。

因此，沟通媒介与技术因素在老年服务中发挥着重要作用。通过融合传统沟通方式与现代技术、克服技术障碍并确保技术使用的无障碍性，我们可以为老年人提供更加便捷、高效的沟通渠道和服务体验。

任务实施

1. 情景设定

张爷爷，72 岁，退休后价值感缺失，丧偶，子女疏离。入住养老院半年，常独坐，拒绝参与集体活动，食欲差、失眠。经常翻看旧相册，提到“活着没意思”。近期肺炎抗拒服药，表示“治好了也没人在乎”。养老院评估其存在抑郁倾向。

2. 问题引入

（1）分组讨论：作为照护员，应如何针对张爷爷的情况进行个性化沟通？应如何应对其消极情绪，提高治疗依从性？

（2）探讨张爷爷心理层面：社会角色丧失、丧亲创伤、自我价值感缺失。

（3）沟通的目标：重建生活意义感、缓解孤独、建立信任关系。

（4）面临的挑战：如何避免说教式安慰？如何引导其表达深层情绪？

3. 老年服务沟通技巧示范与讲解

（1）照护员个人因素：

1）情绪管理：保持平和，避免因老年人负面情绪产生挫败感。轻声询问：“张老师，您最近总看相册，是想念师母了吗？”以开放性问题引导倾诉。

2）文化敏感度：尊重其教师身份，以“张老师”称呼，唤醒职业荣誉感，关联社会价值。如“您教了那么多学生，他们一定常想起您。”

（2）老年人个人因素：

1）认知特点：退休教师逻辑性强，需用理性沟通替代情感施压，可关联其兴趣。如“我理解您觉得吃药没用，但肺炎会影响您给学生写信的精力。”

2）性格特质：内向且自尊心强，避免直接提及“抑郁”“治疗”等标签。如通过活动邀请侧面引导，赋予其责任角色：“周末有老教师茶话会，您愿意帮我们选诗歌吗？”

（3）综合技巧应用：

1）共情式倾听：点头、重复关键词“觉得没人需要了”，传递理解。

2）重构价值认知：挖掘其教学经验，提议将教学经验整理成教案供养老院学习角使用。

3）渐进式目标：从每日散步 10 分钟到参与小组活动，逐步重建社交信心。

4. 总结与反思

在照护过程中一定要对老年人有尊重与耐心，避免急于解决问题，优先建立情感联结；回顾整个模拟交流过程中遇到的问题和收获。

任务评价

从模拟过程中的表现、技能掌握情况、问题解决能力等维度进行评价，重点突出对老年服务沟通技巧运用的考核（表 6–1）。

表 6–1　任务评分标准（满分 100 分）

评分项目	评分标准
参与度（20 分）	16 ～ 20 分：积极参与小组讨论，主动发表观点，提出有价值的想法。 10 ～ 15 分：参与讨论，但发言较少，能跟上讨论节奏。 0 ～ 9 分：基本不参与讨论，需要他人多次督促。
情景分析与策略制定（20 分）	16 ～ 20 分：分析覆盖所有关键因素，沟通策略有创新点，技巧示范具体可操作。 10 ～ 15 分：分析较全面，策略合理但缺乏细节，反思部分较笼统。 0 ～ 9 分：仅覆盖基础问题，技巧应用模式化，无个性化设计。
技巧应用与创新性（20 分）	16 ～ 20 分：沟通技巧应用十分有效，有较强的个人创新性与实用性。 10 ～ 15 分：技巧应用合理但缺乏细节，创新部分较笼统。 0 ～ 9 分：仅覆盖基础问题，技巧应用模式化，无个性化设计。
模拟场景表现（30 分）	24 ～ 30 分：在模拟场景中，能灵活运用礼仪原则，有效理解并回应老年人的需求，服务方式得体且专业。 15 ～ 23 分：在模拟场景中，能完成基本的服务，但礼仪原则运用不够流畅，需要一定时间理解老年人需求。 0 ～ 14 分：在模拟场景中，服务方式生硬，未能有效理解并回应老年人的需求。
总结反思能力（10 分）	8 ～ 10 分：能全面、深入地总结老年服务礼仪的运用情况，分享成功与失败经验，并提出改进建议。 5 ～ 7 分：能总结主要内容，但对礼仪原则的运用情况分析不够深入，缺乏具体的改进措施。 0 ～ 4 分：总结内容空洞，未针对老年服务礼仪进行有效反思。

【练习题】

扫码查看参考答案。

A1 型题

1. 哪种性格特征的服务人员更可能通过耐心倾听与老年人建立起深厚的信任关系？（　　）

A. 外向且善于表达

B. 内向且细心倾听

C. 急躁且缺乏耐心

D. 冷漠且不易接近

E. 幽默但容易分心

2. 服务人员在与老年人沟通时，如何保持积极、稳定的情绪状态？（　　）

A. 忽视老年人的情绪问题

B. 遇到不满时立即反驳

C. 具备良好的情绪管理能力

D. 依赖外部支持来稳定情绪

E. 通过自我反思调整心态

3. 服务人员避免对老年人产生年龄认知偏差的关键在于什么？（　　）

A. 专注于学习老年心理学知识

B. 保持开放心态和客观判断力

C. 强调老年人的共性而非个性

D. 依赖自己的主观经验来评判

E. 定期对老年人进行心理评估

4. 老年人听力下降对沟通的主要影响是什么？（　　）

A. 导致老年人表达能力下降

B. 使老年人难以理解对话内容

C. 增加老年人身体疼痛的风险

D. 限制老年人参与社交活动的意愿

E. 降低老年人对非语言信号的敏感度

5. 为了缓解老年人因退休而产生的空虚感和失落感，以下哪种做法可能最有效？（　　）

A. 鼓励老年人减少社交活动

B. 为老年人提供大量的物质支持

C. 邀请老年人参与社区的志愿服务

D. 让老年人完全依赖家人的照顾

E. 培养老年人独自进行个人爱好

6. 老年人对衰老的认知和接受程度会如何影响他们的沟通态度和方式？（　　）

A. 直接影响他们的身体健康

B. 导致他们完全避免与他人沟通

C. 深刻影响他们的沟通态度和方式

D. 仅影响他们对健康生活的追求

E. 促使他们更依赖社会参与活动

任务二 沟通冲突处理技巧

扫码获取
数字资源

案例导入

王奶奶，因一次意外导致行动不便，子女工作繁忙无法常伴左右，王奶奶的生活因此变得艰难。一天，王奶奶来到社区服务中心，希望寻求一些照顾自己的建议，然而听力下降和言语不清成为她与工作人员沟通的巨大障碍。面对这样的挑战，一些工作人员显得有些手足无措，甚至流露出不耐烦的情绪。同样作为社区志愿者的小李，他耐心地坐在王奶奶身旁，用温和的语气和鼓励的眼神，让王奶奶感受到了被尊重和理解的温暖。尽管需要反复倾听和耐心引导，但小李从不放弃，直到完全理解王奶奶的需求。在小李的帮助下，王奶奶不仅得到了实用的照顾建议，更重要的是，她感受到了来自社区的关怀与尊重。

任务描述

1. 如果你作为照护员，该如何与王奶奶沟通？

2. 因为王奶奶听力下降和言语不清，有些工作人员流露出不耐烦的情绪，你认为照护员在工作时应该如何应对沟通冲突？

知识殿堂

扫码查看课件。

一、沟通冲突的概念及类型

沟通冲突是指在沟通过程中，由于信息误解、需求差异、情绪对立等原因导致的双方或多方的矛盾和对立状态。在老年服务中，沟通冲突可能发生在照护员与老年人之间、老年人与家属之间等。

在老年服务中，沟通冲突的类型主要包括以下几点（表 6–2）。

表 6–2 沟通冲突的类型

语言理解冲突	老年人可能存在听力下降、言语不清或对方语言表达不当，导致信息误解。如老年人听力减退，没听清照护员的说明，产生误解。
需求满足冲突	老年人需求未被及时满足或满足方式不符合期望。像老年人想调整活动时间，照护员未充分沟通就安排原时间，引发冲突。
情感沟通冲突	老年人情绪波动或照护员态度不当引发情感对立。如老年人因身体不适对照护员发脾气，照护员若缺乏耐心，会加剧冲突。
服务方式冲突	照护员服务方式不符合老年人习惯或需求。如老年人习惯某种护理方式，照护员突然改变未解释清楚，导致老年人不满。

续表

家属介入冲突	老年人家属对照护员工作方式或老年人生活安排有异议，产生矛盾。如家属认为照护员照顾不周，与照护员发生争执。
角色认知冲突	老年人对照护关系认知有偏差，产生抵触情绪。如老年人认为照护员过度干涉，产生冲突。

二、沟通冲突产生的原因

（一）老年人生理特点

1. 感官功能退化

老年人的视觉、听觉功能会逐渐衰退。视力下降可能导致他们难以看清对方的表情、肢体语言以及周围环境，从而影响对信息的接收和理解；听力减退则会使他们在听清楚对方说话内容时存在困难，容易出现误解或需要反复询问的情况，给沟通带来阻碍，进而引发冲突。

2. 身体疾病困扰

许多老年人患有各种慢性疾病，如糖尿病、关节炎、心血管疾病等。这些疾病不仅会影响他们的身体状况和情绪，还可能导致他们在沟通时精力不集中、耐心不足。例如，患有疼痛性疾病的老年人可能会因为疼痛的折磨而变得烦躁，对沟通内容不太关注，甚至可能会因为疼痛而中断沟通，导致沟通冲突。

知识延伸

糖尿病饮食注意事项

常言道：“饮食是生活的基础。”对于糖尿病患者来说，科学的饮食控制是调治的关键环节，其控制效果会直接影响病情发展。

1. 规划饮食计划

每个患者情况各异，应根据病情、活动量等信息，初步规划饮食计划。日常需依据就餐情况、体力活动、血糖监测数据、胃肠道功能等，及时调整膳食。

2. 合理安排餐次

对于病情稳定的老年人，至少要保证一日三餐。血糖波动大、易出现低血糖的老年人则需要适当加餐，每日进餐 5 ~ 6 次。

3. 饮食控盐需注意细节

很多老年人在控制盐摄入量方面存在误区，虽然每次做饭都用限盐勺等工具，却忽视了很多“含盐大户”，例如酱油、酱豆腐等。因此，避免吃盐过多，应从两方面入手：一是减少看得见的盐的摄入；二是注意减少隐形盐的摄入。

4. 科学分配营养成分比例

合理控制总热量是糖尿病营养治疗的核心原则，以维持或略低于理想体重为宜。蛋白质摄入量应占每日总热量的 10% ~ 15%；脂肪摄入量需控制在 30% 以内；碳水化合物摄入量则应保持在 50% ~ 60%。

3. 认知功能减弱

部分老年人可能出现认知功能障碍，如记忆力减退、思维迟缓、定向力障碍等。这会使他们在理解和记忆沟通内容时存在困难，可能刚说过的事情转眼就忘，或者对一些复杂的指令和信息难以理解，需要照护员反复解释和提醒，从而容易引发沟通冲突。

（二）老年人心理原因

人到老年时，心理会发生显著变化，容易产生心理问题，这些心理问题常常是沟通冲突的重要诱因。

1. 失落感引发的沟通冲突

由于主导关系、社会关系、生活环境、社会角色的变化，老年人在心理上感到失落，觉得自己被冷落了。这种失落感使他们在沟通中容易表现出情绪低落、不主动交流的情况，甚至对照护员的关心和帮助反应冷淡，导致沟通不畅，进而引发冲突。

2. 孤独感引发的沟通冲突

老年人的人际关系结构比较稳定，不容易结交新朋友，导致他们的社交圈子逐渐缩小，产生封闭心理，从而产生孤独感。孤独感使他们在沟通中可能表现出被动、不愿意交流，或者在交流中过于关注自身情感表达而忽视他人感受，导致沟通障碍，增加冲突可能性。

3. 自卑感引发的沟通冲突

老年人认为自己有经验、有才华，却无从发挥，感觉自己成了只会吃饭、不做事的人。这种自卑感使他们在沟通中容易缺乏自信，对自己观点和需求表达不明确，或者过于敏感地对待他人评价，从而引发沟通冲突。

4. 疑虑感引发的沟通冲突

由于各方面能力的下降，老年人误以为自己的价值也下降了。强烈的自尊心使他们产生了抗拒一切的情绪，最怕别人看不起自己。疑虑感使他们在沟通中容易对他人话语和行为持怀疑态度，过度解读他人意图，甚至故意曲解他人意思，导致沟通冲突频繁发生。

（三）工作人员态度与能力

1. 服务态度

（1）缺乏耐心：面对老年人重复询问或沟通节奏缓慢时，照护员容易表现出不耐烦，使老年人感到被轻视，进而引发冲突。

（2）不尊重：对老年人的需求和感受漠视，或在沟通中使用不恰当、不礼貌的语言，严重伤害老年人的自尊心，导致冲突升级。

（3）冷漠：态度冷淡、缺乏主动关怀，使老年人感到被疏远，降低对服务的信任度，增加沟通障碍。

（4）情绪管理不当：照护员自身情绪波动时，如将个人负面情绪带入工作，容易在沟通中与老年人产生摩擦，引发冲突。

2. 服务能力

（1）沟通技巧不足：不懂得倾听、不会恰当运用语言和非语言表达，使老年人难以理解其意图，导致沟通误解。

（2）专业知识欠缺：对老年服务相关知识掌握不足，无法准确解答老年人疑问或提供专业建议，引发老年人不满。

（3）问题解决能力弱：面对老年人提出的复杂问题或需求时，缺乏灵活应变和有效解决问题的能力，使老年人问题得不到及时解决，进而导致沟通冲突。

（4）文化素养差异：与老年人存在文化背景、生活习惯等方面的差异，且缺乏对老年文化的了解，容易在沟通中产生误解和冲突。

（四）环境因素

1. 沟通场所环境

（1）噪声干扰：嘈杂的环境会影响老年人的听力和注意力，使他们难以听清对方说话的内容，也难以集中精力进行沟通。例如，在嘈杂的公共场所，老年人可能会因为噪音干扰而拒绝沟通或者沟通效果不佳，进而引发沟通冲突。

（2）光线不足：光线不足的环境会影响老年人的视力，使他们难以看清对方的表情和肢体语言，也难以阅读相关的文字信息。因此，沟通场所应该保持充足的光线，以便老年人能够更好地进行沟通，否则可能会因为误解对方表情或信息而产生冲突。

2. 时间选择

（1）身体疲劳时：老年人的身体机能相对较弱，容易疲劳。如果在他们身体疲劳时进行沟通，可能会影响他们的沟通效果。例如，刚进行完体力活动或者长途旅行的老年人，可能会因为身体疲劳而无心沟通，甚至可能会因为疲劳而产生烦躁情绪，导致沟通冲突。

（2）情绪不佳时：老年人的情绪波动也会影响沟通效果。如果在他们情绪不佳时进行沟通，可能会引发他们的抵触情绪，导致沟通失败。例如，刚刚经历亲人离世或者身体不适的老年人，可能会因为情绪低落而拒绝沟通，若此时强行沟通，极易引发冲突。

三、应对沟通冲突原则

（一）尊重原则

在老年服务中，无论沟通冲突多么激烈，照护员都必须坚守尊重老年人人格尊严和意愿的原则，坚决避免任何可能伤害老年人自尊心的言行。尊重是有效沟通的基石，只有让老年人感受到被尊重，他们才更愿意敞开心扉，与照护员合作解决问题。例如，当老年人对服务提出意见或抱怨时，照护员应当耐心听取，保持平和的态度，不急于反驳或轻视老年人的感受。即使老年人的观点可能不够客观或准确，也应以委婉的方式表达不同意见，充分尊重老年人的表达权和人格尊严。

（二）耐心原则

老年人在沟通中可能会出现重复询问、表达缓慢或情绪激动等情况，这就要求照护员具备足够的耐心。耐心不仅是一种工作态度，更是处理沟通冲突的有效手段。面对老年人重复询问同一问题，照护员应始终保持微笑，不厌其烦地给予详细解答，避免流露出不耐烦的情绪。在老年人表达较为缓慢时，照护员要有足够的耐心倾听，不催促、不打断，让老年人按照自己的节奏完成表达。当老年人情绪激动时，照护员更应冷静对待，给予老年人足够的时间和空间来宣泄情绪，通过耐心地安抚和引导，帮助老年人平复情绪，从而顺利化解沟通冲突。

（三）同理心原则

同理心是理解他人感受并设身处地为他人着想的能力，在老年服务中尤为重要。照护员应学会站在老年人的角度，去感受和理解他们的内心世界，从而给予恰当的情感支持。老年人由于身体机能下降、生活变化等因素，可能会产生各种情绪和需求，如因病痛而烦躁、因孤独而渴望陪伴等。当老年人因病痛对照护员发脾气时，照护员不应计较老年人的态度，而应理解其痛苦，用温暖的话语和关怀的行动去安抚老年人。例如“我能理解您现在的不舒服和烦躁，这一定很难受，我们会一直陪着您，帮您尽快好起来。”通过这种共情式的回应，让老年人感受到被理解和支持，有效缓解沟通冲突。

（四）积极倾听原则

积极倾听是有效沟通的关键环节，也是处理沟通冲突的重要原则之一。照护员在与老年人沟通时，应全神贯注地倾听老年人的表达，不随意打断或插话，通过专注的神情、适当的肢体语言和简短地回应来表示对老年人的关注和重视。例如，在老年人讲述自己的经历或诉求时，照护员可以点头表示理解，适时地说“我明白您的感受”“您继续讲，我在这里听”等话语，让老年人知道自己的话被认真对待。同时，积极倾听还能帮助照护员更准确地把握老年人的需求和情绪，为后续的沟通和问题解决提供有力依据，从而避免因误解或忽视老年人的感受而引发的冲突升级。

知识延伸

“同理心”的含义与培养

1. 同理心的本质与重要性

同理心作为一种复杂而深刻的沟通理念，要求个体在交流过程中摒弃自身主观视角，从对方的立场和视角出发，深入理解其感受、想法及行为背后的动因。它不仅是情感层面的共鸣，更是一种需要付出认知努力的行为，旨在建立和深化人与人之间的情感连接。

同理心在沟通中具有重要意义，主要体现在其能够消除人际间的隔阂与误解，推动双方在更深层次上实现相互理解和尊重。在沟通场景中，同理心使个体能够精准感知对方的情绪状态、需求及潜在意图，从而做出恰当且体贴的回应，进而提升沟通效果和质量。

2. 同理心的培养

（1）主动倾听，全神贯注：同理心的起点在于倾听。有效地倾听不仅仅是听见对方说了什么，更重要的是理解对方未说之言，感受其背后的情绪与需求。这需要我们在倾听时保持高度的专注，避免分心或打断对方，用眼神交流、点头等非言语方式表达关注和理解。

（2）情感共鸣，换位思考：在倾听的基础上，我们需要尝试换位思考，将自己置于对方的位置，想象自己处于同样的情境下会如何感受和反应。这种情感上的共鸣能够加深我们对对方的理解，减少误解和偏见。

（3）反馈确认，展现共情：同理心的表达同样重要。通过复述对方的话语或总结其感受，我们可以向对方展示自己确实在倾听和理解。使用“我明白你的感受”“如果我是你，我也会这么想”等语句，可以进一步确认我们的理解是否准确，同时传递出共情的信号。

（4）持续实践，形成习惯：同理心的培养不是一蹴而就的，它需要我们在日常生活中不断实践，逐渐内化为一种习惯。无论是与家人、朋友还是同事沟通，都可以尝试运用同理心，从对方的角度思考问题，这将有助于我们建立更加和谐的人际关系。

四、沟通冲突处理技巧

（一）构建信任与理解

在与老年人的日常交往中，沟通冲突如同生活中的小插曲，难以完全避免。然而，掌握并运用一系列专为这一特殊群体设计的冲突处理技巧，能够帮助我们更好地化解矛盾，维护良好的人际关系。

1. 积极倾听

积极倾听是构建信任与理解的关键。它要求照护员全身心投入，通过眼神交流、点头等非言语信号，展现对老年人的尊重与关怀，让老年人感受到被重视。

2. 注意肢体语言

与老年人交流时，照护员需保持开放姿态，避免交叉双臂、频繁看表等防御性动作，这些动作可能被误解为不耐烦或不尊重。相反，微笑、点头等鼓励性肢体语言，以及保持眼神接触，能够传递真诚与友善，让老年人感受到关注与尊重。

3. 适时提问，确认理解

在倾听过程中，照护员应适时提问以确认对老年人话语的理解，确保信息准确传达，避免误解。例如，使用“您刚才的意思是……吗？”或“能否请您详细说明一下？”等反馈句式，这不仅有助于信息的准确获取，也体现了对老年人观点的尊重。

4. 倾听情感需求，增进理解与信任

老年人往往更加敏感和脆弱，他们渴望被理解、被尊重、被关爱。照护员在倾听时，需用心感受老年人的情感波动，给予足够的关注和支持。当老年人感受到真诚与善意时，他们会更愿意分享自己的经历和感受，从而增进彼此的理解与信任，为有效沟通和冲突解决奠定基础。

（二）清晰表达

在与老年人沟通时，除了积极倾听，清晰、诚实地表达自己的感受与需求同样重要。这有助于减少误解，促进双方的理解和信任。

1. 以第一人称表达感受

在交流中，我们应学会运用“我”语句来表达自己的感受和想法，如“我感到有些困惑，因为……”或“我觉得这样做可能不太合适，因为……”这种方式可以有效避免对老年人的指责和批评，使他们更容易接受我们的观点。

2. 保持诚实和真实

表达感受时，要坦诚相待，不隐瞒自己的不满或困惑。同时，注意避免过于情绪化或攻击性的言辞，以免加剧冲突。如“我感到受伤，因为我觉得自己没有被充分尊重”或“我希望我们能够找到一个更好的解决方案，因为这样做对我们双方都有益”。

3. 具体明确地描述需求

在表达需求时，要清晰、具体地说明事件和期望的结果，避免模糊或笼统地表述。如“我希望每周有一个下午，我们可以一起聊天、晒太阳，这样我会很开心”或“我希望在做决定之前，能先听听我的想法”。

4. 注意语气和态度

与老年人沟通时，语气和态度至关重要。避免使用命令或指责的语气，而是采用请求或建议的方式来表达自己的需求。如“希望您能考虑一下我的建议”或“不知您觉得这样做怎么样？”这样的表达方式更易于被接受，有助于维护和谐的沟通氛围。

（三）寻求共同点

在与老年人沟通并寻求解决方案时，我们应认识到，尽管存在观念差异，但对家庭、亲情等核心价值的认同是共同的。为了找到共同点，我们需要从老年人的角度出发，理解他们的立场和需求，同时也要从自己的角度出发，思考如何平衡双方的利益和需求。在沟通中，保持开放和包容的心态，尊重他们的意见和选择，同时表达自己的需求和期望。在找到共同点后，我们可以基于可行性、公平性和双方满意度共同评估每个方案，最终选择能够平衡双方利益的方案，并明确实施步骤和责任分配。在实施解决方案时，我们需要保持耐心和坚持，相信只要保持积极的心态和行动，就一定能找到双方都能接受的解决方案，并共同营造一个和谐的代际交往环境。

五、解决老年人沟通冲突的有效策略

（一）增强沟通意识

增强沟通意识是解决老年人沟通冲突的第一步，主要包括培养同理心和尊重老年人的态度。同理心使我们能够从老年人的视角理解问题，感受他们的需求和情绪，从而避免在沟通中做出伤害性或误解性的行为。尊重体现在对老年人生活经验的认可、对其个人选择的尊重，以及在沟通中保持耐心和礼貌。家庭成员、医护人员和社会工作者都应主动培养这些品质，通过积极倾听、反馈确认和表达关心来展现同理心，通过遵循老年人的意愿、尊重其个人空间和隐私来体现尊重。

（二）提升沟通技巧

有效的沟通技巧是解决沟通冲突的关键。清晰、直接但不带攻击性的表达能够减少误解，而非言语沟通，如肢体语言、面部表情和语调，同样重要，它们能够传递情感，增强对所传信息的理解。对于老年人，使用简单、易懂的语言，避免行业术语或复杂的解释，有助于他们更好地理解信息。在对话中适时重复和总结，确保信息被正确理解，并根据老年人的听力、视力等状况调整沟通方式。

（三）利用辅助工具

随着科技的发展，辅助工具在解决老年人沟通冲突中发挥着越来越重要的作用。例如，助听器、字幕服务、大字印刷材料等，可以帮助老年人克服听力或视力障碍，更好地参与沟通。同时，灵活调整沟通策略，如使用图片、图表、手势或符号来辅助说明复杂概念，也能有效提升沟通效率。此外，利用智能手机、平板电脑等设备，通过视频通话等方式进行远程沟通，也能增强老年人与他人的联系。

图 6-2　利用辅助工具沟通

（四）建立支持系统

一个强大的支持系统是解决老年人沟通冲突不可或缺的部分。家庭成员应建立定期沟通机制，分享彼此的想法、需求和担忧，共同解决问题。社区层面，可以组织老年人兴趣小组、健康讲座、心理咨询等活动，为老年人提供社交机会，增进相互理解和支持。同时，专业的老年服务，如社工服务、心理咨询、法律援助等，能够为老年人提供个性化的帮助，解决特定沟通难题。

（五）持续教育与培训

持续的教育与培训是解决老年人沟通冲突的长效机制。通过公共讲座、在线课程、工作坊等形式，向公众普及老年心理学、沟通技巧、数字包容性等知识，提升社会对老年人沟通需求的理解和支持。同时，针对医护人员、社会工作者等专业人士，提供高级沟通技巧、冲突解决策略、老年人权益保护等方面的培训，提高他们的专业能力和服务质量。

（六）政策引导与支持

政府应在政策层面发挥引领作用，制订和完善相关法律法规，保障老年人的沟通权益。这包括推动无障碍通信技术的研发与应用，确保老年人能够平等地获取信息和服务；实施老年教育计划，提升老年人的数字素养和沟通技巧；建立老年人权益保护机制，对侵犯老年人沟通权利的行为进行严厉打击。同时，政府还应鼓励和支持社会组织、企业等社会力量参与老年人友好型社会的建设，通过税收优惠、资金补贴等政策激励措施，促进相关服务和产品的研发与推广。

（七）社会文化培育

社会文化的培育是构建老年人友好型沟通环境的关键。通过媒体宣传、公共活动、教育课程等多种渠道，弘扬尊老敬老的传统美德，提升全社会对老年人沟通需求的关注和尊重。倡导积极老龄化的理念，鼓励老年人参与社会活动，展现他们的智慧和经验，增强社会对老年人正面形象的认知。同时，开展跨代交流活动，促进不同年龄段人群之间的理解和互动，打破代际隔阂，构建和谐的代际关系。

（八）技术创新与适应

技术创新在构建老年人友好型沟通环境中扮演着重要角色。研发适应老年人身体和心理特点的数字产品和服务，如简化操作流程、提供语音输入、大字体显示等功能，降低老年人使用数字技术的门槛。同时，推动智能家居、远程医疗等技术的应用，使老年人能够在家中就能享受到便捷的服务，减少因行动不便而带来的沟通障碍。

（九）个体与家庭层面的行动

构建老年人友好型沟通环境还需要个体与家庭层面的积极参与。家庭成员应主动学习沟通技巧，理解老年人的心理需求，创造温馨、包容的家庭氛围。鼓励老年人表达自己的意见和感受，尊重他们的选择，同时提供必要的支持和协助。个体层面，每个人都应培养同理心和尊重老年人的态度，通过日常互动中的小细节，如耐心倾听、礼貌回应等，传递对老年人的关怀和尊重。

（十）持续监测与评估

构建老年人友好型沟通环境是一个持续的过程，需要定期监测和评估相关政策和措施的实施效果。建立老年人沟通需求的反馈机制，收集老年人的意见和建议，及时调整和优化相关策略。同时，开展科学研究，探索老年人沟通障碍的新趋势和解决方案，为政策制定提供科学依据。通过持续的监测和评估，确保老年人友好型沟通环境的建设不断向前推进。

拓展阅读

非暴力沟通

非暴力沟通（Nonviolent Communication，简称 NVC），作为一种旨在促进真诚、同理心和相互理解的沟通方式，被广泛应用于解决冲突和改善人际关系。其核心理念在于通过四个关键组成部分来优化沟通效果：首先，细致、客观地描述所观察到的行为或情境，避免加入个人评价或解读；其次，坦诚地表达因这些行为或情境而引发的情感反应；再次，深入剖析并明确自己的内在需求，因为这些需求是情感反应的根源；最后，提出明确、可操作的请求，旨在满足这些内在需求。通过遵循这四个步骤，非暴力沟通有助于消除沟通中的障碍，建立更加和谐的人际关系。

在探讨非暴力沟通的过程中，我们也需要注意避免一些异化的沟通方式。这些方式往往忽视彼此的感受和需要，导致冲突和误解。例如，道德评判可能使对方感到被指责；进行比较可能引发竞争和嫉妒；回避责任可能破坏对话的真诚和透明度；强加他人可能阻碍共识的达成；忽视需求可能导致关系中的不平衡；使用命令和要求可能让人感到被控制；回避感受可能导致情感的压抑；而使用奖励和惩罚则可能破坏合作的基石。

通过了解和避免这些异化的沟通方式，可以促进真诚、同理心的产生和增加相互理解，从而改善人际关系，解决冲突，并建立和谐的社会环境。

任务实施

1. 情景设定

假设你是社区服务中心的一名工作人员，面对前来寻求帮助的行动不便且存在沟通障碍的王奶奶。王奶奶因听力下降和言语不清，与工作人员的沟通遇到了巨大困难，部分工作人员显得手足无措，甚至流露出不耐烦的情绪。

2. 问题引入

分组讨论：王奶奶在沟通过程中遇到了哪些主要障碍？作为照护员，该如何与王奶奶沟通？照护员在工作时应该如何应对沟通冲突？

面对行动不便且沟通有障碍的王奶奶，作为社区服务中心的工作人员，我们需展现极大的耐心和同理心。王奶奶听力下降、言语不清，这要求我们采用多样化的沟通方式，如书面交流、手势与图片辅助，甚至邀请她的家人或熟悉她的人来协助沟通。

同时，会调整沟通环境，降低噪声，优化照明，并提供舒适的座椅，确保王奶奶在舒适的环境中交流。此外，持续培训工作人员，提升他们与特殊需求居民沟通的能力，确保每位居民都能得到尊重、理解和帮助。

3. 作为照护员与王奶奶沟通的策略

（1）调整语速与音量：考虑到王奶奶的听力下降，照护员应适当放慢语速，提高音量，确保信息传达的清晰度。

（2）使用简单明了的语言：避免使用复杂或专业的术语，采用王奶奶易于理解的词汇和句子结构。

（3）耐心倾听与重复确认：给予王奶奶足够的时间表达自己的想法和需求，对于不清晰的部分，耐心询问并重复确认，确保准确理解。

（4）非语言沟通辅助：利用手势、面部表情和书写等方式辅助沟通，增强信息的传递效果。

（5）尊重与鼓励：始终保持尊重和理解的态度，鼓励王奶奶表达自己的意愿，让她感受到被重视和关怀。

（6）保持冷静与耐心：面对听力下降和言语不清的王奶奶，照护员应保持冷静，不被情绪左右，耐心应对每一次沟通尝试。

（7）积极寻求解决方案：尝试不同的沟通方式，如调整沟通环境、使用助听设备等，以找到最适合王奶奶的沟通方式。

（8）增强团队沟通与协作：与同事分享王奶奶的沟通难点和成功案例，共同探讨更有效的沟通策略。

（9）接受培训与提升技能：参加沟通技巧和老年心理学等方面的培训，提升自己在与老年人沟通方面的专业技能。

（10）建立信任与情感联系：通过持续的关怀和支持，与王奶奶建立信任关系，让她感受到来自照护员的真诚与关怀。

任务评价

从学习过程中的表现、技能掌握情况、问题解决能力等维度进行评价，重点突出对老年服务礼仪原则运用的考核（表 6-3）。

表 6-3　任务评分标准（满分 100 分）

评分项目	分数	评分标准
掌握情况（30 分）		
– 沟通障碍识别	10	能准确识别王奶奶的沟通障碍，包括听力下降、言语不清等。
– 需求理解	10	能深入理解王奶奶的需求，包括生活照顾、心理支持等。
– 沟通技巧掌握	10	能运用同理心、耐心倾听、清晰表达等沟通技巧，有效克服沟通障碍。
问题解决能力（40 分）		
– 问题分析	10	能准确分析王奶奶案例中的问题根源，包括服务流程、人员态度、资源配备等方面。
– 解决方案设计	20	能设计全面、可行的解决方案，包括培训、制度建设、技术应用等方面，能有效解决沟通障碍问题。
– 实施步骤规划	10	能合理规划解决方案的实施步骤，包括时间表、责任分配、资源调配等。
团队合作（20 分）		
– 小组积极讨论	10	小组内成员积极参与讨论，提出建设性意见，氛围融洽。
– 角色分配与协作	10	小组内成员能根据自身特长合理分配角色，协作完成任务，无明显冲突。
参与度与态度（10 分）		
– 参与讨论	5	学生积极参与小组讨论，提出个人见解，对团队贡献大。
– 不参与人员处理	5	对于不参与讨论或贡献度低的学生，小组能及时采取措施，确保任务顺利完成。

【练习题】

扫码查看参考答案。

A1 型题

1. 在与老年人沟通时，哪种行为最能体现尊重和理解？（　　）

A. 不断打断对方讲话

B. 使用复杂难懂的词汇

C. 保持耐心，给予对方充分的时间表达

D. 迅速提出解决方案，不考虑对方感受

E. 避免眼神接触，显得不专注

2. 下列哪项不是有效处理与老年人沟通冲突的策略？（　　）

A. 积极倾听，不打断对方

B. 使用“您”而不是“我”来表达观点

C. 寻求共同点，建立共识

D. 保持冷静，避免情绪化反应

E. 尊重对方的文化和价值观

3. 在提升与老年人的沟通效果方面，以下哪项技巧最为关键？（　　）

A. 使用复杂的行业术语以显示专业性

B. 避免非言语沟通，如肢体语言和面部表情

C. 根据老年人的听力、视力状况调整沟通方式

D. 在对话中避免重复和总结，以保持沟通效率

E. 依赖高科技设备替代面对面的直接沟通

4. 以下哪项措施有助于改善老年人因视力下降导致的阅读困难？（　　）

A. 增大字体

B. 减少阅读时间

C. 使用深色背景

D. 避免光线直射

E. 加快阅读速度

5. 在老年服务工作中，以下哪种服务态度最可能导致老年人感到被轻视并引发冲突？（　　）

A. 耐心解答老年人的重复询问

B. 使用礼貌且恰当的语言与老年人沟通

C. 面对老年人沟通节奏缓慢时表现出不耐烦

D. 主动关怀老年人的需求和感受

E. 有效管理个人情绪，避免将负面情绪带入工作

A2 型题

1. 张大爷是夕阳红社区的居民，最近对社区内年轻居民夜间活动的噪音表示强烈不满。作为社区工作者，你该如何处理这一冲突？以下哪种策略最有助于缓解张大爷的不满？（　　）

A. 立即禁止所有夜间活动

B. 忽视张大爷的抱怨，认为他是无理取闹

C. 安排与张大爷面对面沟通，了解他的具体需求和困扰

D. 通过社区公告批评年轻居民的行为

E. 让张大爷自己去找年轻居民解决问题

2. 李奶奶因视力下降，对社区内的一些新规定表示困惑和不理解。她向社区工作人员表达了自己的不满。作为社区工作人员，你该如何有效应对李奶奶的不满？（　　）

A. 简单地重复规定内容，不考虑她的视力障碍

B. 忽略她的不满，认为这只是个小问题

C. 提供大字版的规定说明，并耐心解释

D. 让李奶奶自己去找其他居民帮忙理解

E. 直接告诉她规定无法更改，让她接受

3. 一位 80 岁的独居老年人在家中摔倒后，与家人的沟通变得更为困难。为了增强老年人的沟通意愿和安全性，以下哪种措施更为合适？（　　）

A. 要求老年人独自完成所有日常活动，以锻炼其独立能力

B. 安排专业的护理人员定期上门服务，提供生活照料和沟通支持

C. 强制老年人使用智能手机和平板电脑进行远程沟通，以减少面对面交流的压力

D. 限制老年人外出活动，以防止其再次摔倒

E. 告诉老年人自己去找其他人获得帮助

4. 高奶奶，70 岁，因年龄增长、身体机能下降以及社交圈子缩小，近期常感到孤独、自卑和失落，与家人和工作人员的沟通变得日益困难。为了从同理心的角度出发，有效缓解老年人的心理问题并改善沟通，以下哪种措施最为恰当？（　　）

A. 强制老年人参与各种社交活动，以迅速消除其孤独感，但不顾及老年人的身体和心理承受能力

B. 对老年人的情绪表达不予理睬，认为这只是老年人常见的“唠叨”，避免与其产生过多交流

C. 尊重老年人的感受，耐心倾听，尝试站在老年人的角度理解其内心世界，并提供个性化的心理支持

D. 忽视老年人的需求，只关注其身体健康方面的照护，认为心理问题会随身体健康改善而自然消失

E. 在沟通中频繁打断老年人，纠正其“错误”的观点，认为这样可以帮助老年人建立正确的认知

5. 一位 75 岁的老年人对照护员的服务方式表示不满，认为照护员过度干涉自己的生活。双方因此产生了激烈的争执，关系紧张。请问，以下哪种冲突类型最能描述这种情况？（　　）

A. 语言理解冲突

B. 需求满足冲突

C. 情感沟通冲突

D. 角色认知冲突

E. 服务方式冲突

点燃思考

老一辈人将节俭视为美德，对服务中的一些“浪费”行为（如频繁更换一次性用品）感到不满。而照护员出于卫生和便捷的考虑，认为这是必要的。这种价值观的差异，如同两条平行的轨道，若不加以沟通和理解，很容易引发冲突。

思考：我们如何在尊重老年人价值观的基础上，引导他们理解现代服务理念？

任务三　与老年人有效沟通的技巧

扫码获取
数字资源

案例导入

75 岁的王奶奶有中度听力衰退，日常需助听器辅助，近期因糖尿病病情加重，医生建议开始胰岛素治疗，照护员小李负责向她解释治疗方案并取得签字同意。沟通安排在午休刚结束的 14:00，房间内电视机正播放音量较大的综艺节目。小李因上午协助其他老年人进食，工作服前襟留有明显食物污渍。进入房间后，小李未关闭电视，直接站在距离王奶奶 2 米处递出文件说：“这是您的治疗计划，今天必须签字。”王奶奶皱眉瞥见小李的脏衣服，摆手提高音量：“我不打针！你们就是想骗钱！”沟通陷入僵局。

任务描述

1. 照护员小李在照顾王奶奶时出现了什么问题？
2. 照护员应该如何跟王奶奶进行有效沟通？

知识殿堂

扫码查看课件。

随着人口老龄化的加速，优质老年服务的需求持续攀升。在为老年人提供服务的过程中，沟通不仅是信息传递的桥梁，更是情感联结、需求洞察与服务优化的核心工具。良好的沟通可以精准识别老年人的个性化需求，提升服务质量和针对性，从而增强其满意度与幸福感。掌握“以老年人为本”的沟通技能，既是应对老龄化社会养老服务专业发展的要求，更是践行人文关怀的核心体现。

一、有效沟通的基本含义

照顾老年人或与他们有效交流常常需要独特的沟通技巧和策略。随着老年人年龄的增长、社会角色的转换、机体逐渐衰老，伴着健康状态和社会环境的改变，老年人的心理或多或少会产生一些变化，出现心理健康问题。因此，老年人对沟通的需要会相对增加，但是工作及家庭角色的转变会降低老年人的自我价值感，导致其主动沟通的意愿也有所减弱。并且，衰老及疾病等因素也会导致老年人的表现力、感知力、理解力、沟通能力降低，影响沟通效果。在老年服务中做到有效沟通，往往是治愈老年人心理或情绪问题的一剂良药，能够在服务中达到事半功倍的效果。

（一）有效沟通的概念

有效沟通是指为了一个目标，将信息、思想和情感在个人或群体间传递，理解他人并被他人所理解，最终达成共识的过程。沟通不局限于语言，还有手势、动作来表达事实、感觉和意念。从沟通组成看，一般包括三个方面：沟通的内容，即文字；沟通的语调和语速，即声音；沟通中的行为姿态，即肢体语言。有效的沟通应该是这三者的有机融合。

（二）与老年人的有效沟通

与老年人的有效沟通是一种特殊的人际沟通，是指沟通一方用语言、手势、行为、神态等方法与老年人进行信息交流和情感交流，收集老年人资料、确立问题、提供信息和情绪支持，主要指工作人员与老年人之间的沟通，尤其是照护员与老年人之间的沟通。

二、老年服务有效沟通的影响因素

与老年人的有效沟通关键在于 3 个方面。

（一）沟通技巧

1. 保持积极的态度和礼貌的语气，展现对老年人的尊重与关怀；重视与老年人的关系，通过规范的着装、得体的举止、亲切的语言和非语言行为如微笑、点头、适当的目光接触等，传递友善与信任；明确说明沟通的目的，确保老年人理解谈话内容，并对他们难以理解的问题耐心解释；主动谈论老年人感兴趣的话题，增强互动性和沟通效果。

2. 照护员要全面收集老年人的信息，关注其生理、心理及社会需求。熟练地进行信息反馈，及时回应老年人的疑问或担忧，体现专业性与人文关怀。调整沟通心态，从“以自我为中心”转变为“以老年人为中心”，确保沟通内容服从沟通目标；采用“生理—心理—社会”综合模式，而非仅关注“问题”，以更全面地理解和支持老年人。

3. 照护员应清晰掌握沟通目标，确保谈话内容紧扣主题，避免偏离，合理控制沟通过程，包括沟通时间、情绪调节及自然结束话题，避免老年人感到疲惫或不适。

4. 照护员要熟练掌握沟通技巧，如换位思考、主动积极倾听、语言技巧、反馈技巧等的应用。

（二）信息的有效性

信息的有效程度决定了沟通的有效程度。信息的有效程度主要取决于两个方面。

1. 信息的接收程度

接收信息并不意味着简单的信息传递，而要确保信息接收者能理解信息的内涵。与老年人沟通时要注意根据老年人的特点选择沟通方式，如听力受损的老年人可以多用非语言的表达方式。

另外，信息接收者也有权获得与自身利益相关的信息内涵，否则有可能导致信息接收者对信息发送者的行为动机产生怀疑。在与老年人沟通时应围绕老年人感兴趣的话题展开，多了解老年人的需要，而不要只顾谈自己关心的事情，这样老年人会觉得不受尊重，有可能造成沟通的提前结束。

2. 信息的反馈程度

有效沟通是一种动态的双向行为，而双向沟通对信息发送者来说应得到充分的反馈。只有沟通的主、客体双方都充分表达了对某一问题的看法，才真正具备有效沟通的意义。在与老年人进行沟通的过程中应该仔细认真地聆听，总结接收的反馈信息并确认理由，表明照护员将考虑如何去行动，提出问题、澄清事实、询问实例。

（三）理解老年人

与老年人沟通是一个与老年人相互学习、相互交流的过程。服务对象的特殊性需要照护员去了解老年人、理解老年人，比如理解老年人的生活习惯、行为方式，只有在理解、尊重老年人的基础上，才能做到用心沟通，达到有效沟通。缺少理解与共鸣是沟通失败的表现。在与老年人沟通过程中，需要对老年人的情绪变化足够重视，全面理解老年人在语言、情感上的真实含义。做到尊重、共情，耐心安慰老年人，消除沟通过程中的障碍，鼓励老年人自由表达，只有让老年人感受到关心，才能拉近彼此的距离，有效沟通才能成为可能。

三、老年服务有效沟通的原则

有效的沟通不仅是信息传递的工具，更是维护老年人尊严、建立信任、提升照护质量的核心纽带。面对老年人感官退化、认知障碍及情感波动等诸多沟通障碍，照护沟通工作需遵循三大核心原则：以尊重与信任为基石的态度构建，以适老与清晰为准则的语言表达，以专注与共情为纽带的倾听互动。这些原则通过规范沟通服务、优化信息适配、强化情感联结，共同化解沟通障碍，确保老年人既能获得精准的照护支持，又能维系社会参与的尊严感与幸福感。

（一）态度：以尊重与信任为沟通基石

1. 真挚与接纳

在沟通交往中老年人最希望得到的是真诚和诚挚的对待。老年人大部分缺乏安全感，希望得到别人的关怀及接纳，因此照护员需以爱心及体谅去接纳他们、敞开心扉、摒弃成见，充分表达自己，才能更好地被老年人接纳。

2. 尊重与平等

老年人因社会角色转变、身体机能衰退，容易产生自卑或者无用感。实践中照护员需给予老年人明显的尊重和支持，增强老年人的自爱和自尊心。在语言层面，使用“您”“王爷爷”“李阿姨”等尊称，避免“老头”“老太太”等泛化称谓；对决策类事项提供选择权，如“您想现在服药还是饭后服药？”，而非命令式要求。在非语言层面，沟通时需坐下或蹲下与老年人保持视线平齐，避免俯视或远距离喊话；对卧床老年人轻握其手传递关注（图 6-3）。在某养老机构，当失智老年人张奶奶指责照护员“偷药”时，照护员蹲下平视，回应：“您担心找不到药盒对吗？我陪您一起检查抽屉，咱们慢慢找。”此举既承认老年人感受，又通过“共同行动”赋予其控制感。

图 6-3 俯身与老年人沟通

3. 耐心与包容

老年人因记忆力减退、逻辑能力下降，常出现重复提问、表达冗余或偏离主题。认知障碍老年人可能每日重复数十次询问“现在几点了”，照护员需避免敷衍，可每次温和回应并转移话题，如“现在是三点，您看窗外的花开得多好”。听力障碍老年人因听不清要求反复确认，需放缓语速配合手势，如指钟表图示时间。在照护过程中允许老年人以 2 ~ 3 倍于常人的时间完成表达，不打断或代述；对记忆错误采用“情感接纳法”，例如老年人记错子女探视时间，回应“您女儿上次带来的点心真好吃，她一定很想您”，既减少了冲突，又维护了老年人的尊严。

4. 自我情绪管理

老年照护中，照护员常面临负面情绪冲击：失智老年人的无端指责、抗拒护理的肢体冲突、重复性问题的疲劳感等。若放任情绪化反应，如提高音量、皱眉叹气会加剧老年人焦虑甚至诱发攻击行为。照护员自我情绪管理策略可采取如下措施：①生理调节，深呼吸 5 秒，短暂离开现场冷静；②认知重构，将“老年人故意刁难”转化为“这是疾病导致的表达”；③支持系统，定期与同事倾诉，参加心理督导等。数据显示，掌握情绪管理技巧的照护员，其服务投诉率大大降低。通过自我调控，照护员既能保护职业心理健康，又能为老年人创造安全的沟通环境。

（二）语言：以适老与清晰为表达准则

1. 语调语速

老年人的听力敏感度下降，信息处理速度减慢，对语调语速的适应性要求更高。建议语速控制在每分钟 100 ~ 120 字，每句话间隔 1 ~ 2 秒，确保信息完整接收。例如，提醒服药时，若急促说“快吃降压药了”，老年人可能误听为“不吃药”，而放缓语速清晰重复“王爷爷，该吃——降——压——药——了”，配合手指药盒，可减少误解。语调管理需避免易被感知为指责的尖锐高音或显得冷漠的平调音，宜采用温和上扬的语调传递关怀。对听力障碍者，可适度提高音量但避免吼叫，同步辅以手势，如手掌向上示意“请”。语速语调适配是建立沟通安全感的基础，可有效提升老年群体理解准确率。

2. 适老化语言运用

适老化语言需兼顾“去专业化”与“具象化”，避免复杂、抽象术语的使用。词汇选择方面，可用“腿疼”替代“膝关节退行性病变”，用“该吃饭了”替代“需进行营养摄入”。句式设计方面，采用主谓宾短句，如“扶我起身”改为“您扶着我，咱们慢慢站起来”，禁用多重否定，如“您不能不按时吃药”改为“按时吃药对您很重要”。视觉辅助可增强理解，对认知障碍者，用实物演示，如举着药片说“这是您每天早上的小白药”；对文化程度低的老年人，需搭配图片说明护理流程。例如，解释“防跌倒”时，展示“扶墙行走”与“直接站立”对比图，比口头警告更直观。适老化语言的核心是通过简化、重复、多模态形式呈现，让沟通“看得见、听得懂、记得住”。

3. 提问与了解技巧

对于不清楚的谈话内容可向对方提出问题，但需避免引发防御反应。开放式提问用于激发表达，适用于情绪稳定的老年人，如“您今天想先散步还是听戏？”封闭式提问用于确认需求，适用于紧急情况或认知受限场景，如“您现在需要上厕所吗？”选择式提问，是可赋予决策权的问题，如“降压药您想用温水送还是果汁送？”关联式提问，可关联老年人的兴趣，如“您年轻时爱种花，咱们吃完药去浇花好吗？”注意避免连续追问引发焦虑，如“为什么不吃药？怕苦吗？还是忘了？”例如，李奶奶拒绝体检，照护员问：“您是不是担心检查疼（共情）？咱们可以先试试不疼的项目，比如量血压（提供选择）？”李奶奶接受了提议。通过提问引导，既能定位需求，又能维护老年人自主感。

4. 鼓励与肯定

老年人因身体衰退易产生无用感，通过持续鼓励，以正向反馈强化行为动机，帮助老年人重建自信。在具体实践时，避免“真棒”等泛泛之词，改为“您今天自己走了十步，比昨天多两步！”。以过程导向激励，强调努力而非结果，如“您坚持练习走路的样子真让人佩服”。即时性反馈，在行为完成后 5 分钟内给予肯定，增强记忆联结。非语言技巧：竖起大拇指、轻拍肩膀、微笑点头等，可放大语言鼓励的效果。例如，失智老年人完成穿衣后，照护员边鼓掌边说：“您纽扣扣得又快又整齐！”同时整理衣领示意完美。通过“语言肯定 + 行为强化”，帮助老年人建立“我能行”的积极认知，是长效沟通的催化剂。

（三）倾听：以专注与共情为互动纽带

1. 积极倾听

老年人因社交机会减少，常通过倾诉寻求存在感与价值认同。照护员在与老年人沟通的过程中，可采用以下几种专注姿态传递对老年人的尊重。

（1）非语言参与：身体微微前倾、保持眼神接触、点头示意。

（2）语言回应：用“嗯”“后来呢？”等简短语句鼓励表达。

（3）全情投入：避免边听边看手机或频繁看表。

例如，李奶奶反复和照护员小张讲述年轻时插队经历，小张放下记录本，注视老年人回应：“您那时候走了三天三夜？真不容易！”老年人因被关注而情绪高涨，后续照护配合度显著提升。积极倾听关键在于传递“我在乎”的态度，而非仅完成信息收集任务。

2. 反馈与确认

老年人因听力、记忆力衰退，易出现信息遗漏或曲解。反馈与确认可避免沟通误差，以复述与总结的形式保障信息同步。在反馈过程中可抓住以下要点。

（1）复述关键点：如“您说左腿比昨天更疼，对吗？”

（2）总结需求：如“您希望明天早餐喝粥，晚餐吃面条，我记下了。”

（3）澄清模糊点：如“您说的‘不舒服’具体是头晕还是胸闷？”

沟通中增加反馈环节，通过“输入—反馈—校正”闭环，确保双方认知对齐，减少服务偏差。

3. 避免打断与纠错

老年人因认知衰退常出现逻辑混乱、重复表达或记忆错误，打断或纠错会加剧挫败感，照护员可用接纳替代评判维护老年人的尊严。具体措施如下。

（1）允许冗余表达：即使老年人重复讲述相同内容，耐心听完再引导新话题。

（2）模糊化处理记忆偏差：老年人坚称“今天是周日要等儿子”，实际为周三。照护员未否定，转而说：“您儿子周末来一定很高兴！咱们先吃午饭养足精神等他。”

（3）转移矛盾点：当失智老年人指责“偷钱”时，避开争辩，提议“咱们一起找找，可能放在柜子里了”，既保护自尊，又避免情绪对抗。

4. 应对沉默与情绪

老年人沉默可能源于悲伤、疲惫或抗拒，可以共情或空间给予差异化应对。

（1）情感性沉默：如丧偶老年人低头不语，可静坐陪伴，轻拍手背传递支持，适时引导：“您要是愿意说说，我随时听着。”

（2）抗拒性沉默：如果老年人拒绝照护时闭眼扭头，需暂停操作，改用选择式提问：“您想现在换衣服，还是十分钟后换？”

（3）情绪爆发期：如摔物哭喊，应保持安全距离，等情绪峰值过后再沟通。适当地给予沉默等待时间，可提高老年人主动表达率。

照护员需有效识别沉默背后的情感需求，提供安全的情感出口。

课堂探讨

王奶奶，有多年糖尿病病史，你是她的照护员。一日，王奶奶表示想吃块巧克力，你应该如何与王奶奶沟通。

四、老年服务有效沟通的技巧

（一）做好沟通前的准备工作

沟通前的准备工作做得越充分，沟通成功的可能性越大，反之，盲目沟通，可能达不到预期目的，有时还会激化矛盾。

1. 空间环境和时间环境准备

照护员与老年人沟通交流时，首先要营造一个安全轻松的氛围。室内要以温暖、平静的色调为主，避免强烈刺激的色彩或过于灰暗的颜色，墙壁粉饰宜采用浅色偏明亮等淡雅、恬静的色调，不宜过于跳跃或凝重，以达到舒缓心绪的目的。室内的光线要柔和，充足，能够看清沟通者彼此的脸部表情。彼此间的沟通距离以 1 米内为宜，与老年人沟通的角度，要让照护员和老年人既能互相捕捉到对方的目光，又不至于因为目光的直视导致心理紧张。在时间地点的安排上，要充分考虑老年人的需要，征询老年人的意见。

2. 照护员自我准备

（1）充分认识沟通对象：照护员需系统性掌握老年人的生理特征、心理需求及社会背景，包括健康状况（如慢性病、感官衰退）、家庭关系、文化信仰等，以此为基础调整沟通策略。能够设身处地为老年人着想，体谅老年人的处境，理解老年人的苦衷，看到老年人的优点，不嫌弃老年人。例如，老年人因为某件事情反复唠叨很长时间，我们要有足够耐心去倾听，顺应其心理状态及社会处境，避免造成不快。

（2）优化自我形象：照护员的外在形象与行为细节直接影响老年人的信任度，与老年人见面时，服装色彩尽量明快，姿态应端庄优美而放松，神情自然、面带微笑、目光热情亲切、声音洪亮，可适当使用微笑、赞美、幽默等。但如果老年人极度痛苦时，应收敛笑容，给予关心。

（3）调整自我状态：沟通前照护员需通过自我觉察与心理调适，确保服务者处于最佳状态。与老年人沟通前要了解自己即将面对老年人的感受，反省自己是否能够做到无条件接纳老年人，是否能耐心倾听，是否能够诚恳沟通，在沟通中遇到老年人不配合时能否保持冷静并进行专业分析，通过深呼吸、正念练习（2 ~ 3 分钟）清空压力，避免对老年人产生偏见和歧视等情况。

3. 做好沟通方案

（1）明确沟通目标：在与老年人沟通前，一定要明确沟通的目标，也就是通过沟通想达到什么样的预期效果。通过明确目标使沟通更具针对性和方向性，从而更好地满足老年人的需求，实现服务质量的优化。

（2）制订沟通计划：明确了沟通目标，我们要根据老年人的实际情况制订沟通计划，确定沟通内容，决定选择什么样的沟通环境，采用什么样的沟通方式、开场白、结束礼仪、所需沟通道具等一系列具体细节。

（3）预测可能遇到的异议和争议：沟通中遇到异议和争议是很常见的事情，如果在沟通前对可能出现的异议和争议进行预测，预先周密地做好各种准备，就能够迅速妥善解决这些问题，使沟通得以顺利进行。

（二）掌握沟通过程的技巧

1. 发送信息技巧

信息发送者需要根据老年人的特点，选择恰当的表达方式，确保信息有效发送。

（1）礼貌的问候、简要的自我介绍，创设良好的沟通开端。照护员可选择直截了当地问候对方，如“您好！”“大爷好！”“阿姨好！”等。也可在问安时加上具体的时间，如“大爷早上好！”等。与老年人沟通时多使用“您”“请”等敬语，与此同时还应辅助以点头、微笑、鞠躬、握手、注目等辅助姿态语，礼貌语的使用，重在态度。因此，尊重老年人，除了礼貌语的使用，我们还需注意自己说话的音量、面部的表情以及自身的态度。只有正确、诚恳的态度，才能将礼貌语的作用发挥得恰到好处。

知识延伸

《中国禁忌风俗》中介绍，避讳是中国古代社会一种特殊的习俗，它体现了人们对神圣、权威及长辈的尊重和敬畏。这种习俗不仅贯穿于人们的日常生活，更在命名、称呼等方面有着严格的规定。避讳的起源可以追溯到周朝，当时人们认为通过避讳可以保护阳间事物不受鬼神危害。随着时代的发展，避讳逐渐完善，并形成了复杂的体系。在家族内部，晚辈必须避免与长辈名字相同或谐音，以示尊敬；在社交场合，人们也以各种称谓代替直呼其名，以显示礼貌和谦逊。此外，给孩子起名时也要考虑诸多忌讳，如避免与祖先、长辈名号同字同音，以及遵循命相八字等原则。这些避讳习俗共同构成了中国古代社会独特的文化现象。

（2）着重考虑老年人的认知，找好话题切入点。老年人随着年龄的增长，往往长期记忆清晰而短期记忆衰退，过往经历是其重要的精神支撑。因此，话题宜以引导回忆为核心，可通过“您年轻时最自豪的事是什么”“那个年代如何克服困难”等提问开启话题，既能满足其情感需求，亦能从中获取历史见闻。当老年人沉浸回忆时，以点头、复述关键点，如“原来那时粮票这么重要”等表达共情，传递对老年人的尊重感。

（3）根据老年人的年龄特征，选用合适的表述方法。对于听力良好的老年人，可以多用语言交流，而对于有听力障碍的老年人，可以结合非语言方式。对于有语言障碍的老年人，在有需要的情况下，应尽量达成共识，利用手势、文字或图画、符号等替代日常语言。对于有心理障碍或自闭倾向的老年人，要解其“心结”，需花费更多的时间，用加倍的耐心和爱心去融化老年人的内心，直到老年人开口说话。再比如，老年人记忆力减退，往事历历在目，近事模糊不清，但他们又不愿意被人说记性差。所以，当再次见到老年人时，应避免问“您还记得我吗？”而改为“我又来看您啦！”这会让老年人觉得自己被重视、被尊重，从而感到高兴。

（4）语言信息和非语言信息的表达要保持一致。说话要清楚，缓慢，语调适中。如果对方听力下降，则应稍微提高音量，或靠近耳边说。交谈时应拉近距离，目光相对，视线不要东张西望，左顾右盼。要让老年人感到平等，受到尊重。为了更好地了解对方的情感和需求，可选择开放式提问，抓住关键词，如“您感觉怎么样？”这可以给对方自由发言的机会，拓宽交谈范围。

2. 接收信息技巧

接收信息时，要注意观察、倾听和解读对方的非语言信息。观察内容主要包括精神状态、情绪变化及言行的一致性。

（1）观察老年人在交流时是否活跃。如果老年人低头、垂肩、弓背，动作迟缓拖拉，说话有气无力，说明此时老年人沟通的精力较弱。反之，如果老年人精神饱满、动作轻快、声音洪亮，则说明其此时精力旺盛，易于沟通。需注意，部分老年人因疾病（听力障碍、慢性疼痛等）可能表现出“心有余而力不足”的沟通状态，需结合健康状况综合判断。

（2）通过微表情与行为细节捕捉情感变化。观察是否眉头紧锁、笑容勉强，或出现食欲减退、频繁叹气等异常表现；倾听时注意语音语调的起伏，如语速突然变慢、语句断续可能暗示焦虑或悲伤。例如，老年人嘴上说着“没事”，手指却反复揉搓衣角，往往反映内心不安。

（3）要留意语言与行为反应的矛盾。当老年人声称“我很好”却回避眼神接触、坐立不安时，或强调“不孤单”却整日呆坐窗前，这些矛盾信号常暗示老年人未说出其真实需求。此时需以温和追问，如“您最近睡觉踏实吗？”配合持续观察，避免直接质疑，逐步引导其敞开心扉。

3. 反馈信息技巧

没有反馈，就无法做好沟通。在与老年人沟通过程中，要做好反馈，掌握“听”与“说”的节奏。

（1）注意反馈的时机：不贸然插话打断老年人倾诉。大脑处理信息的速度快于语言表达，需通过适度沉默，如点头、眼神示意，给予老年人梳理思绪的空间。停顿后精准回应，待老年人完整表达后，再以简练语言复述关键点。例如，“您刚提到年轻时教书的日子，一定很辛苦吧？”既确认理解，又传递尊重。

（2）积极地倾听：积极倾听有助于老年人的自我表达和自我理解。倾听过程需要给对方充足的时间，要专心致志、抓住主题，还需要在聆听过程中进行思考，短时间内将信息进行综合分析，及时予以积极地反馈，反馈内容应涵盖事件、感情、意义三个层次。注意反馈时要使用浅显易懂的语言，并对重点加以强调。

（3）做好沟通的结束工作：既要结合之前的沟通计划，又要考虑当时的实际情况。在结束阶段，一般不会再提新问题，如果确有需要，可以根据实际情况来决定下次沟通的时间和内容。结束之时，要与老年人分享自己的感受，感谢对方配合。

五、老年服务有效沟通的注意事项

（一）沟通时语言需简洁，避免复杂表达

与老年人交往沟通，要注意老年人的知识结构、自身背景。年轻人与老年人有代沟，彼此的知识层次和生长环境都有很大差距，所以我们不能用当下流行语，也不能用成分结构过于复杂的句子，因为这很可能会影响老年人们的理解。

（二）选择强调重要的内容进行沟通

部分老年人喜欢每一件事自己都要过问、干预，对别人持不放心的态度，他们常常把自己的缺点和毛病放到对方身上并看作是对方的缺点，于是就处处挑人毛病，不断地指责别人。因此与老年人沟通在需多一些耐心和理解的同时，要挑出主要的事情做出反应，次要的细节需要纠正时，只需简要带过这样才能达到愉快而又圆满的沟通。

（三）注重表达对老年人的善意

尊重老年人的价值，多给老年人鼓励，使老年人对生活满怀勇气和信心，对老年人的言行多给予肯定，对他们的要求或意见表示认可和支持，对他们偶尔犯的一些错误也多表示同情和理解，帮助他们一起分析问题产生的原因，寻找解决问题的办法。在鼓励老年人时不要刻意用幼稚化语言，如“乖乖吃药”“真棒”，保持平等尊重。

（四）语言沟通“四不宜”

不宜打断，当老年人说话时要等对方把话说完再插话，否则会被认为是没有教养的表现。不

宜补充，每个人都有抒发情感、说出自己意见的权利。当老年人发言表达个人看法时，最好的办法就是聆听。照护员可以发表自己的见解，但补充对方会产生照护员比别人懂得多、喜欢出风头的误会。不宜质疑，接受对方就不能质疑对方的言语，这是谈话双方相互信任的前提。不宜纠正，在交谈沟通时老年人有简述自己意见的权利，照护员也有表达观点的权利，除非是原则问题，一般情况下不纠正对方。

（五）促进与老年人的双向沟通

照护员可以通过组织活动的方式，促进自己与老年人以及老年人之间的双向沟通，具体可参考以下活动方式。

1. 一起共进晚餐，畅谈彼此关心的问题，如饮食习惯、老年人的健康、时下热点话题等，注意交流彼此的想法。

2. 制订回忆计划，大家一起看相片、录音带或录影带，谈论共同熟悉的人与事物。

3. 到公园或庭院的树下休闲，一起收听广播，喝茶聊天。

4. 一起做一些事情，例如运动、散步、购物、跳舞、园艺、聚会等。

5. 策划一次活动、旅行或聚会，与老年人一起探讨筹备事宜，强调过程参与计划的共同完成。

任务实施

1. 情景设定

75 岁的王奶奶听力中度衰退，近期因糖尿病拒绝胰岛素治疗，照护员小李需向她解释治疗方案。沟通安排在午休刚结束的下午两点，电视正播放嘈杂综艺节目。小李的工作服在中午喂其他老年人吃饭时溅到污渍，小李进入房间后，直接递上文件说：“这是您的治疗计划，今天必须签字。”王奶奶皱眉摆手：“我不打针，你们就是想骗钱！”沟通陷入僵局。

2. 问题引入

分组讨论：小李在照顾王奶奶时出现了什么问题？应该如何跟王奶奶进行有效沟通？

问题一：时机不当，选择了错误时间段。午休后老年人易疲倦，认知能力未达最佳状态。电视噪声干扰听力衰退者的信息接收。

问题二：自我准备缺失，形象与状态欠佳，有污渍的制服、急促语气传递焦虑感。

问题三：沟通策略粗糙，强推结论，未建立信任即要求签字，引发防御心理。

3. 做好老年服务沟通前的准备工作

（1）空间环境调整：关闭电视噪声源，为听力衰退老年人佩戴无线助听设备。调整窗帘使自然光均匀照射，避免直射老年人眼睛；与老年人呈 45° 角侧坐，距离 0.8 ~ 1 米，确保双方平视。

（2）时间选择策略：提前记录老年人每日精神状态峰值，如“晨起后 1 小时”，利用“认知黄金时段”沟通重要事项。避开服药后 30 分钟（可能头晕）、午休后 20 分钟（起床气高发期），若紧急沟通需先提供温水或热毛巾助其清醒。

（3）形象与状态管理：着浅粉 / 浅蓝制服（传递温暖）。沟通前用“正念三步法”调整自己：①闭眼深呼吸（4 秒吸气—7 秒屏息—8 秒呼气）；②默念“我的目标是帮助，而非说服”；③想象老年人微笑点头的画面。

4. 沟通策略分阶实施

（1）信任建立阶段：①以日常问候的形式自然切入。“王奶奶，我来看您啦！今天睡得怎么样？”“还行。”“那咱来聊聊医生的小建议。”②非语言配合，递上老花镜 / 放大镜（如需看材料），同步放缓眨眼频率，显示从容。③痛点试探，用“选择题”代替“是非题”，如“您为什么不肯打针？”以“您更担心打针疼，还是担心用了不舒服？”替代。

（2）信息传递阶段：为视力模糊者提供触觉模型，如胰岛素笔橡胶模型、触摸按键讲解，“您试试这个小仪器（展示胰岛素笔）？”

（3）收尾与跟进：①压力释放技巧，若老年人仍抗拒，改用“留白策略”。“您先休息，我把资料放这儿，明天咱们再聊五分钟”。②结束前递上“沟通摘要卡”，书写时字体适当放大，写明时间、关键决定、下次沟通主题等。

任务评价

从学习过程中的表现、技能掌握情况、问题解决能力等维度进行，重点突出对有效沟通技巧运用的考核（表 6-4）。

表 6-4　任务评分标准（满分 100 分）

评分项目	评分标准
参与度（20 分）	16 ~ 20 分：积极参与小组讨论，主动发表观点，提出有价值的想法。 10 ~ 15 分：参与讨论，但发言较少，能跟上讨论节奏。 0 ~ 9 分：基本不参与讨论，需要他人多次督促。
语言沟通技巧掌握（40 分）	32 ~ 40 分：用词恰当，表达清晰，语速适中，语调温和，能让老年人易于理解。 20 ~ 31 分：基本掌握语言沟通技巧，但在用词、语速、语调等方面存在小瑕疵，如偶尔用词不当、语速过快或过慢等。 0 ~ 19 分：语言沟通技巧生疏，频繁出现用词不当、表达不清等问题，影响与老年人的有效沟通。
模拟场景表现（30 分）	24 ~ 30 分：在模拟场景中，能灵活运用有效沟通技巧，有效理解并回应老年人的需求。 15 ~ 23 分：在模拟场景中，能完成基本的语言沟通，但技巧运用不够流畅，需要一定时间理解老年人需求。 0 ~ 14 分：在模拟场景中，语言沟通障碍明显，难以有效理解并回应老年人的需求。
总结反思能力（10 分）	8 ~ 10 分：能全面、深入地总结在老年服务中有效沟通技巧的运用情况，分享模拟场景中的成功与失败经验，并提出针对性地改进建议。 5 ~ 7 分：能总结主要内容，但对有效沟通技巧的运用情况分析不够深入，缺乏具体的改进措施。 0 ~ 4 分：总结内容空洞，未针对老年服务中的有效沟通技巧进行有效反思。

【练习题】

扫码查看参考答案。

A1 型题

1. 老年人沉默时，照护员应首先（ ）。
A. 立即追问原因
B. 静坐陪伴并轻拍手背
C. 离开房间给予空间
D. 联系家属处理
E. 记录为异常行为

2. 与听力障碍老年人沟通时，照护员应如何调整语速？（ ）
A. 每分钟 150 ~ 180 字
B. 每分钟 100 ~ 120 字
C. 每分钟 80 ~ 100 字
D. 根据情绪随意调整
E. 始终保持高音量

3. 以下哪种行为属于“非语言沟通”的适老化策略？（ ）
A. 使用专业术语解释病情
B. 配合手势指向药盒
C. 快速连续提问
D. 直接纠正记忆错误
E. 忽略老年人面部表情

4. 老年人因记忆错误反复询问时间时，照护员的最佳应对方式是？（ ）
A. 直接打断并纠正
B. 敷衍回答后离开
C. 每次耐心回答并转移话题
D. 拒绝回应
E. 记录错误行为并上报

5. 下列哪项是“适老化语言”的核心原则？（ ）
A. 使用复杂句式增强专业性
B. 避免视觉辅助工具
C. 信息降维与多模态呈现
D. 强调负面结果以警示
E. 完全依赖方言沟通

A2 型题

1. 张奶奶，80 岁，因听力下降误将“饭后散步”听成“不要散步”，照护员应如何调整沟通？（　　）

A. 提高音量重复指令

B. 改用文字提示并配合手势

C. 放弃沟通并自行决定

D. 责备老年人注意力不集中

E. 要求家属代为传达

2. 李爷爷，75 岁，因失智反复指责照护员“偷钱”，最合适的应对策略是？（　　）

A. 争辩并自证清白

B. 提议共同寻找“丢失物品”

C. 立即联系家属处理

D. 记录投诉并上报

E. 回避老年人直至情绪平复

3. 王奶奶，82 岁，因文化忌讳拒绝签署遗嘱文件，照护员应优先采取的措施是？（　　）

A. 强制要求签署

B. 邀请同文化背景志愿者协助沟通

C. 忽略其意愿直接处理

D. 批评老年人思想陈旧

E. 推迟沟通直至家属到场

4. 照护员发现赵爷爷情绪低落、垂头丧气，但坚称“我很好”，此时应如何反馈？（　　）

A. 接受表面回答并结束沟通

B. 指出言行矛盾并追问原因

C. 通过非语言观察进一步评估

D. 立即联系心理医生

E. 忽略异常继续日常护理

5. 在嘈杂环境中与听力障碍老年人沟通时，照护员应优先？（　　）

A. 提高音量反复强调

B. 转移至安静场所

C. 使用复杂术语解释

D. 放弃沟通并书面记录

E. 缩短沟通时间

案例分析题

今日在护理院，照护员小张在为失智老年人周奶奶（78 岁）洗澡时，老年人出现抗拒洗澡的表现，摔打物品并哭喊“你们要害我！”。

［问题］：

1. 照护员应如何通过非语言沟通缓解冲突？

2. 结合沟通原则，设计一段安抚话术。

点燃思考

张爷爷，78 岁。高血压、中度听力衰退（右耳较差），3 年前丧偶，独居，退休前为中学语文教师。近期因子女要求入住养老院情绪低落，拒绝配合日常血压监测，常抱怨“活着没意思”。喜爱古典诗词，忌讳谈论“死亡”“后事”等话题。

思考：

1. 如何通过沟通让张爷爷同意每日血压监测？

2. 如何化解其抗拒养老院的负面情绪？

3. 设计一份包含非语言沟通工具的支持方案。

任务四　电话网络沟通技巧

扫码获取
数字资源

案例导入

某养老服务中心接到外地家属紧急电话，独自在家的老年人身体不适却不愿去医院。养老服务照护员小李迅速行动。

小李先安抚家属情绪，让其别着急，表示马上处理。接着拨通老年人电话，温柔说道：“张爷爷，我是 XX 养老服务中心的小李，听说您不舒服，别担心，慢慢跟我说，哪儿不舒服呀？”老年人虚弱又焦虑，小李耐心倾听，不时回应“嗯，我明白”“您别着急”。得知老年人头疼胸闷，小李一边电话指导老年人在沙发躺好放松，一边联系社区医护紧急上门。等待期间，小李一直与老年人通话，讲轻松小故事分散其注意力。最终医护及时赶到，老年人得到妥善治疗。家属对小李专业贴心的服务感激不已。

任务描述

1. 在老年服务中，小李是如何通过电话沟通帮助张爷爷的？
2. 这一过程中，你认为哪些电话沟通技巧起到了关键作用？

知识殿堂

扫码查看课件。

一、与老年人电话沟通

在科学技术日新月异的今天，人们生活水平稳步提升，生活节奏日益加快，电话已成为最主要的通信工具之一。这就需要我们注意电话交谈中的语言表达、沟通内容、通话时长、所处环境等诸多因素，从而切实提高电话沟通的效果。

（一）认识电话沟通

1. 电话沟通的概念

电话沟通是指借助电话这一通信工具，实现信息在不同个体或群体之间传递与交流的过程。在电话沟通中，双方通过语音来表达想法、传递情感、交换信息等。在与老年人电话沟通时，因老年人可能存在听力、理解能力等方面的特点，需要沟通者更加耐心、清晰地表达内容。所以，在许多养老机构中，电话沟通的礼仪和技巧往往是新进员工上岗培训的一项必备内容。在以下几种情境中，电话沟通会是比较适宜的选择。

（1）当双方地点相距较远，而所沟通的问题较为简单，无须复杂交流便能解决时。

（2）若双方距离较为遥远，面临现实阻碍，使得当面沟通难以实现甚至完全无法做到时。

（3）已经尝试通过微信、邮件等网络途径进行沟通，然而问题依旧未能得到妥善解决的情况。

2. 与老年人电话沟通的程序

（1）准备阶段：

1）确定目的：明确交流核心，若告知家庭聚会安排，就要清楚传达时间、地点及注意事项。

2）选对时间：了解老年人作息，避开休息、用餐时段。上午 9 ~ 10 点，下午 3 ~ 5 点较适宜。

3）梳理思路：将要讲内容列提纲，如分享旅游经历，按行程梳理关键信息。

（2）开场阶段：

1）礼貌问候：拨通后用温和语气打招呼，如“爷爷 / 奶奶，您好呀！”表达关心。

2）确认身份：即便有号码，也清楚表明身份，如“我是照护员小芳呀”。

3）简短寒暄：花 1 ~ 2 分钟聊聊天气、小区日常，如“天凉了，多添衣”，以便拉近关系。

（3）主体交流阶段：

1）清晰表达：语速放慢，吐字清晰，突出关键词，如告知聚会信息时着重强调关键内容。

2）耐心倾听：让老年人充分表达，不打断，用“嗯”“然后呢”回应，专注倾听。

3）确认信息：重要内容重复，询问是否理解，老年人没听清就耐心再讲。

（4）结尾阶段：

1）总结要点：简单回顾通话内容，如“和您说了下周六聚会，10 点在友谊饭店”。

2）关心祝福：叮嘱老年人注意身体，如“天冷保暖，按时吃饭”。

3）约定下次：如“下周再给您讲工作新鲜事”，等老年人先挂电话。

（二）与老年人电话沟通的技巧

1. 交谈的技巧

进行电话交谈前，需营造轻松、安静、舒适的氛围，防止环境干扰沟通效果，同时提前准备好交谈内容。电话沟通仅靠话语，语气语调尤为关键，对方能借此判断情绪态度。与老年人电话交流时，话语应尽量简明扼要，避免简略语和专用语。注意把握交谈时机，吐字清晰，语速放缓。尽管对方看不到，交谈时也应保持微笑，热情语气能留下好印象。此外，要调动老年人交谈兴趣，融洽双方关系，结束时表达感谢。

2. 提问的技巧

在与老年人电话沟通时，提问是收集、核对信息及确保交谈围绕主题进行的重要手段，掌握提问技巧十分关键。

（1）巧妙引出敏感问题：在沟通过程中若问题比较敏感，老年人不愿意回答，可借其他话题引出。如老年人咨询入住养老院，问到经费预算时，可通过“您想花最少钱得最适合服务，为给您推荐最佳方案，想了解您期望的房间价位”，让老年人明白回答的必要性。

（2）合理运用反问：电话沟通中，有两种情况适用反问。一是被问不知如何作答时，可如实相告或反问对方看法；二是验证对交谈内容理解是否准确时，也可反问。

（3）避免同时问多个问题：老年人思维反应慢、记忆力减退，同一时间问多个问题，他们常只能记住一两个，且不知从何答起。所以不要同时问多个问题，两个问题间最好有短暂停顿，给老年人思考时间。

3. 倾听技巧

（1）专注倾听：通话时放下手中其他事情，不要一边打电话一边刷手机或忙别的，用语言和声音变化让老年人感知你的专注，如适当的笑声、惊讶声等。

（2）理解情绪：从老年人话语中捕捉情绪，无论是开心、担忧还是孤独。如果老年人声音低沉，说最近没什么事儿干，要听出其中的无聊和孤独，回应“是不是在家太闷啦，要不我周末陪您出去转转”。

（3）不急于反驳：即便老年人观点和你不同，不要马上反驳。比如老年人说“现在的年轻人都太懒”，你可以说“您说得有道理，可能有些年轻人确实有这样的问题，但也有很多年轻人很努力的，像我就天天努力工作呢”，先认可再委婉表达不同看法。

4. 其他技巧

（1）巧用回忆话题：提及老年人过去经历中开心、难忘的事情，如“爷爷，您这张在公园划船的照片真好看，您还记得不？”，唤起老年人美好回忆，让交流更顺畅。

（2）发送文字辅助：如果告知老年人复杂信息，如地址、电话号码等，短信或微信文字再发一遍，方便老年人查看记录。

（3）保持定期通话：让老年人习惯和期待你的电话，形成规律。比如每周日晚上 7 点固定给老年人打电话，增强老年人安全感和归属感。

二、与老年人网络沟通

（一）认识网络沟通

1. 网络沟通的概念

网络沟通是指利用互联网技术和相关工具，在不同的个体、群体或组织之间进行信息传递、思想交流和情感表达的过程。

2. 网络沟通的主要形式

（1）即时通信工具：如微信、QQ、钉钉等。用户可以通过文字、图片、语音、视频等多种方式进行实时沟通，方便快捷，适用于个人之间、个人与群体之间的各种交流场景，如日常聊天、工作沟通、群组讨论等。

（2）电子邮件：是一种通过网络进行信息传递的通信方式。它可以发送文字、图片、文档等多种格式的文件，适合用于正式的商务沟通、文件传输、信息存档等，其优点是信息传递较为正式，可留存记录，缺点是沟通效率相对较低，不适合即时交流。

（3）视频会议：如腾讯会议、Zoom、钉钉会议等。通过视频会议软件，用户可以实现远程面对面的交流，不仅可以看到对方的画面、听到声音，还能共享屏幕、进行文档演示等，广泛应用于商务会议、在线教学、远程培训等场景，能够有效提高沟通效率，节省时间和成本。

（4）社交媒体平台：如微博、抖音、小红书等。用户可以在这些平台上发布文字、图片、视频等内容，与关注者进行互动交流，也可以通过评论、私信等方式与其他用户进行沟通，主要用于信息分享、社交互动、品牌推广等。

（5）网络论坛：如贴吧、论坛等。用户可以在论坛上就特定话题进行讨论，发布自己的观点和经验，也可以回复他人的帖子，形成互动交流。论坛适合针对特定主题进行深入探讨，汇聚不同人的意见和建议，但信息更新速度较快，需要用户及时关注。

3. 网络沟通的优势

（1）便捷性与即时性：无论距离有多远，人们都能随时随地通过网络与他人进行沟通。只要有网络连接，信息就能瞬间传递，极大地提高了沟通效率。例如，在跨国业务合作中，通过视频会议，不同国家的团队成员可以即时交流，商讨项目细节，无须考虑时间和空间的限制。

（2）丰富的沟通形式：网络沟通融合了多种媒体形式，如文字、图片、音频、视频等。人们可以根据自己的需求和喜好，选择合适的沟通方式。例如，在汇报工作时，可以使用文档详细阐述观点，再搭配图片和图表增强直观性；而在分享生活趣事时，一段生动的视频或几张有趣的照片能更生动地传达信息。

（3）扩大社交圈：通过网络社交平台，人们能够轻松结识来自不同地区、不同行业的人，拓展自己的社交范围。例如，职业社交平台能帮助无数职场人士与同行、潜在雇主、行业专家等建立联系，为职业发展创造更多机会。

（4）降低沟通成本：相较于传统的沟通方式，如面对面会议、电话沟通等，网络沟通在很多情况下能够节省成本。以企业为例，通过网络视频会议进行远程办公，能够减少员工出差的交通、住宿等费用，同时也节省了时间成本。

4. 网络沟通的不足

（1）信息过载与干扰：网络上的信息海量且繁杂，人们在沟通时容易受到无关信息的干扰，导致注意力分散，影响沟通效果。例如，在使用社交媒体时，各种广告、推送消息等不断涌现，可能会让人忽略重要的沟通信息，或者在处理信息时花费过多时间，降低了沟通效率。

（2）缺乏非语言线索：在网络沟通中，很多非语言信息，如面部表情、肢体语言、语气语调等，难以准确传达，这可能导致信息理解不全面或产生误解。例如，在文字聊天中，简单的一句话，由于没有语气和表情的辅助，对方可能会误解其含义，造成沟通障碍。

（3）存在安全与隐私问题：网络环境存在一定的安全风险，个人信息可能会被泄露、窃取或滥用。例如，一些不法分子会通过网络攻击、诈骗等手段获取用户的账号密码、联系方式等隐私信息，给用户带来经济损失和安全威胁。

（4）容易产生网络依赖：过度依赖网络沟通可能会导致人们在现实生活中的沟通能力下降，对面对面交流产生恐惧或不适应。例如，一些人在网络上能够侃侃而谈，但在面对面交流时却变得沉默寡言，不知道如何表达自己的想法和情感。

课堂讨论

为何老年人容易被保健品经销商欺骗？

（二）与老年人网络沟通的技巧

与老年人进行网络沟通时，需要考虑到他们可能对网络不太熟悉，以及生理和心理上的特点，以下是一些实用的技巧。

1. 提前了解

在沟通前，先了解老年人对网络设备和软件的熟悉程度。如果老年人是初学者，要从最基础的操作开始教起，比如如何打开设备、连接网络、找到应用程序等。如果老年人有一定基础，可以直接进入更复杂的功能讲解。

2. 沟通方式的选择

根据老年人的喜好和使用习惯选择沟通平台。例如，微信是常用的社交软件，语音通话和视频通话功能操作相对简单，容易上手。对于喜欢玩游戏或看视频的老年人，也可以通过相应的游戏平台或视频平台进行互动交流。

3. 慎用网络语言

避免使用过于专业或复杂的网络术语，用简单、直白的语言解释网络相关的概念和操作。比如，将“Wi-Fi”说成“无线网络”，“链接”说成“网址”。同时，语速要适中，给老年人足够的时间理解和反应。

4. 耐心指导和鼓励

老年人在学习和使用网络时可能会遇到各种问题，要保持耐心，不要催促或指责。当老年人取得进步时，及时给予肯定和鼓励，增强他们的自信心和学习热情。例如，老年人成功发送了一条微信语音，要夸赞他们做得好。

5. 分享有价值的内容

根据老年人的兴趣爱好，分享一些有意义的网络内容，如健康养生知识、历史故事、有趣的短视频等。同时，帮助老年人筛选内容，避免他们接触到不良信息或虚假信息。

6. 关注情绪和需求

在网络沟通中，注意观察老年人的情绪变化，及时给予关心和安慰。如果老年人对某些网络内容感到困惑或担忧，要耐心解释和引导。例如，老年人看到一些负面新闻感到焦虑，就可以帮他们分析情况，缓解焦虑情绪。

7. 定期沟通

与老年人约定固定的网络沟通时间，让他们有所期待，也能感受到被关心。比如每周日晚上7点进行视频通话，聊聊一周的生活情况。这样可以增强与老年人的情感连接，让他们在网络世界中也能感受到温暖和陪伴。

8. 谨防网络诈骗

随着网络技术发展，网络诈骗手段多样，老年人成为重要受骗对象。需要时常提醒老年人谨防受骗，可通过新闻、案例等宣传，介绍假冒好友、网络钓鱼、网络托儿等常见诈骗方式。提醒老年人牢记：“莫贪便宜”“天下没有免费的午餐”；增强自我保护，不在网上随意填个人资料、输密码；别轻信网络陌生人身份，现实好友要联系本人确认；遇事冷静，对方要求转账或提供个人信息时，多和子女、亲友沟通，别轻信网络或电话内容。

任务实施

1. 情景设定

某养老服务中心接到外地家属求助，独自在家的老年人张爷爷身体不适却拒绝就医。照护员小李迅速安抚家属，随即拨通老年人电话。她温柔询问，耐心倾听老年人诉说头疼胸闷，一边指导老年人在沙发躺好，一边紧急联系社区医护。等待时，小李通过讲轻松小故事分散老年人注意力。最终，医护及时赶到，老年人得到妥善救治，家属对小李的专业贴心感激不已。

2. 问题引入

分组讨论：小李是如何帮助张爷爷的？这一过程中，你认为哪些具体沟通技巧起到了关键作用？

小李第一时间拨通老年人电话，温柔表明身份，稳定老年人情绪。引导老年人讲述身体不适的具体症状，得知头疼胸闷症状后，凭专业知识指导老年人在沙发躺好。接着，小李一边安抚老年人，一边联系社区医护紧急上门。等待期间，小李通过讲轻松小故事分散老年人注意力，缓解其焦虑，为老年人争取到及时的医疗救助。

3. 老年服务电话沟通技巧示范与讲解

（1）交谈的技巧：小李用温柔的语气与老年人交流，让老年人在身体不适且焦虑的情况下，感受到温暖和关怀，有助于平复老年人的情绪，使其能够更好地配合沟通和后续的指导。

（2）提问的技巧：小李根据巧妙的提问，让老年人描述症状，并迅速做出判断并给予专业的指导意见，如让老年人躺好放松，这体现了小李的专业素养，也让老年人和家属感到安心，相信小李有能力帮助他们。

（3）倾听技巧：小李在老年人讲述症状时，耐心倾听并适时回应，如“嗯，我明白”“您别着急”等，让老年人感受到自己被重视，从而更愿意表达自身情况，也使沟通更加顺畅。

（4）其他技巧：在等待医护人员的过程中，小李通过讲小故事的方式陪伴老年人，避免老年人因独自等待而产生紧张和恐惧心理，这种陪伴式沟通给予了老年人情感上的支持，对稳定老年人的情绪起到了重要作用。

4. 总结与反思

回顾本次任务处理的要素，进行分析必要性，总结老年服务中电话沟通技巧和应用要点。分享在模拟场景中的收获和遇到的问题，共同思考解决方案。

任务评价

从学习过程中的表现、技能掌握情况、问题解决能力等维度进行，重点突出对有效沟通技巧运用的考核（表 6–5）。

表 6–5 任务评分标准（满分 100 分）

评分项目	评分标准
参与度（20 分）	16 ~ 20 分：全程积极参与，主动引导话题，有效促进沟通。 10 ~ 15 分：能参与沟通，但主动性稍弱，需引导才能深入话题。 0 ~ 9 分：参与度低，需多次提醒才能参与，或基本不参与。
电话沟通技巧掌握（40 分）	32 ~ 40 分：电话沟通技巧运用自如，沟通方式人性化，老年人感受良好。 20 ~ 31 分：基本掌握电话沟通技巧，但在实际应用中偶有疏忽，如表达不够清晰或同理心不足。 0 ~ 19 分：对电话沟通技巧理解不足，沟通方式生硬，未能体现对老年人的尊重和关怀。
模拟场景表现（30 分）	24 ~ 30 分：表现优秀，沟通技巧运用自如，老年人情绪得到有效缓解。 15 ~ 23 分：能基本完成沟通任务，但技巧运用不够流畅，需要一定时间理解老年人需求。 0 ~ 14 分：沟通方式生硬，未能有效理解老年人投诉需求，或导致老年人情绪恶化。 能全面、深入地总结沟通经验，分析成功与失败的原因，提出具体的改进措施，并展现出持续改进的意愿。

续表

评分项目	评分标准
总结反思能力（10 分）	8 ～ 10 分：总结深入，分析透彻，改进措施具体可行，展现出强烈的改进意愿。 5 ～ 7 分：能总结主要内容，但对原因分析不够深入，改进措施较为笼统。 0 ～ 4 分：总结内容空洞，缺乏具体分析，未提出有效的改进措施。

【练习题】

扫码查看参考答案。

A1 题型

1. 与老年人进行电话沟通时，语速应该（　　）。

A. 放慢语速，吐字清晰

B. 适中，正常语速

C. 非常快，节省时间

D. 忽快忽慢，增加趣味性

E. 语速快慢，随心情

2. 在网络视频通话中，以下哪种做法有助于与老年人更好沟通？（　　）

A. 使用复杂的特效滤镜

B. 背景布置得五彩斑斓

C. 选择安静、光线充足的环境

D. 不断切换拍摄角度

E. 使用精美的滤镜

3. 与老年人电话沟通时，关于音量的控制，正确的是（　　）。

A. 音量越大越好

B. 保持正常通话音量即可

C. 适当提高音量，但避免喊叫

D. 音量越小越礼貌

E. 音量大小随机而定

4. 当在网络上给老年人发送信息时，以下哪种表述最合适？（　　）

A. 语言简洁明了，多使用短句

B. 用大量网络流行语

C. 堆砌华丽辞藻

D. 发送长段落文字

E. 没有标点符号

5. 与老年人进行电话网络沟通时，以下哪种态度是错误的？（　　）

A. 耐心倾听

B. 尊重老年人的观点

C. 态度温和

D. 积极回应

E. 表现出不耐烦

A2 题型

1. 李奶奶在电话里向你讲述她昨天的经历，但是有些啰唆，讲了很久还没讲完，此时你应该怎么做？（　　）

A. 直接打断李奶奶，说自己很忙

B. 一边听一边玩手机，偶尔回应几句

C. 耐心倾听，适当给予回应，等李奶奶讲完

D. 不停地催促李奶奶快点讲重点

E. 半天不予以回应

2. 张爷爷在视频通话时抱怨看不清你，你检查发现光线较暗，此时你应该（　　）。

A. 让张爷爷自己调整设备亮度

B. 立刻找个光线好的地方重新接通视频

C. 抱怨网络不好

D. 继续在原环境通话，只是说话声音更大些

E. 对张爷爷的态度明显不耐烦

3. 王奶奶在网络聊天时问你某个新词语是什么意思，你应该（　　）。

A. 说王奶奶不懂就别问了

B. 用复杂的专业术语解释

C. 敷衍回答说不太清楚

D. 用简单易懂的语言举例说明

E. 不予以解释

4. 赵爷爷打电话来，声音听起来很虚弱，你应该（　　）。

A. 照常和赵爷爷聊天，语速正常

B. 加快语速，赶紧说完事情

C. 放慢语速，关切询问赵爷爷身体状况

D. 认为赵爷爷就是这样的声音，没什么特别

E. 不予以理睬，说完事儿赶紧挂断

5. 孙奶奶在网络通话中提到自己最近学习新东西总是学不会，很沮丧，你应该（　　）。

A. 说孙奶奶年纪大了，学不会很正常

B. 转移话题，聊其他事情

C. 告诉孙奶奶，不用学了

D. 说自己也不会，安慰孙奶奶

E. 鼓励孙奶奶，分享一些简单学习方法

实训五　与老年人网络沟通的沟通实践

实训目的

通过实训，掌握沟通的步骤和沟通的技巧并在角色扮演中通过应用这些技巧进行有效沟通。

实训准备

1. 环境准备

老年实训室、模拟居家和社区环境，环境清洁、安静、明亮、宽敞。

2. 用物准备

手机、电脑、网络平台。

3. 照护员（被照护者）准备

照护员着工作服，仪表端庄，衣帽整洁。被照护者根据老年人身体状态选择合适的体位。

实训学时

2 学时。

实训内容

运用沟通技巧与老年人进行网络沟通情景模拟。

案例：居家养老社区开通了网络平台慢性病监测管理服务，金爷爷幸运地成了第一批体验者。金爷爷患高血压和糖尿病多年，以往身体状况的监测颇为不便。如今，每天清晨，金爷爷都会熟练地拿起血压计和血糖仪，认真完成自测，随后轻松点击按键，将数据精准无误地传到网络平台。社区健康管理人员时刻关注着平台数据，一旦发现异常，就能迅速与金爷爷视频连线。

这天，按照约订时间，社区健康管理人员准时发起视频通话。画面接通，管理人员微笑着问候金爷爷："金爷爷，最近身体感觉怎么样呀？"金爷爷如实讲述了自己的感受。管理人员仔细查看近期数据后，耐心地说："金爷爷，您这几天血糖有点波动，饮食上要再注意下，少吃点甜食。运动的话，每天可以适当增加 15 分钟散步时间。"金爷爷连连点头，在管理人员的悉心指导下，金爷爷对自身健康管理又多了几分信心。

实训方法

1. 学生分组进行模拟训练，以小组为单位进行小组合作学习，由组长负责组织集体讨论，安排任务及角色。

2. 小组成员布置场景，准备用物，进行情景对话和练习。教师提出要求并巡回指导、提出建议。

3. 各小组选代表，在全班进行展示，由师生点评。

效果评价

1. 学习态度

是否以认真的态度对待训练，模拟训练后学生及时总结反思与老年人网络沟通的技巧。

2. 技能掌握

情节设计合情合理、积极向上，对情景模拟的主题理解准确，合理演绎，场景设计合理，动作编排符合实际工作需要、体现照护工作内涵。

3. 职业情感

精神饱满，表情自然，体现照护员的爱心、责任心，表现做事严谨的职业形象，以及以老年人为中心的服务理念。

4. 团队精神

练习过程中是否积极参与、团结互助、相互指导、共同协作。

任务五　与失智老年人的沟通技巧

扫码获取数字资源

案例导入

张奶奶，78 岁，被诊断为阿尔茨海默病，目前处于中度痴呆期。她的家人发现，张奶奶近期记忆力明显下降，经常忘记刚刚发生的事情，例如吃过饭后却坚持说自己还没吃。同时，她的语言表达能力也有所下降，有时无法准确表达出自己的需求，导致与家人之间的沟通出现障碍。张奶奶还经常出现情绪波动，有时会因为小事而哭泣或发脾气，给家人带来了很大的困扰。

任务描述

1. 请照护员分析张奶奶的症状对她自身及家人的影响？
2. 照护员在张奶奶情绪波动时应该怎样与之沟通？

知识殿堂

扫码查看课件。

在人口老龄化的时代浪潮中，失智问题已成为我国社会面临的重大挑战。失智症给社会和家庭带来了沉重负担。经济上，我国每年为失智症投入的医疗、照料等费用随着患者数量的增加还在持续攀升，这严重影响了国家医保及家庭财政。从生活层面看，失智老年人因认知障碍，沟通也导致极其困难。调查显示，超 90% 的失智老年人无法清晰表达需求，80% 以上存在情绪行为异常问题。这不仅使他们的生活质量大幅降低，也让照料者承受着巨大压力，超 70% 的照料者因沟通难题感到焦虑、抑郁。这些惊人的数据，凸显了掌握与失智老年人沟通技巧的紧迫性。

一、失智的概念

失智是慢性脑部退行性疾病，受多种症候群长期影响。老年人认知领域中的记忆、注意、语言、执行、推理、计算和定向力等功能的一项或多项受损，导致生活能力下降，影响其社会功能与生活质量，严重时可因并发症导致死亡。失智症患者多为老年人，在公共卫生领域常称“老年痴呆症”。阿尔茨海默病（AD）是老年人中最常见痴呆类型，约占失智症的70%，其患病率随着年龄增加而增加。

拓展阅读

被遗忘的名字

1901年11月的法兰克福，寒风裹挟着消毒水味穿过圣伊丽莎白精神病院的长廊。爱罗斯·阿尔茨海默医生在记录本上写下新入院病人的名字：奥古斯特·迪特，51岁，家庭主妇。

“今天是星期二吗？”奥古斯特第五次重复同样的问题，她布满皱纹的手正神经质地撕扯桌布。护士在旁低声提醒：“她已经弄坏三套床单了，总说有人要偷她的怀表。”阿尔茨海默注意到患者浑浊的瞳孔里泛着异样的恐惧——这不是普通的老糊涂。

此后八个月，这位神经科医生每天准时出现在三号病房。他记录下奥古斯特逐渐崩塌的认知世界：忘记丈夫的死亡、把镜子里的倒影当成陌生人、用刀叉在墙纸上刻写毫无意义的符号。最令人心惊的是某次查房时，奥古斯特突然抓住他的白大褂：“医生，我的名字…我的名字去哪了？”

1906年4月8日，解剖台的无影灯下，阿尔茨海默托着显微镜的手微微发抖。浸泡在福尔马林中的大脑布满诡异的灰斑，显微镜里，无数神经纤维像被暴风雨摧残的藤蔓般扭曲纠缠。这些病理特征与当时已知的所有脑部病变都不相同，他仿佛听见神经元在临终前发出的无声呐喊。

在慕尼黑精神病学大会上，当阿尔茨海默展示这些发现时，台下响起此起彼伏的咳嗽声。“不过是老年痴呆的特殊案例”的耳语在会场蔓延。这位严谨的医生只是平静回应：“科学不应让任何异常沉默，就像我们不该漠视患者忘记姓名的痛苦。”

百年后的今天，当我们在电子显微镜下观察时，总会想起那个在煤油灯下描绘脑切片图谱的身影。阿尔茨海默病命名的背后，不仅是一个医学发现的故事，更是关于人类如何正视遗忘的勇气——正如阿尔茨海默在日记里写下的：“每个被遗忘的名字，都是医学未解的密码。”

二、失智老年人的特点

失智症是一种因脑部伤害或疾病所导致的渐进性认知功能退化，这种退化的幅度远高于正常老化的进展。其基本症状包括认知功能损害症状、非认知性精神行为症状和社会生活功能减退三个方面。

（一）认知功能损害症状

1. 记忆力下降

失智老年人往往难以记住新事物，对近期发生的事情遗忘较快，甚至可能出现记忆错误。记忆障碍是失智症早期最常见的症状，随着病情的发展，远近记忆都会严重受损。

2. 语言能力受损

失智老年人可能出现说话困难，词汇减少，甚至无法正常表达自己的想法，影响与他人的沟通交流。在病情进展到中晚期时，可能有模仿及重复语言，或出现构音障碍。

3. 视觉空间能力障碍

失智老年人可能难以辨别物体的方位、距离和空间位置关系。例如在判断台阶高度、道路宽窄时出现偏差，容易碰撞到物体；难以理解和解读地图、示意图等，无法准确判断地图上的方向和位置关系；在进行一些需要空间想象和操作的活动时，如拼图、搭建积木等存在困难。

4. 执行功能受损

失智老年人可能变得反应迟钝，对于日常任务的组织和执行感到困难，导致生活自理能力下降，如不能完成简单的穿衣、进食等生活事项。

5. 计算力障碍

失智老年人可能无法进行简单的数学计算，对数字和算术符号的理解能力下降。通常表现为算错账、付错钱、难以理解数字的概念，无法执行基本的算术运算，如加法、减法，甚至可能无法正确读出数字或理解数字的顺序。

6. 失认及失用

失认是指失智老年人无法识别或理解通过感官接收到的信息。这可能包括无法识别常见物体、面容、颜色等，导致失智老年人在看到这些刺激时无法产生相应的认知反应。

失用则是指虽然拥有执行某项动作所需的运动能力，但无法正确地进行该动作。这可能是由于大脑无法将意图转化为具体的运动指令，导致失智老年人在尝试执行动作时出现困难。

7. 定向障碍

定向障碍是指失智老年人对时间、地点、人物或自身状态的认识出现混乱。这可能导致其无法准确说出当前的日期、时间或地点，不知道现在是上午还是下午，因此可能会深夜起床洗漱，或者无法识别熟悉的人或自己的身份。

（二）非认知性精神行为症状

1. 情感淡漠

情感淡漠是失智老年人常见的症状之一，可能表现出对周围事物的漠不关心。

2. 人格改变

额叶、颞叶受损者常有明显的人格改变，如懒散、退缩、自我中心、敏感多疑等。这些改变可能导致其行为不顾社会规范，出现性脱抑制（个体在特定状态下失去对自身性行为、性表达等方面正常约束和控制的现象）、不知羞耻等行为，如当众脱衣服。

3. 妄想和幻觉

约 30% 的失智老年人可能出现妄想症状，多为非系统的偷窃、被害、贫困和嫉妒等内容。

幻觉症状也较为常见，包括幻视和听幻觉，幻视可能看到偷窃者或已死去的亲人等。较少见的幻觉有嗅幻觉和味幻觉，像是可能闻到物质燃烧的异味等。

4. 灾难反应

灾难反应指失智老年人主观意识到自己智能缺损，却极力否认，在应激状态下产生继发性激越。

（三）社会生活功能减退

1. 日常生活能力下降

失智老年人可能逐渐丧失穿衣、进食、洗漱等日常生活自理能力。病情严重时，可能需要完全依赖他人的照顾。

2. 社交退缩

随着认知功能的下降，失智老年人可能逐渐失去与他人交往的兴趣和能力。他们可能避免与他人交往，宁愿独自一人，导致社交圈子缩小。

3. 安全问题

失智老年人可能因认知障碍而面临各种安全风险，如走失、跌倒、烫伤等。照护员需要密切关注失智老年人的安全状况，并采取相应的预防措施。

三、失智老年人的分期

（一）轻度痴呆期

第一阶段即发病早期，1 ~ 3 年。主要表现为记忆力下降，尤其是近期记忆力明显减退，如忘记刚刚发生的事情或说过的话。情绪可能变得不稳定，容易焦虑、抑郁或易怒。

（二）中度痴呆期

第二阶段为中期，病程较长，一般从发病后的 2 ~ 10 年不等，但具体时间因人而异。此阶段表现为记忆力进一步受损，远期记忆也开始受到影响。语言表达能力下降，词汇量减少，经常出现错语或表达不清。日常生活能力显著下降，需要更多的帮助才能完成日常活动，如穿衣、洗漱、进食等。时间和空间定向能力障碍，容易迷路或忘记时间。精神症状可能更加严重，如幻觉、妄想等。

（三）重度痴呆期

第三阶段为晚期阶段，通常发生在发病后的 8 ~ 12 年，但也可能因个体差异而有所不同。患者基本丧失生活能力，完全依赖护理者；记忆力严重丧失，几乎无法回忆起过去的事情；语言能力极度衰退，可能只能发出简单的音节或无法言语；身体机能也明显下降，如行走困难、大小便失禁等；精神症状可能表现为冷漠、无欲无求或极端的情绪波动。

四、与失智老年人的沟通技巧

在与失智老年人进行沟通时，需要采取一系列特殊且有效的沟通技巧，以确保信息传递的准确性和有效性，同时增强与他们的互动和信任。

（一）与失智老年人沟通的原则

1. 尊重老年人的感受

在与失智老年人沟通时，首要原则是尊重他们的感受。这意味着耐心倾听他们的想法，即使内容重复或逻辑不清，也要保持尊重和理解，避免打断或轻视。尊重他们的个人选择和意愿，维护他们的尊严，避免使用贬低或歧视性的语言。

2. 有耐心给老年人表达的机会

给予失智老年人充分表达的机会至关重要。为他们创造一个安全舒适的环境，鼓励他们自由表达想法和感受。即使表达不清，也要耐心倾听，并给予积极地反馈。同时，根据他们的沟通能力，灵活调整交流方式，如使用非语言沟通辅助表达。

3. 保持同理心

同理心是与失智老年人有效沟通的关键。尝试换位思考，理解他们的困惑和焦虑，通过眼神、微笑、点头等方式传达理解和同情。关注他们的情感需求，提供情感上的支持和安慰，帮助他们减轻孤独感和无助感。

4. 接受而不是改变

接受失智老年人的现状是沟通的重要原则。不要试图强行改变他们的行为或认知，而是尊重他们的个性和习惯。理解他们的病情和感受，以支持和理解的态度与他们交流，帮助他们适应和应对生活中的变化。

5. 不要任意哄骗老年人

在与失智老年人沟通时，应避免使用哄骗的手段。诚实和透明是建立信任的基础。如果必须提供某些信息或建议，应以真诚和尊重的态度进行，确保他们能够理解并接受。哄骗只会破坏信任关系，增加他们的困惑和不安。

6. 关心与爱护

关心与爱护是与失智老年人沟通的核心。通过持续的关爱和陪伴，表达对他们的关心和支持。这可以是一个简单的问候、一次温暖的拥抱或是一次耐心地倾听。关心他们的身心健康，提供必要的帮助和照顾，让他们感受到被爱和重视。

（二）与失智老年人沟通的方式

在与失智老年人进行沟通时，选择合适的沟通方式至关重要。根据失智老年人的认知能力和个人特点，我们可以将沟通方式主要分为两大类：语言沟通和非语言沟通。

1. 语言沟通

（1）面对面沟通：面对面交流是最直接、最有效的方式之一。在沟通过程中，我们可以通过观察失智老年人的表情和动作来捕捉他们的反应，从而及时调整沟通策略。面对面的交流也有助于建立信任关系，让失智老年人感受到我们的关心和尊重。在面对面沟通时，应使用简单明了的语言，避免使用复杂的词汇或句子结构，以确保他们能够理解和跟上对话的节奏。

（2）书面沟通：对于部分失智老年人来说，我们可以使用简单的文字或图画来辅助信息传递，确保他们能够准确理解我们的意图。书面沟通的好处在于它可以提供持久的信息记录，方便失智老年人在需要时回顾。然而需要注意的是，书面沟通应简洁明了，避免使用过多的文字或复杂的图表，以免增加他们的理解负担。

2. 非语言沟通

（1）肢体语言：肢体语言是非语言沟通中不可或缺的一部分。在与失智老年人沟通时，我们可以通过手势、姿势等肢体语言来传达情感和信息。例如，一个温暖的拥抱或轻轻拍打他们的肩膀可以传达我们的关爱和支持；一个明确的指向手势可以帮助他们理解我们的指示或要求。肢体语言的使用应自然得体，避免过于夸张或突兀的动作，以免吓到他们。

（2）面部表情：面部表情是传达情感的重要方式之一。在与失智老年人沟通时，我们可以通过微笑、点头、皱眉等面部表情来传达我们的情绪和态度。一个真诚的微笑可以让他们感受到我们的友好和善意；一个肯定的点头可以鼓励他们继续表达自己的想法和感受。面部表情的使用应与语言沟通相结合，以增强沟通的效果。

（3）声音语调：声音语调是非语言沟通中另一个重要的方面。在与失智老年人沟通时，我们可以通过调整声音的音量、音调和节奏来传达不同的情感和意图。例如，使用柔和而坚定的语气可以让他们感受到我们的关心和尊重；使用清晰而缓慢的语气可以帮助他们更好地理解我们的话语。声音语调的使用应适应失智老年人的听力水平和理解能力，以确保他们能够准确捕捉到我们的信息。

（三）与失智老年人沟通的障碍

1. 记忆力衰退

失智老年人可能无法记住刚刚说过的话或做过的事，导致沟通中的信息丢失。这要求我们在沟通中多次重复关键信息，并使用简单的语言和表达方式。

2. 语言障碍

他们可能出现语言不清、词汇减少、语法错误等问题，影响信息的传递。此时，我们可以借助非语言沟通方式，如肢体语言、面部表情等，来辅助信息传递。

3. 注意力分散

失智老年人容易分心，无法长时间集中注意力进行深入的交流。因此，在沟通中需要保持简洁明了，避免冗长的叙述和复杂的讨论。

4. 情感障碍

他们可能出现情绪波动、焦虑、抑郁等问题，影响沟通的氛围和效果。这要求我们在沟通中保持敏感和同理心，及时给予安慰和支持。

（四）与失智老年人沟通的技巧

1. 简化语言

使用简单、清晰的词汇和句子，避免使用复杂的长句子或专业术语。这有助于减少失智老年人的理解难度。

2. 一次只问一个问题

避免同时提出多个问题，以免让失智老年人感到困惑。每次只问一个问题，等待他们回答后再继续下一个话题。

3. 重复与确认

对于重要的信息，可以多次重复并确认失智老年人是否理解。这有助于确保信息的准确性和有效性。

4. 保持积极态度

以积极的态度面对失智老年人，给予他们鼓励和支持。避免传递负面情绪，以免加重他们的焦虑和不安。

5. 观察与回应

仔细观察失智老年人的身体语言和情绪变化，及时回应他们的需求。这有助于建立信任关系，促进沟通的顺利进行。

6. 创造熟悉安静的环境

将沟通环境布置成失智老年人熟悉的样子，保持环境安静，避免老年人注意力分散，如摆放他们喜欢的物品或照片。这有助于缓解他们的焦虑和不安，提高沟通效果。

7. 引导话题

在与失智老年人沟通时，可以引导他们谈论感兴趣的话题，如回忆过去的美好时光、分享喜欢的音乐或电影等。这有助于激发他们的积极性和参与度。

8. 适应个体差异

每个失智老年人的病情和性格都不同，需要灵活调整沟通技巧以适应他们的需求。例如，对于性格内向的失智老年人，可以采用更加温和、耐心的沟通方式；对于性格外向的失智老年人，则可以更加直接、明确地表达意图。

任务实施

1. 情境设定

假设你是社区服务中心的照护员小王，负责照顾新入住的患有失智症的陈奶奶。陈奶奶处于中度痴呆期，记忆力减退，语言表达能力下降，日常生活需要一定帮助。你希望通过专业的照护服务，提高陈奶奶的生活质量，让她感受到温暖和关怀。但在照护过程中，你发现陈奶奶有时会出现情绪波动、妄想等症状，这给你的照护工作带来了一定挑战。

2. 问题引入

分组讨论：小王在照顾陈奶奶时可能会遇到哪些问题？如何运用与失智老年人沟通的技巧和照护原则来解决这些问题？

问题分析：小王可能遇到的问题包括陈奶奶的记忆力衰退导致信息传递困难，语言障碍影响沟通效果，注意力分散难以进行深入交流，情感障碍带来的情绪波动和妄想等精神症状。针对这些问题，照护员需要运用特殊的沟通技巧，如简化语言、重复关键信息、一次只问一个问题等，同时遵循尊重、同理心、接受等照护原则，理解和应对陈奶奶的症状。

3. 为失智老年人沟通的技巧示范与讲解

（1）运用沟通原则：尊重陈奶奶的感受，耐心倾听她即使重复或逻辑不清的话语，不打断、轻视她，尊重她的个人选择和意愿。给予她充分表达的机会，创造安全舒适环境，鼓励她表达，对其表达不清的内容也给予积极反馈。保持同理心，理解她的困惑和因病情产生的不良情绪，通过眼神、微笑等传达理解和同情。接受她的现状，不强行改变她的行为和认知。不哄骗陈奶奶，诚实透明地与她交流。给予关心和爱护，通过陪伴、问候等让她感受到温暖。

（2）采用合适沟通方式：和陈奶奶面对面沟通时，使用简单明了语言，避免复杂词汇和句子结构，观察陈奶奶表情动作及时调整策略。也可尝试书面沟通，用简单文字或图画辅助信息传递。同时可以轻轻拥抱陈奶奶或者拍拍肩膀表达关爱；通过微笑、点头等面部表情鼓励她；调整声音语调，用柔和清晰缓慢的语气交流。

（3）运用沟通技巧：简化语言，用简单词汇和句子与陈奶奶交流。一次只问一个问题，等她回答后再继续。对于重要信息多次重复并确认她是否理解。保持积极态度，给予鼓励支持，避免负面情绪。仔细观察她的身体语言和情绪变化，及时回应需求。创造熟悉安静环境，摆放她喜欢的物品或照片，缓解其焦虑不安。引导她谈论话题，如回忆过去美好时光等。根据陈奶奶性格，采用合适沟通方式，若她性格内向，则需要采用更加温和耐心的沟通方式。

（4）情绪问题处理：当陈奶奶情绪波动时，保持敏感和同理心，及时给予安慰和支持。运用上述沟通技巧，如耐心倾听、温和语气交流等，了解她情绪变化的原因，帮助她缓解不良情绪。

（5）妄想症状应对：尊重陈奶奶的感受，不直接反驳她的妄想内容，避免引发她的抵触情绪。以温和的方式转移她的注意力，引导她关注其他事物。同时，按照接受的原则，理解这是她病情的表现，给予关心和照顾。

（6）日常生活协助：在协助陈奶奶穿衣、洗漱、进食等活动时，尊重她的意愿和节奏，给予她足够的时间。运用沟通技巧鼓励她尽可能自己完成，当她需要帮助时再及时提供，同时保持耐心和积极的态度，让她感受到照护的温暖和尊重。

总结与反思：回顾整个学习过程，总结与失智老年人沟通的技巧和注意事项。分享在模拟场景中的收获和遇到的问题，共同思考解决方案。例如，沟通时如何运用肢体语言缓解陈奶奶的焦虑情绪，或者在面对她的妄想症状时，如何更好地理解和应对。通过总结反思，提高照护能力和应对问题的能力。

任务评价

从参与讨论的主动性、对失智老人沟通原则与技巧的掌握深度、模拟场景中处理记忆衰退、情绪波动失智老年人的实际问题的表现，以及对沟通照护过程的总结反思质量进行针对性评价，重点考核在失智照护场景下专业沟通能力的实践应用（表 6–6）。

表 6–6　任务评分标准（满分 100 分）

评分项目	评分标准
参与度（20 分）	16 ~ 20 分：积极参与小组讨论，主动发表观点，提出有价值的想法，能与小组成员有效互动。
	10 ~ 15 分：参与讨论，但发言较少，能跟上讨论节奏，对他人观点有一定回应。
	0 ~ 9 分：基本不参与讨论，需要他人多次督促，对讨论内容缺乏关注。

续表

评分项目	评分标准
知识掌握（40分）	32～40分：能够深刻理解并熟练运用与失智老年人沟通的各项原则，如尊重、给予表达机会、同理心、接受、不哄骗、关心爱护等。 20～31分：基本掌握沟通原则，在大部分情况下能够运用这些原则与老年人沟通和照护。但偶尔会出现一些小瑕疵，如偶尔忽略老年人的个性化需求。 0～19分：对沟通技巧掌握较差，在与老年人沟通时，很少运用或错误运用这些技巧。
模拟场景表现（30分）	24～30分：在模拟场景中，表现非常出色。能够自然、流畅地运用所学的沟通原则和技巧，与老年人进行良好的互动。 15～23分：在模拟场景中，能够完成基本的照护任务，与老年人进行一定程度的沟通和互动。但在处理一些复杂情况时，显得有些紧张和不知所措，处理方式不够成熟和完善。 0～14分：在模拟场景中，服务方式生硬，未能有效理解并回应老年人的需求。
总结反思能力（10分）	8～10分：能够全面、深入地总结在照顾老年人过程中对沟通原则和技巧的运用情况，详细分析成功的经验和失败的教训。 5～7分：能够对自己的照护工作进行总结，但总结内容不够全面深入，对沟通原则和技巧的分析不够细致，提出的改进建议缺乏针对性和可操作性。 0～4分：总结反思内容空洞、简单，只是对自己的照护工作进行了表面的描述，没有对沟通原则和技巧的运用情况进行有效反思，也没有提出任何有价值的改进建议。

【练习题】

扫码查看参考答案。

A1型题

1. 失智症中最常见的类型是（　　）。

A. 血管性痴呆

B. 额颞叶痴呆

C. 路易体痴呆

D. 阿尔茨海默病

E. 混合型痴呆

2. 失智老年人出现对时间、地点、人物或自身状态的认识混乱，这属于（　　）。

A. 记忆力下降

B. 语言能力受损

C. 视觉空间能力障碍

D. 定向障碍

E. 执行功能受损

3. 与失智老年人沟通时，以下哪个原则是核心？（　　）

A. 尊重老年人的感受

B. 给老年人表达的机会

C. 保持同理心

D. 接受而不是改变

E. 关心与爱护

4. 当失智老年人出现语言不清、词汇减少等语言障碍时，应采取的措施是（　　）。

A. 提高音量与其交流

B. 指责其表达不清

C. 借助非语言沟通方式辅助信息传递

D. 快速结束对话

E. 强行纠正其语法错误

5. 失智老年人在重度痴呆期的表现不包括（　　）。

A. 基本丧失生活能力，完全依赖护理者

B. 记忆力严重丧失，几乎无法回忆起过去的事情

C. 语言能力极度衰退，可能只能发出简单的音节或无法言语

D. 情绪可能变得不稳定，容易焦虑、抑郁或易怒

E. 身体机能明显下降，如行走困难、大小便失禁等

A2 题型

1. 李奶奶，75 岁，被诊断为失智症，近期经常忘记回家的路，有时在家里也会找不到自己的房间。请问李奶奶出现的是哪种认知功能损害症状？（　　）

A. 记忆力下降

B. 语言能力受损

C. 视觉空间能力障碍

D. 计算力障碍

E. 执行功能受损

2. 照护员小张在与失智老人王爷爷沟通时，王爷爷总是重复说同一件事情，小张每次都耐心倾听，还不时点头回应。小张的做法体现了与失智老年人沟通的哪个原则？（　　）

A. 尊重老年人的感受

B. 给老年人表达的机会

C. 保持同理心

D. 接受而不是改变

E. 不要任意哄骗老人

3. 赵爷爷，80 岁，失智症中度痴呆期，经常出现幻觉，说看到了已经去世的老伴在房间里。照护员小赵以下做法正确的是（　　）。

A. 告诉赵爷爷这是幻觉，让他不要相信

B. 顺着赵爷爷的话说，和他一起“看”老伴

C. 转移赵爷爷的注意力，引导他做其他事情

D. 批评赵爷爷不应该有这样的想法

E. 不理会赵爷爷的话，继续做自己的事

4. 失智老人孙奶奶有时会突然因为小事发脾气，照护员小李在她发脾气时，保持冷静，轻声安慰她，还握住她的手。小李运用的是哪种沟通技巧？（　　）

A. 简化语言

B. 重复与确认

C. 保持积极态度

D. 观察与回应

E. 创造熟悉安静的环境

5. 照护员小王要和失智老人陈爷爷沟通一件重要事情，考虑到陈爷爷的情况，以下做法正确的是（　　）。

A. 同时提出多个问题，让陈爷爷一起回答

B. 使用复杂的长句子详细说明事情

C. 快速说完事情，不管陈爷爷是否理解

D. 多次重复关键信息，并确认陈爷爷是否理解

E. 自顾自地说，不关注陈爷爷的反应

任务六　与临终老年人的沟通技巧

扫码获取数字资源

案例导入

在一个宁静的午后，阳光透过窗户洒在一位年迈的老年人身上。老年人静静地躺在病床上，眼神中透露出对生命的留恋与不舍。作为照护员，你站在老年人的床边，准备与他进行一次深入的对话。你知道，这次对话可能将是你们之间的最后一次交流。

任务描述

1. 结合案例中老年人临终的情境，分析与临终老年人沟通时，在语言表达上应注意哪些要点，才能既传达出对老年人的尊重和关怀，又避免给老年人带来不必要的心理负担？

2. 从老年服务礼仪的角度，分析在与临终老年人沟通的整个过程中，照护员应该遵守哪些原则，以体现对老年人及其家属的尊重和关怀？

知识殿堂

扫码查看课件。

随着我国人口老龄化的不断加剧，临终关怀已成为社会关注的焦点之一。在当前的社会背景下，越来越多的老年人面临着生命的末期，而如何与他们进行有效沟通，成为医护人员、社会工作者以及家庭成员共同面临的课题。在我国，临终关怀服务正在逐步发展和完善。然而，由于文化背景、家庭观念以及医疗资源等方面的差异，与临终老年人的沟通仍然面临着诸多挑战。如何尊重他们的意愿、理解他们的需求、提供必要的心理支持，成为我们亟待解决的问题。

在老年服务所承载的温暖使命中，临终老年人的照护是一段特殊且意义深远的旅程。临终与死亡，作为生命进程中无法绕开的节点，它们不仅象征着生命自然规律的必然归宿，更交织着医学的专业判断、伦理的艰难抉择以及人文关怀的细腻温度。

拓展阅读

临终关怀中的温暖

20 世纪 50 年代，英国护士西塞莉·桑德斯在伦敦一家医院负责照顾晚期癌症患者。在那里，她遇到了一位名叫大卫的波兰裔犹太人患者。大卫因癌症饱受折磨，身体极度虚弱，精神上也充满了对死亡的恐惧和对未竟之事的遗憾。

桑德斯在与大卫相处的过程中，不仅给予他医疗上的帮助，还常常倾听他的心声，分享他的回忆和梦想。大卫在生命的最后时光里，向桑德斯讲述了自己在战争期间的苦难经历，以及对家人深深的眷恋。然而，当时的医疗体系只注重延长生命，却忽略了像大卫这样的患者在心理和精神上的需求。

这让桑德斯深感痛心，她意识到，对于临终患者来说，减轻身体的痛苦固然重要，但给予他们心灵的安慰和尊重，让他们有尊严地离开这个世界同样关键。此后，桑德斯开始不断探索新的照护模式。

1967 年，她凭借着多年的经验和理念，创办了世界上第一所现代临终关怀院——圣克里斯托弗临终关怀院。在这里，医护人员不仅关注患者的身体症状，还提供全方位的心理、社会支持，让临终者在生命的最后旅程中感受到温暖和安宁，也由此开启了现代临终关怀事业的新篇章。

一、临终老年人

（一）临终与死亡

临终即濒死，指生命临近终结的状态。此时医疗手段往往难以逆转病情，临终之人虽意识清醒，但各种迹象显示生命即将终结。因此，濒死是生命活动的最后阶段。

死亡，即生命活动的结束，标志着生命的终结和个体存在的停止，是所有生物都会经历的阶段。

（二）临终老年人

临终老年人是老年人与临终阶段人群的重叠群体，其范围更加特定。

二、临终老年人的心理特点

临终老年人的心理过程是一个复杂而多变的过程，需要照护员、家人和社会各界给予充分的关注和支持。通过理解和关怀他们的心理状态，我们可以帮助他们更好地面对生命的终末期，让他们在生命的最后阶段感受到温暖与尊严（表 6-7）。

（一）否认期

在这一阶段，老年人往往对自己的病情持否认态度，他们可能不相信自己患有无法逆转的疾病，甚至怀疑医生的诊断。这种否认可能是出于逃避现实的心理防御机制，旨在给自己更多的时间调整心态去面对死亡。老年人可能会表现出震惊、恐惧和不安，他们可能会四处求医，希望推翻原有的诊断。

（二）愤怒期

当病情趋于严重，老年人开始意识到自己的病情确实严重且无法逆转时，他们可能会进入愤怒期。在这一阶段，老年人可能会表现出愤怒、怨恨和不满的情绪，他们可能会责怪医生、家人或命运对自己不公。这种愤怒情绪往往源于对死亡的恐惧和对生活的不舍。

（三）妥协期

在愤怒情绪逐渐平息后，老年人可能会进入妥协期。在这一阶段，他们开始接受自己患有绝症的现实，并希望通过各种方式延长生命。老年人可能会积极配合治疗和护理，希望医护人员能够给予他们有效的救助。他们可能会做出许多承诺作为延长生命的交换条件，表现出对生存的强烈渴望。

（四）沮丧期

尽管老年人积极配合治疗，但病情仍可能持续恶化。在这一阶段，他们可能会进入沮丧期。老年人可能会感到绝望和无助，情绪低落、消沉、退缩和悲伤。他们可能会意识到现代医疗技术已无法挽回自己的生命。在这一阶段，老年人希望与亲朋好友见面，希望家人和亲友能够陪伴在身旁。

（五）接受期

这是临终的最后阶段，老年人开始接受自己即将死亡的事实，表现出安宁、平静和理智的态度。老年人对一切变得漠然超脱，等待着与亲人的最后分别和生命的终结。

表 6-7　不同阶段临终老年人的心理特点

阶段	主要表现	情绪及心理特点	行为特征
否认期	对病情持否认态度，怀疑诊断	震惊、恐惧、不安，逃避现实	四处求医，试图推翻诊断
愤怒期	意识到病情严重且不可逆转	愤怒、怨恨，对死亡恐惧和对生活不舍	责怪医生、家人或命运
妥协期	接受患绝症现实，希望延长生命	对生存有强烈渴望	积极配合治疗护理，做承诺以交换延长生命
沮丧期	病情持续恶化	绝望、无助，情绪低落、悲伤	意识到医疗无法挽回生命，希望亲友陪伴
接受期	接受即将死亡的事实	安宁、平静、理智	等待与亲人最后分别和生命终结

三、与临终老年人的沟通技巧

在与临终老年人进行沟通时，掌握有效的沟通技巧至关重要。这不仅能够帮助我们更好地理解他们的需求和感受，还能够为他们提供必要的心理支持和安慰。

（一）与临终老年人沟通的基本原则

1. 尊重与理解

尊重老年人的意愿和选择，包括他们关于治疗、护理和临终关怀等方面的决定。理解老年人可能面临的恐惧、焦虑、孤独等情感，以及他们可能产生的愤怒、否认等心理反应。以同理心对待，给予充分的理解和支持。

2. 真诚与坦率

以真诚、友善的态度与老年人沟通，避免虚伪或敷衍。在沟通中保持坦率，不隐瞒或歪曲事实。

3. 耐心与倾听

面对老年人的反复询问或情绪波动，应保持耐心，不轻易打断或表现出不耐烦。认真倾听老年人的诉说，包括他们的感受、需求、回忆和愿望等。

4. 关注需求与提供支持

密切关注老年人的生理和心理需求，包括疼痛管理、情感支持、精神慰藉等方面。根据老年人的需求，提供必要的支持，如安排亲朋好友见面、提供舒适的居住环境、协助完成未了心愿等。

5. 适应个体差异

尊重老年人的个性和文化背景，避免用统一的标准或方式对待所有老年人。

6. 保持专业与同理心并重

具备必要的医学知识和护理技能，以便在沟通中能够准确解释病情、提供合理的建议和安慰。在保持专业素养的同时，也要展现出对老年人的关怀和同情，让他们感受到温暖和支持。

（二）对各阶段临终老年人进行心理疏导

对各个阶段的临终老年人的心理疏导是临终关怀中极为重要的一环，每个阶段的心理疏导都需要采取不同的策略。

1. 对处于否认期临终老年人的心理疏导

对待处于否认阶段的临终老年人，照护员应具有真诚、忠实的态度，不要轻易揭露老年人的防御机制，也不要欺骗老年人。坦诚温和地回答老年人对病情的询问，注意保持与其他医护人员及家属说法的一致性。注意维持老年人适当的希望，耐心倾听老年人的诉说，在沟通中注意因势利导，循循善诱，实施正确的人生观、死亡观的教育，使老年人逐步面对现实。经常陪伴在老年人身旁，注意非语言交流技巧的使用，多利用身体触摸去表达关怀和亲密的感觉，如轻抚面部和手、拍拍肩膀等。

2. 对于处于愤怒期临终老年人的心理疏导

处于愤怒阶段的临终老年人，照护员一定要有爱心、耐心，认真地倾听老年人的倾诉，将老年人的发怒看成一种有益健康的正常行为，允许老年人以发怒、抱怨、不合作行为来宣泄其内心的不满和恐惧，同时应注意预防意外事件的发生。给老年人提供表达或发泄内心情感的适宜环境，并加以必要的心理疏导，帮助其渡过心理难关。做好老年人家属和朋友的工作，给予老年人关爱、理解、同情和宽容。

3. 对于处于妥协期临终老年人的心理梳理

处于妥协阶段的临终老年人，照护员应积极主动地关心和指导老年人，加强护理，尽量满足老年人的需要，使其更好地配合治疗，以减轻痛苦、控制症状。鼓励老年人说出内心的感受，积极教育和引导老年人，减轻其压力。

4. 对于处于沮丧期临终老年人的心理疏导

处于沮丧期的临终老年人，照护员应多给予老年人同情和照顾、鼓励和支持，使其增强信心。经常陪伴老年人，允许其以不同的方式发泄情感，如忧伤、哭泣等。创造舒适环境，鼓励老年人保持自我形象和尊严。尽量取得社会方面的支持，安排亲朋好友见面，并尽量让家属多陪伴在老年人身旁。密切观察老年人，注意心理疏导和合理的死亡教育，预防其自杀倾向。

5. 对于处于接受期临终老年人的心理梳理

处于接受期的临终老年人，护理人员应积极主动地帮助老年人了却未完成的心愿，继续给予关心和支持。尊重老年人，不要强迫与其交谈。给予临终老年人安静、舒适的环境，减少外界干扰。尽可能完成老年人的愿望，让老年人在满足和开心中安详放心地离开人间。

面对临终老年人，应通过真诚的沟通、耐心的倾听、温暖的陪伴以及专业的指导，帮助老年人更好地面对死亡，减少痛苦和恐惧。

四、应对临终老年人及其家属特殊情况的沟通技巧

（一）面对认知障碍的临终老年人

部分临终老年人可能伴有认知障碍，如老年痴呆症。与他们沟通时，要简化语言，一次只说一个简单的指令或话题，如“我们一起喝口水”。使用熟悉的物品、照片或音乐唤起他们的记忆，引发沟通兴趣。例如，拿出老年人年轻时的照片，询问照片中的故事，激发其表达欲望。同时，保持耐心，重复信息时语气和内容尽量一致，帮助他们理解。

1. 利用感官刺激辅助沟通

通过触觉、嗅觉等感官刺激与认知障碍的老年人建立联系。比如，拿一件柔软的毛毯，让他们触摸感受质地，以此开启沟通话题。

2. 遵循日常习惯与节奏

了解老年人的日常习惯，尽量按照其熟悉的节奏进行沟通和护理。如果老年人习惯每天下午散步，在沟通时可以提及“等会儿我们像往常一样去外面走走吧”，让他们在熟悉的情境中感到安心，更愿意配合交流。

（二）面对临终老年人家属

临终老年人的家属往往承受着巨大压力，他们的情绪状态会影响老年人的心理。护理人员需关注家属的心理需求，提供情感支持。

1. 建立信任关系

初次接触家属，要以真诚、尊重与理解的态度与他们交流。主动介绍自己的职责，让家属感觉到对他们与老年人的关心。认真倾听家属的讲述，不要打断，适当用些眼神或者是肢体语言表达你的关注，如点头、适当的眼神接触等。

2. 引导老年人家属接受现实

除了临终老年人外还有许多老年人家属也会在老年人即将离世时，会经历否认、愤怒、悲伤等情绪阶段。要理解家属的这些反应，给予他们足够的时间和空间来表达情感。同时强调生命的有限性和每个人都会经历的这一段自然过程，让家属明白死亡是不可避免的，但爱与回忆是会永远留存的，帮助家属逐步去接受现实。

3. 鼓励积极面对，避免过度悲伤

家属的情绪也会影响到老年人。虽然说悲伤是自然的，但是过度的悲伤也可能会让老年人更加担心和难过。所以需要建议家属在老年人面前尽量保持平静和坚强，传递一些积极的情感。你可以回应“老人是很在乎您的感受的，您的坚强和乐观也会给老人带来力量，在这最后的时间里让我们一起努力让老人感受到温暖与安心。”也可以向家属提供一些具体的方法，如深呼吸、调整心态等，来帮助家属控制情绪。同时也可以提醒家属在老年人不在场时，适当地宣泄自己的情绪，如与其他亲人倾诉、写日记等，以缓解内心的压力。

4. 促进情感表达，不留遗憾

鼓励家属珍惜最后的时光，把自己内心深处的爱、感激和歉意等情感表达出来。为家属创造一些单独与老年人相处的环境，让他们能够更自在地交流。

任务实施

1. 情境设定

假设你是社区服务中心的照护员小王，负责照护一位处于临终阶段的李爷爷。李爷爷目前处于沮丧期，病情持续恶化，情绪低落，经常感到绝望和无助，希望家人能更多地陪伴在身边。同时，李爷爷的家属因即将面临亲人离世，情绪也较为不稳定，承受着巨大的心理压力。你的任务是运用所学的知识和技能，为李爷爷提供身心照护，并给予家属必要的支持和帮助。

2. 问题引入

分组讨论：小王在照护李爷爷及其家属时可能会遇到哪些问题？如何运用与临终老年人及家属沟通的技巧和照护原则来解决这些问题？

问题分析：小王可能遇到的问题包括李爷爷情绪低落、绝望，对治疗失去信心；李爷爷家属因悲伤和压力而情绪不稳定，可能影响到李爷爷的情绪；在沟通中可能出现信息传递不畅，无法准确理解李爷爷及其家属的需求等。针对这些问题，小王需要运用尊重、真诚、耐心等沟通原则，以及相应的沟通技巧，如倾听、给予情感支持、引导正确面对等，来解决问题。

3. 与临终老年人及家属沟通技巧示范与讲解

（1）尊重原则：小王应尊重李爷爷的意愿和选择，无论是关于治疗、护理还是生活安排等方面。例如，当李爷爷表达不想再接受某些治疗时，小王应认真倾听他的想法，并与医生沟通，寻求更合适的方案。同时，尊重李爷爷家属的感受和决定，如在安排家属陪伴时间时，充分考虑家属的实际情况。

（2）真诚原则：以真诚的态度对待李爷爷及其家属，让他们感受到关心和支持。小王可以经常与李爷爷聊天，分享生活中的点滴，表达对他的关心。对于家属，真诚地倾听他们的烦恼和担忧，给予安慰和鼓励。

（3）耐心原则：面对李爷爷的情绪波动和反复询问，小王要保持耐心，不急躁、不抱怨。例如，李爷爷可能会多次询问自己还能活多久，小张应耐心地回答，并给予心理上的支持。对于家属的倾诉，也要耐心倾听，给予足够的时间让他们表达情感。

（4）关注需求原则：密切关注李爷爷的生理和心理需求，及时提供相应的帮助。如李爷爷感到疼痛时，及时通知医生进行止痛处理；当他希望与亲友见面时，积极协调安排。对于家属，关注他们的心理需求，如提供心理辅导、缓解他们的压力等。

（5）灵活应变原则：根据李爷爷和家属的具体情况，灵活调整照护和沟通方式。如果李爷爷的情绪状态发生变化，及时调整沟通策略，给予更合适的心理支持。对于家属，根据他们的情绪反应，采取不同的沟通方法，帮助他们缓解情绪。

（6）专业指导原则：小王要具备专业的知识和技能，为李爷爷和家属提供准确的信息和合理的建议。向李爷爷解释病情的发展和治疗方案，让他了解自己的身体状况；向家属介绍临终关怀的相关知识，帮助他们做好心理准备。

总结与反思：回顾整个学习过程，总结与临终老年人及家属的沟通技巧。分享在模拟场景中的收获和遇到的问题，共同思考解决方案。例如，在沟通时如何运用倾听技巧了解李爷爷的内心想法；在面对家属的悲伤情绪时，如何给予有效的情感支持。通过总结反思，提高照护能力和应对问题的能力。

任务评价

从参与讨论的积极性、对临终关怀沟通原则与技巧的掌握程度、模拟场景中应对老人情绪及家属压力的实操表现，以及对沟通照护过程的总结反思深度，进行多维度评价，重点考核在临终阶段特殊情境下的专业沟通与人文关怀融合的实践能力（表 6-8）。

表 6-8　任务评分标准（满分 100 分）

评分项目	评分标准
参与度（20 分）	16 ~ 20 分：积极参与小组讨论，主动发表观点，提出有价值的想法，能与小组成员有效互动。 10 ~ 15 分：参与讨论，但发言较少，能跟上讨论节奏，对他人观点有一定回应。 0 ~ 9 分：基本不参与讨论，需要他人多次督促，对讨论内容缺乏关注。

续表

评分项目	评分标准
知识掌握（40 分）	32 ~ 40 分：熟练掌握并灵活运用与临终老年人及家属沟通的各种技巧，包括倾听、表达、引导、情感支持等。
	20 ~ 31 分：能够运用大部分沟通技巧，但在运用的熟练程度和灵活性方面存在不足。在处理一些复杂情况时，需要一定时间思考和调整沟通方式，沟通效果一般，能基本满足老年人和家属的需求。
	0 ~ 19 分：对沟通技巧掌握较差，在与老年人及家属沟通时，很少运用或错误运用这些技巧，导致沟通不畅，无法理解对方的需求，也无法让对方理解自己的意图，甚至可能引发矛盾和误解。
模拟场景表现（30 分）	24 ~ 30 分：在模拟场景中，表现非常出色。能够自然、流畅地运用所学的沟通原则和技巧，与老年人进行良好的互动。
	15 ~ 23 分：在模拟场景中，能够完成基本的照护任务，与老年人进行一定程度的沟通和互动。但在处理一些复杂情况时，显得有些紧张和不知所措，处理方式不够成熟和完善。
	0 ~ 14 分：在模拟场景中，服务方式生硬，未能有效理解并回应老年人的需求。
总结反思能力（10 分）	8 ~ 10 分：能够全面、深入地总结在照顾老年人过程中对沟通原则和技巧的运用情况，详细分析成功的经验和失败的教训。
	5 ~ 7 分：能够对自己的照护工作进行总结，但总结内容不够全面深入，对沟通原则和技巧的分析不够细致，提出的改进建议缺乏针对性和可操作性。
	0 ~ 4 分：总结反思内容空洞、简单，只是对自己的照护工作进行了表面的描述，没有对沟通原则和技巧的运用情况进行有效反思，也没有提出任何有价值的改进建议。

【练习题】

扫码查看参考答案。

A1 型题

1. 临终老年人心理过程中，对自己病情持否认态度，四处求医希望推翻诊断，这属于哪个阶段？（　　）

A. 愤怒期

B. 妥协期

C. 否认期

D. 沮丧期

E. 接受期

2. 与临终老年人沟通的基本原则中，强调尊重老年人意愿和选择，理解其情感和心理反映的是（　　）。

A. 真诚与坦率原则

B. 耐心与倾听原则

C. 尊重与理解原则

D. 关注需求与提供支持原则

E. 适应个体差异原则

3. 对于处于愤怒期的临终老年人，护理人员应采取的正确做法是（　　）。

A. 制止其发怒行为，告知要保持冷静

B. 不理会其愤怒情绪，等其自行平息

C. 允许其发泄不满和恐惧，预防意外发生

D. 批评其不理智行为，让其接受现实

E. 强制其保持安静，避免影响他人

4. 当临终老年人伴有认知障碍时，以下沟通方法不恰当的是（　　）。

A. 一次说多个复杂指令，锻炼其思维

B. 使用熟悉的物品唤起其记忆

C. 简化语言，保持语气和内容一致

D. 利用感官刺激辅助沟通

E. 遵循其日常习惯与节奏沟通

5. 与临终老年人沟通时，以下哪种做法不符合真诚与坦率原则？（　　）

A. 以真诚友善的态度交流

B. 不隐瞒或歪曲事实

C. 用虚伪的话语安慰老人

D. 认真回答老人的问题

E. 表达自己真实的感受和想法

A2 型题

1. 李奶奶，75 岁，被诊断为晚期癌症，近日她常常对家人和医护人员发脾气，指责大家对她照顾不周。李奶奶目前处于临终心理的哪个阶段？（　　）

A. 否认期

B. 愤怒期

C. 妥协期

D. 沮丧期

E. 接受期

2. 照护员小张在与临终老人王爷爷沟通时，王爷爷总是反复询问自己的病情和治疗情况。小张每次都耐心倾听，并详细解答，还不时给予安慰和鼓励。小张的做法体现了与临终老年人沟通的哪个原则？（　　）

A. 尊重与理解原则

B. 真诚与坦率原则

C. 耐心与倾听原则

D. 关注需求与提供支持原则

E. 适应个体差异原则

3. 赵爷爷，80 岁，处于临终接受期，他希望能在安静的环境中度过最后的时光。作为照护人员，以下做法正确的是（　　）。

A. 频繁与赵爷爷交谈，了解其需求

B. 安排大量亲友随时探望，让其感受温暖

C. 尊重赵爷爷的意愿，减少外界干扰

D. 强制赵爷爷参与一些娱乐活动，改善心情

E. 在赵爷爷房间大声喧哗，不注意保持安静

4. 临终老人孙奶奶伴有认知障碍，照护员小李为了与她沟通，采取了以下措施，其中正确的是（　　）。

A. 严厉要求孙奶奶集中注意力听自己说话

B. 不断变换话题，让孙奶奶保持兴趣

C. 拿出孙奶奶年轻时的照片，询问照片中的故事

D. 用复杂的语言详细描述事情经过

E. 不顾孙奶奶的习惯，随意安排沟通时间

5. 张爷爷的家属因他的病情而承受着巨大压力，常常在张爷爷面前表现出焦虑和悲伤。作为照护人员，以下做法正确的是（　　）。

A. 不理会家属的情绪，专注照顾张爷爷

B. 批评家属不应在老人面前表露负面情绪

C. 组织家属座谈会，提供情感支持和沟通指导

D. 让家属尽量少与张爷爷接触，避免影响老人

E. 告诉家属要坚强，不能在老人面前哭泣

任务七　与有身心障碍老年人的沟通技巧

扫码获取
数字资源

案例导入

张奶奶，80 岁，独居且无子女。原本期望白内障手术能改善视力，却手术失败，几乎完全失明。失明前，张奶奶常去社区花园散步，积极参加手工、合唱等社区活动，有自己的社交圈子。失明后，她无法独自外出，社交活动中断，朋友联系渐少，只能困在家中。长期的孤独和活动受限，让张奶奶身体变虚弱，精神萎靡，对生活失去信心，陷入自责和绝望。

任务描述

照护员应该怎样与张奶奶交流，使其减少自责与绝望？

知识殿堂

扫码查看课件。

随着我国老龄化进程的加速，老年人口数量不断攀升，其中不乏存在各种特殊需求的老年人群体。视力障碍、听力障碍以及心理障碍的老年人在这一群体中占据了相当比例。他们因身体或心理上的限制，在沟通方面面临着独特的挑战。如何与这些特殊老年人进行有效沟通，不仅关乎他们的生活质量，更是衡量社会文明进步的重要标志。

一、与视力障碍老年人的沟通技巧

老年视力障碍是指因年龄增长、疾病或退行性改变导致的视觉功能衰退，表现为视力下降、视野缺损、色彩辨识力减弱等，严重影响老年人独立生活能力与心理健康。视力障碍可能导致老年人对周围环境的感知能力下降，影响他们的行动和情绪。还可能影响老年人的社交活动，导致他们感到孤独和失落。

（一）开始与结束的告知

在沟通开始时，清晰地告知老年人你将与他们进行对话，并简要介绍对话的主题或目的。在对话结束时，同样要明确地告知他们对话已经结束，这有助于老年人更好地跟踪和理解对话的进程。

（二）定时确认

在对话过程中，定时询问老年人是否理解你所说的话，或者是否需要你重复某些信息。这可以确保他们始终跟上对话的节奏，并减少误解的可能性。

（三）触摸

在适当的时候，通过触摸老年人的手臂或肩膀来表示关心和支持。这种非语言的沟通方式可以传达出你的温暖和同理心，有助于建立信任关系。

（四）鼓励老年人表达

给予老年人充分的时间来表达自己的想法和感受，不要急于打断或给出建议。在倾听时，通过点头、微笑等身体语言来表示你在关注和理解他们。

（五）给予足够的时间反应

视力障碍老年人可能需要更长的时间来理解信息或做出反应。在沟通时，要保持耐心，给予他们足够的时间来思考和回应。

（六）避免使用复杂语言

避免使用过于复杂或抽象的语言，尽量使用简单、具体的词汇和句子来表达意思。

（七）尊重隐私

在沟通中尊重老年人的隐私和个人空间，不要过度询问或透露他们的个人信息。

二、与听力障碍老年人的沟通技巧

老年听力障碍是指因年龄增长、听觉系统退行性病变或疾病引发的听觉敏感度下降及言语识别能力衰退，表现为听不清高频音、对话理解困难等。听力障碍可能导致老年人无法准确理解他人的言语，影响他们的社交能力和生活质量。还可能引发孤独感、焦虑等心理问题。

（一）面对面沟通

尽量保持面对面的沟通方式，以便老年人能够通过观察口型、表情和手势来理解言语。

（二）清晰发音

发音要清晰、准确，避免使用含糊不清的词汇或口音。

（三）适当音量

根据老年人的听力状况调整音量，确保声音适中且清晰可辨。

（四）重复和确认

在提供信息时，可以重复关键内容，并询问老年人是否理解。

（五）触摸

老年人听力下降或出现听力障碍时，常常感觉不到旁人的到来，当我们走到其身边时，可以轻轻触摸或者拍拍老年人的肩膀或上臂让其知道我们的到来。

（六）环境

避免在嘈杂的环境中沟通，以减少噪声干扰。

（七）尊重

尊重老年人的听力状况，避免使用侮辱性或贬低性的语言。

（八）学会倾听

倾听要做到“耳到”“眼到”“心到”“脑到”；倾听时要注视老年人的眼睛，可以适当地运用点头，恰当的面部表情与积极的目光接触相配合，向老年人表明自己正在认真倾听。

拓展阅读

张明：照护路上的温暖坚守

张明是夕阳红养护中心的一名照护员，专门照顾情况特殊的老年人。

78岁的李爷爷，眼疾导致几乎失明，听力也不佳，子女远在国外，孤独和焦虑常笼罩着他。

一开始，李爷爷抵触交流，沉默寡言。小张没有放弃，每次靠近李爷爷，都会轻声自报家门，再轻轻握住他的手传递温暖。沟通时，小张用简单清晰的话语，还会放慢语速，不时询问李爷爷是否理解。考虑到听力问题，小张选安静地方，面对面交流，偶尔用手势辅助。

工作之余，小张常陪李爷爷聊天，听他讲当教师的往昔。小张耐心倾听、适时肯定，还鼓励李爷爷参加线上交流活动。渐渐地，李爷爷开朗起来。

但也有波折。一次李爷爷因思念子女情绪低落，对小张发脾气。小张默默陪伴，等他平静后轻声安慰。李爷爷流泪，小张为他擦泪，李爷爷感受到了真诚关爱。

小张的付出不仅改善了李爷爷的生活，还影响了同事。大家受他带动，更关注特殊老年人心理。小张用行动诠释敬业、关爱，在照护路上，为老年人重燃生活希望。

三、与心理障碍老年人的沟通技巧

老年心理障碍是指老年人由于生理机能衰退、社会角色转变、生活事件冲击，在认知、情感、意志和行为等方面出现的持久且显著的异常状态，影响其正常生活和社会功能，常见类型有孤独、抑郁、消极状况。

心理障碍可能导致老年人出现焦虑、抑郁、偏执等心理问题。这些心理问题可能影响老年人的情绪、认知和行为。在与存在心理障碍的老年人进行沟通时，我们不仅要理解他们的心理状态，还要掌握有效的沟通技巧，以帮助他们缓解情绪、提高生活质量。

（一）与孤独老年人的沟通技巧

老年人因独自生活、儿女不在身边、社交圈子缩小等原因，容易产生强烈的孤独感。这种孤独感不仅影响他们的心理健康，还可能导致生理上的问题，如高血压、心脏病等，沟通时可采用以下方法。

1. 倾听

给予老年人充分的时间来表达他们的孤独感受，不要打断他们，耐心倾听他们的心声，让他们感受到被理解和尊重。

2. 陪伴

定期探望老年人，或者通过电话、视频等方式与他们保持联系，让他们感受到家人的关心和温暖。这种陪伴可以让他们感到不再孤单。

3. 鼓励社交

鼓励老年人参加社区活动或兴趣小组，如书法班、舞蹈队、园艺俱乐部等，帮助他们扩大社交圈子，结交新朋友，从而减轻孤独感。

（二）与情绪消极老年人的沟通技巧

老年人因退休、身体机能下降、失去亲人或朋友等原因，可能感到失落和迷茫。这种失落感会影响他们的自尊心和自信心，甚至导致生活失去方向，沟通时可采用以下方法。

1. 理解

表达对他们失落感受的理解，避免轻视或忽视他们的痛苦。通过倾听和共情，让他们感受到被接纳和支持。

2. 引导

帮助他们重新找到生活的目标和意义，如培养新的兴趣爱好、参与志愿服务等。这些活动可以让他们感到生活依然充满乐趣和价值。

3. 指导老年人控制自我情绪

与情绪消极的老年人沟通时，向老年人讲解不良情绪对健康的影响，让老年人意识到自身的心理变化，运用通俗易懂的语言指导其进行自我心理调节，沟通时可采用以下方法。

（三）与有抑郁情绪的老年人的沟通技巧

老年人可能因亲人丧失、婚姻关系不良、身体健康问题等原因陷入抑郁状态。这种抑郁状态会影响他们的情绪、睡眠和食欲，甚至导致自杀倾向。

1. 表达关心

让老年人知道你在乎他们的感受，愿意提供帮助和支持。通过真诚的关心和问候，让他们感受到被重视和关爱。

2. 鼓励倾诉

鼓励老年人分享内心的痛苦和困扰，不要压抑情绪。通过倾听和共情，帮助他们释放内心的压力和负面情绪。

3. 寻求专业帮助

如果抑郁症状严重，应及时寻求心理咨询或治疗等专业帮助。同时，可以介绍一些适合老年人的心理调适方法，如冥想、瑜伽等，帮助他们缓解抑郁情绪。

（四）与有焦虑情绪的老年人的沟通技巧

老年人可能因健康问题、经济压力等原因感到焦虑不安。这种焦虑感会影响他们的心理健康和生活质量，沟通时可采用以下方法。

1. 倾听焦虑

给予足够的时间让老年人表达焦虑，不要打断或贬低他们的感受。通过倾听和理解，让他们感受到被接纳和支持。

2. 提供解决方案

针对老年人的焦虑源，提供可能的解决方案或建议。例如，介绍一些有效的健康管理方法、经济规划技巧等，帮助他们减轻焦虑感。

3. 放松训练

教导老年人进行深呼吸、冥想等放松技巧，缓解焦虑情绪。这些技巧可以帮助他们学会自我调节情绪，提高应对压力的能力。

（五）与经历应激事件老年人的沟通技巧

当老年人经历应激事件，如亲人去世、严重疾病等，他们可能会面临巨大的心理压力和情绪波动。作为照护员，我们需要采取特别敏感和体贴的方式来与他们交流，以帮助他们渡过难关。

1. 建立信任与安全感

给予老年人充分的时间和空间来表达他们的感受和经历。倾听他们的叙述，不打断，不评判，只是静静地陪伴。

2. 表达同情

通过言语和非言语的方式表达你的同情和理解。让老年人知道你在乎他们的感受，愿意提供支持。

3. 保持耐心

老年人可能需要更长的时间来处理信息或表达情感。保持耐心，不要催促他们，让他们按照自己的节奏来。

4. 肯定感受

认可并肯定老年人的感受，无论是悲伤、愤怒还是恐惧。让他们知道这些感受是正常的，他们并不孤单。

5. 鼓励表达

鼓励老年人分享内心的痛苦和困扰，不要压抑情绪。通过倾听和反馈，帮助他们释放内心的压力。

6. 避免过度询问

过度询问可能会让老年人感到疲惫或不适。尊重他们的隐私，只在他们愿意分享时提供倾听。

7. 提供实际帮助

询问是否需要任何具体的帮助，如购物、做饭、打扫卫生或陪同就医等。提供实际的帮助可以减轻负担。

未来，我们需要不断提升自己的沟通技巧和能力，以适应老年人健康领域的不断变化和挑战。同时，我们也需要关注老年人的健康问题，推动相关政策和服务的完善和发展。

任务实施

1. 情境设定

假设你是社区养老服务中心的照护员小孙，负责照护社区内患有抑郁情绪的陈奶奶。陈奶奶因亲人离世和自身健康问题，陷入了较为严重的抑郁状态，情绪低落，睡眠和食欲不佳，对很多事情都提不起兴趣。你的任务是运用与有抑郁情绪老年人的沟通技巧和照护知识，帮助陈奶奶缓解抑郁情绪，提升她的生活质量，给予她情感上的支持和关怀。

2. 问题引入

分组讨论：小孙在与陈奶奶沟通和照护过程中可能会遇到哪些问题？如何运用与有抑郁情绪老年人的沟通技巧和照护原则来解决这些问题？

问题分析：小孙可能遇到的问题包括陈奶奶不愿意开口交流，对小孙的关心和询问表现出抵触情绪；陈奶奶可能反复陷入悲伤情绪，难以自拔；小孙在引导陈奶奶倾诉时，可能无法准确理解她复杂的内心感受等。针对这些问题，小孙需要运用表达关心、鼓励倾诉、提供实际帮助等沟通技巧，以及尊重、耐心、理解等照护原则来应对。

3. 与有抑郁情绪老年人的沟通技巧示范与讲解

（1）表达关心技巧：示范如何真诚地向陈奶奶表达关心，比如在进入房间时，面带微笑，轻声说："陈奶奶，我来看您啦，您今天感觉怎么样？"然后坐在陈奶奶身边，轻轻握住她的手，用关切的眼神看着她。

（2）鼓励倾诉技巧：展示如何引导陈奶奶分享内心的痛苦和困扰。可以说："陈奶奶，我知道您心里肯定有很多话想说，不管是开心的还是不开心的，都可以和我说说，我会一直在这里听着。"当陈奶奶开始倾诉时，专注地倾听，适时点头回应，给予肯定和鼓励，如"您说得很对，我能理解您的感受"。

（3）提供实际帮助技巧：讲解如何发现陈奶奶的实际需求并提供帮助。比如观察到陈奶奶睡眠不好，可以说："陈奶奶，我听说睡前泡个脚能帮助睡眠，我去帮您准备一下吧。"或者如果陈奶奶食欲不佳，询问她想吃什么，尽力满足她的饮食喜好。

（4）心理调适方法：介绍一些适合陈奶奶的心理调适方法，如简单的冥想练习。亲自示范，教陈奶奶找一个舒适的位置坐下，闭上眼睛，慢慢地深呼吸，感受气息的进出，排除杂念。在讲解过程中，要耐心细致，确保陈奶奶能够理解和掌握。

总结与反思：回顾整个学习过程，总结与有抑郁情绪老年人沟通的核心技巧和照护要点，如表达关心要真诚、鼓励倾诉要耐心、提供帮助要及时等。分享在模拟场景中的收获和遇到的问题，共同思考解决方案。例如，在鼓励陈奶奶倾诉时，遇到她沉默不语的情况该如何应对；在提供心理调适方法时，怎样让陈奶奶更愿意尝试等。通过总结反思，提高与有抑郁情绪老年人沟通和照护的能力。

任务评价

从模拟照护抑郁情绪老人过程中的参与表现、对沟通技巧与知识的掌握、模拟场景实操应对，以及总结反思深度等维度进行评价，着重考核与有抑郁情绪老年人沟通时，表达关心、鼓励倾诉等专业技巧的运用成效（表 6–9）。

表 6–9 任务评分标准（满分 100 分）

评分项目	评分标准
参与度（20 分）	16 ～ 20 分：积极参与小组讨论，主动发表观点，提出有价值的想法，能与小组成员有效互动。
	10 ～ 15 分：参与讨论，但发言较少，能跟上讨论节奏，对他人观点有一定回应。
	0 ～ 9 分：基本不参与讨论，需要他人多次督促，对讨论内容缺乏关注。
知识掌握（40 分）	32 ～ 40 分：能够熟练且精准地运用与有抑郁情绪老年人的沟通技巧，如表达关心、鼓励倾诉、提供实际帮助和介绍心理调适方法等。
	20 ～ 31 分：基本掌握与有抑郁情绪老年人的沟通技巧，在模拟场景中能够运用部分技巧与老年人沟通，但在技巧的运用熟练度和灵活性方面存在欠缺。
	0 ～ 19 分：对于有抑郁情绪老年人的沟通技巧掌握严重不足，在模拟沟通场景中，很少运用或错误运用相关技巧，无法理解老年人的内心需求，也无法让其感受到关心和支持，沟通严重受阻，未能建立起有效的沟通关系。
模拟场景表现（30 分）	24 ～ 30 分：在模拟场景中，表现非常出色。能够自然、流畅地运用所学的沟通原则和技巧，与老年人进行良好的互动。
	15 ～ 23 分：在模拟场景中，能够完成基本的照护任务，与老年人进行一定程度的沟通和互动。但在处理一些复杂情况时，显得有些紧张和不知所措，处理方式不够成熟和完善。
	0 ～ 14 分：在模拟场景中，服务方式生硬，未能有效理解并回应老年人的需求。

续表

评分项目	评分标准
总结反思能力（10 分）	8 ~ 10 分：能够全面、深入地总结在照顾老年人过程中对沟通原则和技巧的运用情况，详细分析成功的经验和失败的教训。 5 ~ 7 分：能够对自己的照护工作进行总结，但总结内容不够全面深入，对沟通原则和技巧的分析不够细致，提出的改进建议缺乏针对性和可操作性。 0 ~ 4 分：总结反思内容空洞、简单，只是对自己的照护工作进行了表面的描述，没有对沟通原则和技巧的运用情况进行有效反思，也没有提出任何有价值的改进建议。

【练习题】

扫码查看参考答案。

A1 型题

1. 与视力障碍老年人沟通时，以下哪种做法不恰当？（　　）

A. 开始沟通时清晰告知对话主题

B. 使用复杂抽象的语言表达观点

C. 定时询问老人是否理解所说内容

D. 适当运用触摸表示关心和支持

E. 给予老人足够时间思考和回应

2. 与听力障碍老年人沟通时，为减少噪声干扰，应注意（　　）。

A. 提高音量，大声讲话

B. 在嘈杂环境中快速沟通

C. 选择安静的环境进行沟通

D. 避免使用手势辅助沟通

E. 只通过书面文字沟通

3. 对于有抑郁情绪的老年人，以下沟通方法错误的是（　　）。

A. 表达对他们的关心和在乎

B. 鼓励其压抑内心痛苦和困扰

C. 寻求专业心理咨询或治疗帮助

D. 介绍适合的心理调适方法

E. 耐心倾听他们的倾诉

4. 与经历应激事件的老年人沟通，以下做法正确的是（　　）。

A. 频繁过度询问事件细节

B. 急于给出解决方案和建议

C. 不给予表达感受的时间和空间

D. 表达同情并认可其感受

E. 忽略其隐私，强行了解情况

5. 与孤独老年人沟通时，为减轻其孤独感，可采取的措施是（　　）。

A. 减少与老人的联系和探望

B. 阻止老人参加社区活动

C. 耐心倾听老人表达孤独感受

D. 打断老人说话，急于给出建议

E. 嘲笑老人的孤独情绪

A2 型题

1. 李爷爷，75 岁，视力严重下降，几乎失明。照护员小张在与他沟通时，以下做法正确的是（　　）。

A. 不告知就开始对话内容

B. 快速说完事情，不管李爷爷反应

C. 频繁询问个人隐私问题

D. 用简单语言并重复重要信息

E. 从不使用触摸等非语言方式

2. 王奶奶，80 岁，听力障碍，照护员小李在和她沟通时，在嘈杂的走廊里大声说话，且语速很快。王奶奶一脸茫然，没理解小李的意思。小李的做法错误在于（　　）。

A. 未选择安静环境

B. 未调整合适音量

C. 未清晰发音

D. 未重复关键内容

E. 以上都是

3. 赵爷爷，78 岁，退休后情绪消极，觉得生活失去意义。照护员小赵以下做法能帮助赵爷爷的是（　　）。

A. 轻视赵爷爷的失落感受

B. 让赵爷爷独自待着，不打扰

C. 帮助赵爷爷培养新兴趣爱好

D. 批评赵爷爷太消极

E. 不倾听赵爷爷的想法

4. 孙奶奶，69 岁，近期因老伴去世，处于应激状态，情绪波动大。照护员小孙与她沟通时，一直追问她老伴去世的细节，孙奶奶变得更加痛苦和烦躁。小孙的错误在于（　　）。

A. 未建立信任与安全感

B. 过度询问，不尊重隐私

C. 未表达同情和理解

D. 没有鼓励孙奶奶表达

E. 没有提供实际帮助

5. 张爷爷，72 岁，有焦虑情绪，常担心自己的健康问题。照护员小王在与他沟通时，以下做法合适的是（　　）。

A. 打断张爷爷表达的话语

B. 不提供任何解决方案和建议

C. 教导张爷爷进行深呼吸放松

D. 告知张爷爷的焦虑是不必要的

E. 只强调让张爷爷别担心，没实际行动

任务八　多元文化沟通技巧

扫码获取数字资源

案例导入

在一家养老服务中心，张阿姨是一位经验丰富的照护员，她以温柔和耐心著称。某天，养老服务中心迎来了一位新入住的李爷爷，他是一位来自韩国的退休教师，由于语言和文化差异，李爷爷在适应新环境时遇到了不少困难。

张阿姨注意到，李爷爷在用餐时总是显得食欲不振，且很少与其他老年人交流。她尝试用英语与李爷爷沟通，但效果并不理想，因为李爷爷虽然能听懂一些简单的英语，但表达起来很吃力。此外，李爷爷对于养老服务中心提供的韩式餐食也不太满意，他觉得口味不够地道，这进一步加剧了他的不适应感。

面对这一挑战，张阿姨首先联系了一位懂韩语的志愿者，通过这位志愿者的帮助，她得以更深入地了解李爷爷的需求和喜好。随后，张阿姨与养老服务中心的厨师团队沟通，调整了李爷爷的餐食，确保更符合他的口味。同时，她还组织了一些适合李爷爷参与的文化活动，如韩国传统舞蹈欣赏和茶道体验，这些活动不仅让李爷爷感受到了家的温暖，还促进了他与其他老年人的交流。

经过一段时间的努力，李爷爷逐渐适应了新的生活环境，他的食欲改善了，笑容也多了起来。更重要的是，他与其他老年人建立了深厚的友谊，成为养老服务中心的一名活跃分子。

任务描述

在上述案例中，张阿姨是如何来改善与李爷爷的关系的？这一过程中，哪些具体策略或行为起到了关键作用？

知识殿堂

扫码查看课件。

多元文化沟通指的是在不同文化背景个体、群体之间，通过语言、非语言等方式进行信息传递、思想交流和情感互动，以达成理解、协作与共识的过程。这一过程中，不同文化所蕴含的价值观、习俗、语言习惯、思维模式等差异会对沟通产生全方位影响。它要求参与者充分尊重并理解这些差异，运用恰当的沟通策略跨越文化障碍，避免因文化误解导致沟通不畅，确保信息准确传达与接收，促进不同文化背景的各方在工作、学习、生活等多元场景中实现有效互动与合作。在老年服务领域，随着全球化的加深和老年人口结构的多元化，掌握多元文化沟通技巧显得尤为重要。这不仅有助于照护员更好地理解和满足来自不同文化背景老年人的需求，还能提升整体服务质量，促进和谐的人际关系。

一、老年人群体的多元文化特性

在多元文化沟通的范畴里，老年人群体有着独特且丰富的文化特性，深度洞悉这些特性，是实现与不同文化背景老年人高效沟通交流的关键所在。

（一）文化背景差异造就的价值观分歧

不同文化背景下成长起来的老年人，秉持着截然不同的价值观。在东方集体主义文化氛围中，如中国、日本等国家，老年人尤为重视家庭观念，将家族荣誉、子女成就视为自身价值的重要体现。他们恪守传统的家庭伦理秩序，长辈的权威意识较强，并且高度尊崇尊老爱幼的传统美德。在中国，许多老年人不辞辛劳地帮子女照顾孙辈，觉得这是家庭责任的一部分；在日本，家族企业中长辈的决策往往具有决定性作用。与之形成鲜明对比的是西方个人主义文化下的老年人，他们更加强调个人的独立性和自由。美国的老年人退休后，不少人选择独自生活，追求自己的兴趣爱好，如旅行、参加社区活动等，不太愿意过度依赖子女，也较少干涉子女的生活。这种价值观的差异，在代际沟通时，容易引发矛盾。比如东方老年人可能难以理解西方老年人对子女生活的“冷漠”，而西方老年人也会觉得东方老年人对子女的过度关心是一种束缚。

（二）语言习惯与沟通方式的多样

老年人群体的语言习惯深受其所处文化和时代的双重影响。在一些保留古老文化的地区，老年人们仍习惯使用方言进行交流，方言承载着当地独特的文化内涵和历史记忆。例如在广东许多老年人日常交流用粤语方言，其中的词汇和表达方式与普通话有很大区别，一些独特的俗语和词汇只有当地人才能够理解。

在沟通方式上，不同文化背景的老年人也有各自的特点。部分非洲文化中，老年人在交流时喜欢运用丰富的肢体动作和夸张的表情来强调观点，他们的交流氛围通常较为热烈。而在北欧文化中，老年人交流则相对含蓄内敛，注重语言的精准性，不会过多地使用肢体语言。当年轻一代与这些有着不同语言习惯和沟通方式的老年人交流时，如果不了解这些差异，很容易出现沟通障碍，造成误解。

（三）传统习俗与生活方式的独特

世界各地的老年人因文化不同，保留着各种各样独特的传统习俗和生活方式。一个典型的例子是云南大理白族的“耆老节”（又称“老年人节”），在这一天，村寨会为年满 70 岁的老年人举行隆重的庆祝活动，如“坐花轿”游村、集体宴饮等活动，这些仪式往往涉及复杂的流程和禁忌。在生活方式上，印度老年人习惯早起，进行晨祷，并且饮食上多以素食为主。

在俄罗斯，老年人热爱文学和艺术，许多老年人有定期去剧院看芭蕾舞、听歌剧的习惯，他们对本国的文学作品如数家珍，普希金、托尔斯泰等作家的作品是他们生活中不可或缺的精神食粮。这些传统习俗和生活方式构成了老年人群体独特的文化标识，若年轻一代不了解，在与老年人交流互动时，就难以找到共同话题，也无法真正融入他们的生活。

课堂讨论

有位少数民族老年人饮食禁忌多，照护员却不了解，怎么沟通既能满足老年人需求，又能增进文化理解？

二、老年服务中的跨文化沟通技巧

（一）跨文化沟通的基本原则

1. 尊重与包容

尊重不同文化的价值观和习俗，包容文化差异。

2. 开放与灵活

保持开放的心态，灵活应对文化差异。

3. 倾听与理解

积极倾听，努力理解对方的观点和感受。

4. 清晰与简洁

使用清晰简洁的语言，避免歧义和误解。

（二）老年服务中的多元文化沟通技巧

1. 语言沟通技巧

语言是沟通的核心工具，尤其在老年服务中，语言沟通技巧的重要性不言而喻。老年人由于年龄增长，可能在听力、理解力和记忆力方面有所下降，这使得语言沟通变得更加复杂。而在多元文化背景下，语言沟通的挑战进一步加剧。因此，掌握有效的语言沟通技巧，不仅能够提升服务质量，还能增强老年人的信任感和满意度。

（1）使用简单易懂的语言：

1）语速适中：放慢语速，确保对方能够理解。

2）重复与确认：重要信息可以重复，并通过提问确认对方是否理解。

（2）多语言支持：

1）翻译服务：在必要时提供翻译服务，确保沟通无障碍。

2）多语言材料：提供多语言的宣传材料和服务指南。

（3）文化特定的语言习惯：

1）尊称与敬语：在亚洲文化中，使用尊称和敬语表达尊重。

2）直接与间接表达：在西方文化中，直接表达意见；在亚洲文化中，采用间接表达以避免冒犯。

2. 非语言沟通技巧

非语言沟通在多元文化沟通中同样重要，甚至比语言沟通更能传递情感和态度。照护员应注意自己的面部表情、身体语言和眼神交流等方面，以传递友好、尊重和支持的信息。同时，观察老年人的非语言信号，如面部表情、肢体语言等，以便更好地理解他们的需求和情绪状态。

（1）肢体语言：

1）手势：不同文化对手势的理解不同。例如，竖起大拇指在某些文化中是赞许，而在另一些文化中则是冒犯。

2）姿势：保持开放的姿势，避免交叉双臂等防御性姿势。

（2）面部表情与眼神交流：

1）微笑：微笑是通用的友好信号，但在某些文化中，过度微笑可能被视为不真诚。

2）眼神交流：在西方文化中，眼神交流表示自信和诚实；在亚洲文化中，过多的眼神交流可能被视为不尊重。

（3）空间与距离：不同文化对个人空间的需求不同。例如，拉丁美洲文化中，人与人之间的距离较近；而在北欧文化中，个人空间较大。

3. 文化敏感性与同理心

在老年服务中，文化敏感性与同理心是提供高质量服务的核心要素。文化敏感性要求照护员能够理解并尊重老年人的文化背景、价值观和习俗，避免因文化差异而产生误解或冒犯。例如，某些文化中，直接表达不满被视为不礼貌，而在另一些文化中，直言不讳则是常态。通过文化敏感性，照护员能够更好地适应老年人的文化习惯，提供个性化的服务。

同理心则要求照护员设身处地为老年人着想，理解他们的情感需求和心理状态。例如，面对一位因失去配偶而情绪低落的老年人，照护员可以通过倾听和情感支持，帮助其缓解孤独感和悲伤情绪。文化敏感性与同理心的结合，不仅能够增强老年人的信任感和归属感，还能有效提升服务质量和满意度，为老年人创造一个温暖、尊重和包容的服务环境。

（1）文化敏感性：

1）了解文化习俗：学习不同文化的习俗和禁忌，避免冒犯对方。

2）尊重文化差异：接受并尊重文化差异，避免以自身文化为标准评判他人。

（2）同理心：

1）设身处地：尝试从对方的角度看问题，理解他们的感受和需求。

2）情感支持：在沟通中提供情感支持，让对方感到被理解和关心。

4. 文化适应与调整

在老年服务中，文化适应与调整是确保服务有效性和包容性的关键。文化适应要求照护员根据老年人的文化背景、习惯和需求，灵活调整服务方式和沟通策略。例如，在集体主义文化中，老年人可能更注重家庭意见，因此照护员需要与家庭成员密切合作；而在个人主义文化中，老年人可能更强调个人隐私和独立性，照护员则需尊重其自主决策。文化调整则要求照护员在必要时改变自身的行为和态度，以适应老年人的文化习惯。例如，在时间观念较为灵活的文化中，照护员需避免过于严格的时间安排，以体现对老年人生活节奏的尊重。通过文化适应与调整，照护员能够更好地满足老年人的需求，减少文化冲突，增强老年人的信任感和满意度，从而提供更加贴心、人性化的服务。

（1）文化适应：

1）调整沟通方式：根据对方的文化背景调整沟通方式。例如，在集体主义文化中，决策时考虑家庭成员的意见。

2）灵活应对：在沟通中保持灵活性，根据对方的反应调整策略。

（2）文化调整：

1）改变行为习惯：在必要时调整自己的行为和态度，以适应对方的文化习惯。

2）学习与改进：通过不断学习和实践，提高自己的文化适应能力。

5. 冲突管理与解决

在老年服务中，冲突管理与解决是维护和谐服务环境、提升老年人满意度的关键能力。由于文化差异、代际隔阂或个人偏好，照护员与老年人之间难免会出现误解或矛盾。例如，老年人可能因对服务安排不满或感到被忽视而产生抵触情绪，而照护员可能因沟通不畅或文化误解而未能及时回应。有效的冲突管理要求照护员能够敏锐识别潜在冲突，并通过倾听、协商和调解等方式及时化解矛盾。例如，当老年人与家属对护理方案意见不一致时，照护员可以通过耐心沟通和平衡各方需求，找到双方都能接受的解决方案。冲突解决不仅能够修复关系、重建信任，还能提升服务质量，为老年人创造一个安全、尊重和舒适的生活环境。通过掌握冲突管理与解决的技巧，照护员能够更好地应对复杂情境，确保老年服务的顺利开展。

（1）冲突管理：

1）识别潜在冲突：通过观察和倾听，识别潜在的冲突点。

2）预防冲突：采取措施预防冲突的发生，例如避免敏感话题。

（2）冲突解决：

1）协商与调解：采用协商和调解的方式解决冲突，确保双方都能接受解决方案。

2）文化中立：在解决冲突时，保持文化中立，避免偏袒任何一方。

（三）具体文化背景下的沟通策略

1. 亚洲文化

亚洲文化以集体主义、尊重长辈和间接沟通为特点。在老年服务中，照护员应注意以下策略。

（1）尊重长辈：使用尊称和敬语，避免直接批评或反驳。

（2）间接表达：采用委婉的表达方式，避免直接冲突。例如，用“或许我们可以试试另一种方法”代替“您这样做不对”。

（3）家庭参与：在决策时考虑家庭成员的意见，因为亚洲文化中家庭观念非常重要。

（4）非语言沟通：注意肢体语言和面部表情，避免过于直接的眼神接触，以免被视为不尊重。

2. 西方文化

西方文化以个人主义、直接沟通和尊重隐私为特点。在老年服务中，照护员应注意以下策略。

（1）直接沟通：直接表达意见和感受，避免含糊其辞。例如，明确告知服务内容和安排。

（2）尊重隐私：尊重老年人的个人空间和隐私，避免过度干涉其生活。

（3）鼓励独立性：支持老年人自主决策，鼓励其参与服务计划的制订。

（4）时间观念：严格遵守时间安排，体现对老年人时间的尊重。

3. 非洲文化

非洲文化以社区意识、口头传统和人际关系为特点。在老年服务中，照护员应注意以下策略。

（1）社区参与：在决策时考虑社区的利益，尊重老年人的社区角色。

（2）口头沟通：重视面对面的口头沟通，使用故事、谚语等传统方式传递信息。

（3）人际关系：通过建立信任关系来增强沟通效果，例如定期拜访和问候。

（4）尊重传统：尊重老年人的传统习俗，避免冒犯其文化价值观。

4. 拉丁美洲文化

拉丁美洲文化以热情友好、情感表达和时间灵活性为特点。在老年服务中，照护员应注意以下策略。

（1）热情友好：通过微笑、拥抱等肢体语言表达关心和热情。

（2）情感支持：重视情感交流，倾听老年人的感受并提供情感支持。

（3）时间观念：时间安排相对灵活，避免过于严格的时间限制。

（4）家庭中心：尊重家庭在老年人生活中的核心地位，与家庭成员保持密切沟通。

5. 中东文化

中东文化以尊重长辈和性别角色为特点。在老年服务中，照护员应注意以下策略。

（1）尊重长辈：使用尊称和敬语，体现对老年人的尊重。

（2）性别角色：注意性别角色的差异，避免在沟通中冒犯对方的性别观念。例如，男性照护员与女性老年人沟通时需保持适当距离。

（3）非语言沟通：避免过多的肢体接触，尤其是异性之间，以免被视为不礼貌。

三、多元文化服务策略

（一）培训照护员掌握多元文化沟通技巧

服务机构应定期对照护员进行多元文化沟通技巧的培训。培训内容可以涵盖文化差异、跨文化沟通技巧、老年心理学等方面。通过培训，提升照护员的文化敏感度和跨文化沟通能力，使他们能够更好地适应多元文化环境，为老年人提供更加优质的服务。

（二）建立多元文化服务团队

服务机构可以组建具备多元文化背景的服务团队，以更好地满足老年人的需求。团队成员来自不同的文化背景，能够用多种语言进行沟通，具备丰富的跨文化沟通经验。这样的团队能够更深入地理解老年人的文化背景和需求，提供更加贴心、个性化的服务。

（三）制订多元文化服务规范

服务机构可以制订多元文化服务规范，明确照护员在多元文化环境下的行为准则和沟通要求。规范可以涵盖语言使用、文化尊重、服务流程等方面。通过制订规范，确保照护员在多元文化环境下能够保持专业、尊重的态度，为老年人提供高质量的服务。以下是需要制订的主要规范。

1. 语言沟通规范

（1）多语言支持：提供多语言服务，包括翻译服务和多语言宣传材料，确保语言无障碍。

（2）简单易懂的语言：使用简单、清晰的词汇，避免专业术语和复杂表达。

（3）语速与音量：根据老年人的听力状况调整语速和音量，确保沟通清晰。

（4）文化特定的语言习惯：尊重不同文化的语言习惯，例如使用尊称和敬语。

2. 文化敏感性与尊重规范

（1）文化培训：定期为照护员提供多元文化培训，增强文化敏感性和理解力。

（2）尊重习俗与禁忌：了解并尊重不同文化的习俗和禁忌，避免冒犯。

（3）个性化服务：根据老年人的文化背景制订个性化服务计划，满足其特定需求。

3. 非语言沟通规范

（1）肢体语言：注意肢体语言的使用，确保其与语言信息一致，避免误解。

（2）面部表情与眼神交流：根据文化背景调整面部表情和眼神交流方式，体现尊重。

（3）空间与距离：尊重不同文化对个人空间的需求，保持适当的沟通距离。

4. 家庭与社区参与规范

（1）家庭沟通：在集体主义文化中，与家庭成员保持密切沟通，尊重其意见。

（2）社区联系：在非洲文化等社区意识强的文化中，与社区建立联系，增强老年人的归属感。

（3）决策参与：鼓励老年人及其家庭成员参与服务决策，体现尊重和包容。

5. 冲突管理与解决规范

（1）冲突预防：通过文化敏感性和有效沟通预防潜在冲突。

（2）协商与调解：在冲突发生时，采用协商和调解的方式解决，确保双方满意。

（3）文化中立：在解决冲突时保持文化中立，避免偏袒任何一方。

6. 服务环境与文化氛围规范

（1）文化装饰：在服务环境中融入多元文化元素，例如艺术品、音乐和节日装饰。

（2）文化活动：定期举办多元文化活动，增强老年人的文化认同感和归属感。

（3）文化包容性：营造尊重和包容的文化氛围，让老年人感到被接纳和重视。

7. 反馈与改进规范

（1）定期反馈：通过问卷调查或面谈收集老年人及其家属的反馈，了解服务效果。

（2）持续改进：根据反馈不断改进服务规范，提升服务质量。

（3）文化适应性评估：定期评估服务规范的文化适应性，确保其符合多元文化需求。

在老年服务领域，多元文化沟通技巧对于提升服务质量、促进人际关系和谐具有重要意义。通过深入了解老年人的多元文化特性、应用跨文化沟通技巧、制订有效的多元文化服务策略等方式，可以不断提升照护员的跨文化沟通能力，为老年人提供更加优质、个性化的服务。未来，随着全球化的进一步加深和老年人口结构的持续多元化，掌握多元文化沟通技巧将成为照护员必备的核心素养之一。

拓展阅读

文化交融的温暖

李奶奶是一位 80 岁的独居老年人，患有慢性关节炎，行动不便。她来自一个传统的中国家庭，对中医十分推崇。最近，社区养老服务中心新来了一位年轻的照护员小王，她刚从国外留学归来，学习的是西方护理理念。

一天，小王例行拜访李奶奶，发现她正坐在床边，眉头紧锁，神情痛苦。小王关切地询问："李奶奶，您哪里不舒服吗？"

李奶奶叹了口气，说道："哎，老毛病又犯了，膝盖疼得厉害，走路都困难。"

小王立刻拿出随身携带的止痛药，说道："李奶奶，您先吃片止痛药吧，我帮您联系医生。"

李奶奶摆摆手，拒绝了小王的药片，说道："不用了，我不吃西药，副作用大。我习惯看中医，以前都是喝中药调理的。"

小王有些为难，她并不了解中医，也不知道该如何帮助李奶奶。但她想起培训时学到的"多元文化沟通技巧"，决定尝试理解李奶奶的想法。

她坐到李奶奶身边，轻声问道："李奶奶，您能跟我讲讲中医是怎么治疗关节炎的吗？我很想了解一下。"

李奶奶见小王态度诚恳，便打开了话匣子。她讲述了中医的阴阳五行理论，以及针灸、推拿、拔罐等传统疗法。小王认真倾听，并不时点头表示理解。

听完李奶奶的讲述，小王说道："李奶奶，您懂得真多！我虽然不太懂中医，但我相信它一定有它的道理。您看这样行不行，我帮您联系一位中医师，让他来给您看看，您觉得怎么样？"

李奶奶听了很高兴，连连点头："好啊好啊，谢谢你，小王！"

在小王的帮助下，李奶奶联系到了一位经验丰富的中医师。经过一段时间的调理，李奶奶的关节炎症状得到了明显缓解。她对小王感激不已，也对这个年轻照护员有了新的认识。

任务实施

分组讨论：张阿姨是如何来改善与李爷爷的关系的？这一过程中，哪些具体策略或行为起到了关键作用？

1. 问题识别与沟通

张阿姨观察到李爷爷在用餐和交流方面存在困难，初步判断是语言和文化差异导致的适应问题。她尝试用英语与李爷爷沟通，但由于语言障碍，效果不佳。

2. 寻求语言支持

张阿姨联系了一位懂韩语的志愿者，通过志愿者的帮助，深入了解李爷爷的需求和喜好。志愿者协助张阿姨与李爷爷进行更深入的沟通，确保信息传递准确。

3. 调整餐食服务

张阿姨与养老服务中心的厨师团队沟通，调整李爷爷的餐食，确保更符合韩式口味。厨师团队根据李爷爷的反馈，增加了韩式泡菜、大酱汤等传统菜肴。

4. 组织文化活动

张阿姨策划并组织了一系列适合李爷爷参与的文化活动，如韩国传统舞蹈欣赏和茶道体验。这些活动不仅让李爷爷感受到家的温暖，还促进了他与其他老年人的交流。

5. 持续关注与支持

张阿姨定期与李爷爷沟通，了解他的适应情况，并根据反馈调整服务内容。她鼓励李爷爷参与养老服务中心的其他活动，帮助他融入集体。

任务评价

从学习过程中的表现、技能掌握情况、问题解决能力等维度进行评价，重点突出对多元文化沟通技巧运用的考核（表 6–10）。

表 6–10　任务评分标准（满分 100 分）

评分项目	评分标准
参与度（20 分）	16 ~ 20 分：积极参与小组讨论，主动发表观点，提出有价值的想法。 10 ~ 15 分：参与讨论，但发言较少，能跟上讨论节奏。 0 ~ 9 分：基本不参与讨论，需要他人多次督促。
多元文化沟通技巧掌握（40 分）	32 ~ 40 分：能准确理解并运用尊重与包容、开放与灵活、倾听与理解、清晰与简洁等原则，服务方式灵活且人性化。 20 ~ 31 分：基本掌握多元文化沟通原则，但在实际运用中存在小瑕疵，如偶尔忽略老年人的个性化需求。 0 ~ 19 分：对多元文化沟通技巧理解不足，服务方式机械化，未能体现对老年人的尊重和关怀。
模拟场景表现（30 分）	24 ~ 30 分：在模拟场景中，能灵活运用多元文化沟通策略，有效理解并回应老年人的需求，服务方式得体且专业。 15 ~ 23 分：在模拟场景中，能完成基本的服务，但多元文化沟通技巧运用不够流畅，需要一定时间理解老年人需求。 0 ~ 14 分：在模拟场景中，服务方式生硬，未能有效理解并回应老年人的需求。
总结反思能力（10 分）	8 ~ 10 分：能全面、深入地总结多元文化沟通技巧的运用情况，分享成功与失败经验，并提出改进建议。 5 ~ 7 分：能总结主要内容，但对多元文化沟通技巧的运用情况分析不够深入，缺乏具体的改进措施。 0 ~ 4 分：总结内容空洞，未针对多元文化沟通技巧进行有效反思。

【练习题】

扫码查看参考答案。

A1 型选择题

1. 在为来自不同文化背景的老年人提供服务时，以下哪项是最重要的沟通原则？（　　）

A. 使用专业术语，确保信息准确传达

B. 保持耐心，尊重文化差异，避免刻板印象

C. 主动询问老年人的文化背景，以便更好地提供服务

D. 强调自身文化的优越性，引导老年人适应

E. 避免谈论文化差异，以免引起误会

2. 以下哪种行为体现了对老年人文化背景的尊重？（　　）

A. 直接称呼老年人的名字，以示亲切

B. 根据老年人的文化习惯，使用恰当的称呼和问候语

C. 在与老年人交谈时，保持目光接触，以示真诚

D. 在与老年人沟通时，使用简单易懂的语言

E. 在与老年人沟通时，直接表达意见，以便更好地提供服务

3. 当与来自不同文化背景的老年人沟通出现障碍时，以下哪种做法最合适？（　　）

A. 提高音量，放慢语速，重复表达

B. 使用肢体语言和图片辅助沟通

C. 寻找共同话题，缓解沟通压力

D. 寻求翻译或文化中介的帮助

E. 以上所有选项

4. 以下哪种做法有助于避免文化刻板印象？（　　）

A. 将老年人视为独立的个体，而非其所属文化群体的代表

B. 学习不同文化的相关知识，了解文化差异

C. 避免对老年人的行为进行价值判断

D. 保持开放的心态，积极与老年人沟通交流

E. 以上所有选项

5. 在为来自不同文化背景的老年人提供服务时，以下哪种做法最不合适？（　　）

A. 尊重老年人的饮食习惯和禁忌

B. 根据老年人的文化背景，调整服务方式和内容

C. 忽视老年人的文化差异，按照统一标准提供服务

D. 学习简单的问候语，用老年人的母语进行问候

E. 关注老年人的非语言沟通，例如表情、肢体语言等

A2 型题

1. 以下哪种做法不利于与来自不同文化背景的老年人建立良好的沟通关系？（　　）

A. 学习简单的问候语，用老年人的母语进行问候

B. 关注老年人的非语言沟通，例如表情、肢体语言等

C. 将自身文化价值观强加给老年人

D. 尊重老年人的文化习俗，避免触犯禁忌

E. 保持耐心，积极倾听，理解老年人的需求和感受

2. 以下哪种资源不能帮助我们更好地理解不同文化背景的老年人？（　　）

A. 文化相关的书籍和网站

B. 与老年人文化无关的娱乐杂志

C. 老年人的家庭成员

D. 社区文化组织

E. 文化中介或翻译

3. 在与来自不同文化背景的老年人沟通时，以下哪种做法容易引起误会？（　　）

A. 使用简单易懂的语言，避免专业术语和俚语

B. 随意使用可能引起误解的比喻或例子

C. 保持耐心，积极倾听，确认理解正确

D. 关注老年人的非语言沟通，例如表情、肢体语言等

E. 以上都不会

案例题

某养老院接收了一位来自日本的老年人，照护员小李在与其沟通时，发现老年人总是很客气，说话会微微鞠躬，即使对服务有不满也只是委婉暗示。小李一开始不太理解，以为老年人对服务很满意。一次，老年人想要换一种口味的饭菜，但只是说“这个饭菜也很好，就是可能稍微有点吃腻了”，小李没有领会老年人的意思，没有做出调整。老年人逐渐变得沉默寡言，心情低落。

[问题]：

1. 请分析案例中出现沟通问题的原因。

2. 如果你是小李，之后会采取哪些措施改善与老年人的沟通？

任务九　求职沟通技巧

扫码获取
数字资源

案例导入

李大爷是一位独居老年人，子女都在外地工作。最近他感觉身体有些不适，想找一位专业的养老照护员来照顾自己。于是，他在网上发布了招聘信息。很快，小张和小王都投递了简历。小张在电话沟通中，声音洪亮、礼貌热情，详细询问了李大爷的身体状况和需求；而小王则语气平淡，只是简单介绍了自己的工作经历。

任务描述

1. 如果你是李大爷，你更愿意选择谁来面试呢？
2. 这个情景告诉我们，在求职过程中，需要注意哪些问题？

知识殿堂

扫码查看课件。

一、了解行业与岗位需求

在求职前，首先要对老年服务行业及所申请的岗位进行深入了解。这包括行业的发展趋势、岗位职责、所需技能以及用人单位的文化和价值观。通过了解这些信息，求职者可以更准确地定位自己的求职方向，并在面试中针对性地展示自己的优势。

（一）了解企业

通过网络、咨询等方式，全面了解应聘的老年服务机构的背景、业务范围、服务理念等，以便在面试中展现出对企业的关注和认同。

（二）模拟问答

预测常见面试问题，如“为什么选择我们机构”“如何应对老年服务中的挑战”等，进行模拟回答，提高语言组织和表达能力。

（三）形象塑造

选择得体的着装，保持良好的精神面貌，给面试官留下专业、可靠的第一印象。

二、准备充分的简历和求职信

简历和求职信是求职者与用人单位初次接触的重要媒介。简历应简洁明了，突出个人经历、技能和成就。求职信则应具体阐述求职动机、对岗位的理解以及个人如何能为用人单位创造价值。在撰写简历和求职信时，务必注意语言表达的准确性和礼貌性。

（一）突出重点

将与老年服务相关的实践、培训、获奖等经历放在显眼位置，用简洁明了的语言描述，让招聘者一眼就能看到你的优势。

（二）关键词匹配

研究招聘启事，提取其中的关键词，如“老年护理经验”“沟通能力强”等，并在简历中自然融入，增加简历被选中的概率。

（三）语言表达

使用正式、规范的语言，避免错别字和语法错误。表述要客观、准确，避免夸大其词。

三、掌握面试技巧

面试是求职过程中至关重要的一环。在面试前，求职者应提前了解面试流程、常见问题及应对策略。面试时，要保持自信、冷静和礼貌，积极回应面试官的问题，展示自己的专业素养和沟通能力。同时，也要善于提问，以了解用人单位的更多信息，判断自己是否适合该岗位。

（一）开场沟通

礼貌问候面试官，保持微笑，用简洁的语言介绍自己，表达对获得面试机会的感谢。

（二）问题回答

回答问题时，语速适中、条理清晰。结合具体事例阐述观点，增强可信度。对于不懂的问题，不要不懂装懂，可诚实地表示自己不太了解，但愿意学习。

（三）倾听技巧

认真倾听面试官的问题，不要随意打断。通过点头、眼神交流等方式给予回应，确保理解问题的意图后再作答。

（四）结束沟通

面试结束时，再次感谢面试官，表达自己对这份工作的期待，并询问后续招聘流程和时间安排。

四、展现积极的服务态度

老年服务行业注重服务态度和人文关怀，积极的服务态度是衡量服务质量的关键指标，也是搭建稳固良好关系的坚实基石，为互动交流注入温暖与诚意，它深刻影响着老年人的生活体验与身心健康。在求职过程中，求职者应通过展现自己的积极服务态度和关爱老年人的精神。这包括微笑待人、耐心倾听、细致观察以及主动提供帮助等。通过展现这些品质，求职者可以赢得用人单位的好感，提高求职成功率。

（一）微笑与热情问候

1. 微笑的力量

微笑是无须翻译的通用语言，在老年服务中，其价值无可估量。当照护员面带微笑出现在老年人面前，能瞬间拉近彼此距离，驱散老年人内心的孤独与不安。比如，每天清晨，照护员小李总是带着灿烂的笑容走进养老院的每一个房间，向老年人们道一声早安。这简单的微笑，让张奶奶原本平淡的一天有了温暖的开端，张奶奶常说看到小李的笑容，心情都变得格外舒畅。微笑是积极服务态度的直观体现，它传递着友善、关爱与接纳，能让老年人感受到被尊重和重视。

2. 热情问候的艺术

热情而真诚的问候是开启良好沟通的钥匙。照护员应根据不同场景和时间，给予老年人个性化的问候。除了常见的“早上好”“晚上好”，还可以关注老年人的日常活动，如“王爷爷，您今天的书法练习开始了吗”。这种针对性的问候表明照护员对老年人生活的关注，使老年人感受到被关心，进而提升他们对服务的认可度。

（二）主动倾听与耐心回应

1. 主动倾听的技巧

主动倾听要求照护员全身心投入与老年人的交流中。不仅要用耳朵听，还要通过眼神交流、点头等方式给予回应，让老年人感受到被关注。例如，赵奶奶在讲述自己年轻时的故事时，照护员小张停下手中的工作，坐在赵奶奶身边，专注地看着她，不时点头并给予简短回应，如“真的吗”“后来呢”。这种主动倾听让赵奶奶感受到尊重，更愿意倾诉，也使小张能更好地了解赵奶奶的需求和内心世界。

2. 耐心回应的重要性

老年人由于身体机能衰退，表达可能会变得缓慢、重复。此时，照护员的耐心回应至关重要。无论老年人重复多少遍，都要以温和的态度给予解答。有一次，孙爷爷反复询问当天的活动安排，照护员小王始终耐心细致地回答，没有丝毫的不耐烦。小王的耐心让孙爷爷感到安心，也增强了他对服务团队的信任。

（三）积极解决问题的态度

1. 面对问题不推诿

在老年服务中，遇到问题时照护员应勇于担当，不推诿责任。例如，当老年人反映房间设施故障时，照护员不能将问题推给维修部门，而应首先安抚老年人情绪，并及时联系相关人员解决问题。

2. 提供多种解决方案

积极解决问题还体现在为老年人提供多种解决方案。当老年人对饮食有特殊需求时，照护员可以与厨房沟通，提供清淡、软烂、低糖等多种选择，并详细介绍每种方案的特点，让老年人根据自己的喜好和身体状况进行选择。这种以老年人为中心、积极解决问题的态度，能极大地提升老年人的满意度和生活质量。

老年服务行业不断发展，新的服务理念和技术层出不穷。求职者应保持持续学习的态度，不断提升自己的专业素养和沟通能力。这可以通过参加培训课程、阅读相关书籍和文章、关注行业动态等方式实现。通过不断学习，求职者可以更好地适应行业变化，为老年人提供更优质的服务。

总之，掌握有效的求职沟通技巧对于老年服务行业求职者至关重要。通过了解行业与岗位需求、准备充分的简历和求职信、掌握面试技巧、展现积极的服务态度以及持续学习与提升，求职者可以在求职过程中脱颖而出，实现自己的职业目标。

任务实施

分组讨论：在本节【案例导入】中，如果你是李大爷，你更愿意选择谁来面试呢？这个情景告诉我们，在求职过程中，需要注意哪些问题？

1. 初步筛选

李大爷根据电话沟通的印象，初步筛选出小张作为候选人，因为小张在沟通中表现出更多的关心和专业性。

2. 面试安排

李大爷与小张约定时间进行面对面面试，进一步了解其专业能力和服务态度。

3. 面试内容

（1）健康状况询问：小张详细询问李大爷的身体状况、日常习惯和特殊需求。

（2）服务计划介绍：小张根据李大爷的需求，提出个性化的服务计划，包括日常护理、健康监测和陪伴活动。

（3）沟通技巧展示：小张通过温和的语气、清晰地表达和积极地倾听，展现了良好的沟通能力。

4. 求职过程中应注意

（1）了解行业与岗位需求：求职前需深入了解老年服务行业及目标岗位，涵盖行业趋势、岗位职责、所需技能以及用人单位文化价值观，借此明确求职方向，面试时突出自身优势。具体可通过网络、咨询了解应聘机构；预测常见面试问题进行模拟回答；注重着装和精神面貌，塑造良好第一印象。

（2）准备充分的简历和求职信：简历与求职信是求职首次接触的关键媒介。简历应简洁，突出个人经历、技能和成就；求职信阐述求职动机、岗位理解及个人价值。撰写时注意语言准确礼貌，凸显与老年服务相关经历，匹配招聘启事关键词，避免错字和语法错误。

（3）掌握面试技巧：面试在求职中极为重要。提前熟悉面试流程、常见问题和应对策略。面试时保持自信、冷静、礼貌，积极回应问题，展示专业和沟通能力，同时学会提问以了解单位情况，判断岗位适配度。开场礼貌问候并介绍自己，回答问题结合事例、条理清晰，不懂就坦诚表示愿学习；认真倾听，结束时感谢面试官并询问后续流程。

（4）展现积极的服务态度：老年服务重视服务态度和人文关怀，积极态度影响老年人生活体验。求职者应展现微笑待人、耐心倾听、主动帮助等品质。比如微笑与热情问候能拉近与老年人距离；主动倾听并耐心回应让老年人感到被关注和尊重；面对问题不推诿，积极提供解决方案。

任务评价

从学习过程中的表现、技能掌握情况、问题解决能力等维度进行评价，重点突出对求职沟通技巧运用的考核（表 6-11）。

表 6-11 任务评分标准（满分 100 分）

评分项目	评分标准
参与度（20 分）	16 ～ 20 分：积极参与小组讨论，主动发表观点，提出有价值的想法。 10 ～ 15 分：参与讨论，但发言较少，能跟上讨论节奏。 0 ～ 9 分：基本不参与讨论，需要他人多次督促。
求职沟通技巧掌握（40 分）	32 ～ 40 分：能准确理解并运用求职沟通技巧，服务方式灵活且人性化。 20 ～ 31 分：基本掌握求职沟通技巧原则，但在实际运用中存在小瑕疵，如偶尔忽略老年人的个性化需求。 0 ～ 19 分：对求职沟通技巧理解不足，服务方式机械化，未能体现对老年人的尊重和关怀。
模拟场景表现（30 分）	24 ～ 30 分：在模拟场景中，能灵活运用求职沟通策略，有效理解并回应老年人的需求，服务方式得体且专业。 15 ～ 23 分：在模拟场景中，能完成基本的服务，但求职沟通技巧运用不够流畅，需要一定时间理解老年人需求。 0 ～ 14 分：在模拟场景中，服务方式生硬，未能有效理解并回应老年人的需求。
总结反思能力（10 分）	8 ～ 10 分：能全面、深入地总结求职沟通技巧的运用情况，分享成功与失败经验，并提出改进建议。 5 ～ 7 分：能总结主要内容，但对求职沟通技巧的运用情况分析不够深入，缺乏具体的改进措施。 0 ～ 4 分：总结内容空洞，未针对求职沟通技巧进行有效反思。

【练习题】

扫码查看参考答案。

A1 型选择题

1. 在老年服务岗位面试中，以下哪种行为最能体现对老年人的尊重？（　　）

A. 主动询问老年人的健康状况

B. 使用“您”称呼老年人，并保持微笑

C. 详细询问老年人的家庭情况

D. 向老年人介绍自己的兴趣爱好

E. 打断老年人的讲话，表达自己的观点

2. 面试官是一位老年人，语速较慢，以下哪种做法最合适？（　　）

A. 催促面试官加快语速

B. 保持耐心，认真倾听，并适时点头回应

C. 打断面试官，直接表达自己的观点

D. 低头玩手机，等待面试官说完

E. 模仿面试官的语速说话

3. 在面试中，被问到“你为什么选择老年服务行业？”时，以下哪种回答最合适？（　　）

A. 因为我觉得老年人很好相处

B. 因为我家里有老年人，我很了解他们

C. 因为我热爱这个行业，并具备相关的专业技能

D. 因为我觉得这个行业工作轻松

E. 因为我找不到其他工作

4. 在面试结束时，以下哪种做法最合适？

A. 直接离开，不打招呼

B. 向面试官鞠躬致谢，并询问下一步安排

C. 向面试官索要联系方式

D. 询问面试官对自己的评价

E. 向面试官赠送礼物

5. 在撰写求职信时，以下哪种做法最不合适？（　　）

A. 使用正式的书面语言

B. 突出自己的专业技能和工作经验

C. 夸大自己的优点和能力

D. 表达对老年服务行业的热爱

E. 仔细检查语法和拼写错误

A2 型题

1. 在老年服务岗位面试中，以下哪种行为会给人留下不好的印象？（　　）

A. 迟到

B. 对老年人充满爱心

C. 提前到达面试地点

D. 着装整洁得体

E. 耐心回答问题

2. 在面试中，以下哪个问题可以问面试官？（　　）

A. 面试官的年龄和家庭情况

B. 公司的发展前景

C. 面试官的私人生活

D. 与工作无关的个人隐私问题

E. 面试官的薪资待遇

3. 在老年服务工作中，以下哪种沟通技巧是不必要的？（　　）

A. 耐心倾听

B. 使用通俗易懂的语言

C. 打断老年人的表达

D. 保持微笑

E. 尊重老年人的隐私

4. 在撰写简历时，以下哪种信息是必须包含的？（　　）

A. 个人基本信息

B. 兴趣爱好

C. 星座血型

D. 期望薪资

E. 职业规划

5. 在面试过程中，以下哪种做法不能帮助缓解紧张情绪？（　　）

A. 深呼吸

B. 提前熟悉面试流程

C. 回避与面试官的眼神交流

D. 准备常见问题的答案

E. 保持微笑

案例题

小张去面试一家养老院的护理岗位。面试时，面试官问："如果有一位老年人因为思念子女，情绪非常低落，甚至拒绝吃饭，你会怎么做？"小张回答："我会先安慰老年人，告诉她别难过，子女肯定会回来看她的。然后我就去忙其他工作，等过会儿再来看她。"

［问题］：

请分析小张的回答存在哪些问题，并给出改进建议。

论述题

请论述在老年服务岗位求职沟通中，如何全方位展现自己的专业素养和沟通能力，以获得面试官的认可？